重点生态功能区生产、生活、生态空间管治研究

——以湖北省五峰县为例

闫晨红 著

中国经济出版社
CHINA ECONOMIC PUBLISHING HOUSE
北京

图书在版编目（CIP）数据

重点生态功能区生产、生活、生态空间管治研究：以湖北省五峰县为例／闫晨红著. --北京：中国经济出版社，2020.9

ISBN 978-7-5136-5859-1

Ⅰ.①重… Ⅱ.①闫… Ⅲ.①经济地理-研究-五峰土家族自治县 Ⅳ.①F129.963.4

中国版本图书馆 CIP 数据核字（2019）第 187126 号

责任编辑 耿 园
责任印制 巢新强
封面设计 华子图文

出版发行 中国经济出版社
印 刷 者 北京九州迅驰传媒文化有限公司
经 销 者 各地新华书店
开 本 710mm×1000mm 1/16
印 张 15.75
字 数 240 千字
版 次 2020 年 9 月第 1 版
印 次 2020 年 9 月第 1 次
定 价 68.00 元
广告经营许可证 京西工商广字第 8179 号

中国经济出版社 **网址** www.economyph.com **社址** 北京市东城区安定门外大街 58 号 **邮编** 100011

目 录

1 绪 论

1.1 研究背景、意义及问题提出

1.1.1 背景分析

1.1.1.1 保护与开发的现实矛盾

党的十八大提出加快实施主体功能区战略，推动各地区严格按照主体功能定位发展，构建科学合理的城市化格局、农业发展格局、生态安全格局[1]。在主体功能区四种分类中，限制开发区又分为重点生态功能区和农产品主产区，来保障国家生态系统稳定和农产品供给安全[2]。我国正处于城镇化发展的中期阶段，经济发展的强烈需求和生态环境的恶化矛盾日益凸显，主体功能区建设作为解决这一矛盾的有效途径，通过对国土空间利用强度进行合理分配，保证全国经济社会的可持续发展。对于限制开发区而言，主体功能区规划限定其发展以保护生态和农业发展为方向，对于以生态为主的地区来说，大部分地区现在共有的问题是区位较差，交通闭塞，地形地貌以山地为主，民族形态以少数民族聚居居多，缺乏高效的产业基础和合理的产业结构；在当前生态补偿机制尚未完备的状况下，如何实现开发与保护的平衡，使得这些地区的民众能够共享改革开放成果，缩小与国内较为发达地区的经济差距，同时保护青山绿水和农产品安全，实现有效空间管治，具有强烈的现实需求。

1.1.1.2 管治理论与地理学的空间交叉

开发与保护的平衡问题在工业革命后越发引起人们的关注。西方制度经济学和组织社会学的研究中较早地使用了管治的概念，提出管治就是使交易尽可能高效的制度（包括组织结构和过程），之后经济学将其进行扩展，认为经济管治就是要增强各资本主义国家之间和各级市场之间的经济协调。社会学进而提出了管治基本动力的策略控制与权力的斗争。经济地理学家将区域经济学带入了管治的研究，促成管治从经济管治走向了空间管治[3]。从发达国家的实践看，空间管治是理性政府的主要作为，也是区域有序发展的基本保障[4]。我国在引入该概念后，也逐步发展出符合中国国情的相关地理理论，如地域功能成因理论与区域发展空间均衡模型等，在对现实思考的基础上提炼不同类型空间的管治手段、模式、机制等。

1.1.1.3 主体功能区建设与新型城镇化的政策推进

主体功能区这一概念从党的十七大（2007 年）的战略构想，到 2011 年《全国主体功能区规划》（2011 年 6 月 8 日）的颁布，再到十八届三中全会作为一项制度（十八届三中全会通过的《中共中央关于全面深化改革若干重大问题的决定》）确定下来，成为生态文明制度建设重要内容的一部分。这一“战略—规划—制度”的变化，是对我国快速城镇化过程中出现的诸多问题的空间政策响应。新型城镇化建设作为解决这些问题的另一项重大政策，与主体功能区建设相辅相成。对于国家级限制开发区而言，如何在保护中发展，保障当地居民享有与相对发达地区均等化的公共服务和一体化的基础设施，在体系建设上必须依托这两大政策，结合当地基本概况，设计相应空间管治体系。

1.1.1.4 案例区域概况

（1）自然及经济社会概况

五峰土家族自治县（以下简称“五峰县”）位于湖北省西南部，地跨东经 110°15′~111°25′，北纬 29°56′~30°25′。总面积 2372 平方千米，辖 5 镇、3 乡（见图 1.1）。2013 年末，全县总人口约 20.30 万人，民族成分以土家族为主，占总人口的 84.77%。五峰县作为国家主体功能区中的限制开发区域，资源环境承载能力较弱，全境皆为山区，地形地貌以山地和喀斯特为主，海拔 500 米以上的山地占总面积的 86%，其中，海拔 1200 米以上的高山占 45%，不具备大规模集聚经济和人口的基本条件。气候条件以亚热带季风为主，资源环境以山地自然景观和生物为主，是一个典型的少数民族山区县，属于国家武陵山连片特困地区以及湖北武陵山少数民族经济社会发展试验区范围。森林植被呈现普遍性与多样化的特点，珍稀动植物众多，是三峡旅游资源的重要组成部分。境内有渔洋河、泗洋河、南河、天池河、湾潭河五大河流，受地形地貌、地层结构、地质构造等因素控制，水能资源较为丰富，但地表水资源较贫乏。县政府驻地原为五峰镇，于 2015 年底迁至渔洋关镇。五峰国土开发利用强度低，囿于地形地貌，适宜开发面积少；工业规模较小，以茶叶产业为带动的绿色经济发展势头较好；生态系统支撑能力较强，环境质量优越，但生态优势发挥不足；居民收入整体偏低，随着山区经营多样化发展，农民人均收入不断提高，村庄面貌逐步得到改善，公共基础设施和服务建设仍然相对滞后。

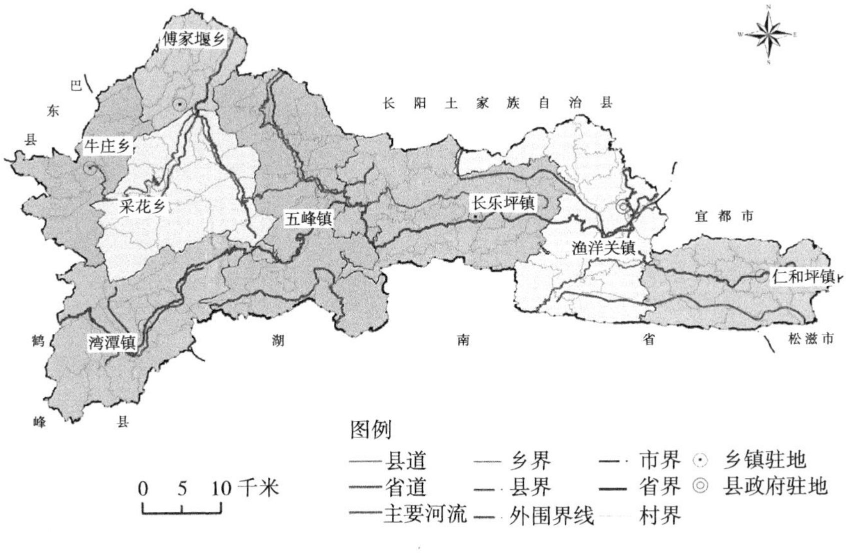

图 1.1 五峰县行政区划图

（2）政策及外部环境概况

五峰县在2010年公布的《全国主体功能区规划》中被确定为重点生态功能区，具备了现有大部分生态优良而经济落后地区的特点，对于湖北省乃至全国而言，这类地区的贡献更多在于生态产品的供给，以及长期属于劳动力的流出地。在《湖北省主体功能区规划》中，将五峰县划分至“三峡库区水土保持生态功能区”，发展方向为“以保护三峡水库水质为重点，开展库区环境保护、生态建设和地质灾害防治工作，发展特色工农业、生态旅游业”，在这一背景下，五峰县需要转型为面向武汉等优化和重点开发区的综合生态产品供给方。此外，五峰县属于国家级扶贫对象，根据2011年11月国务院扶贫开发领导小组印发的《关于下发集中连片特困地区分县名单的通知》（国开发〔2011〕7号），以及2011年11月湖北省扶贫开发领导小组印发的《国家集中连片特困地区湖北省分区情况及县市名单的通知》（鄂扶组发〔2011〕3号），五峰县被正式纳入国家武陵山集中连片特困地区11个县之一，级别属于国家级。作为土家族自治县，五峰县同时享受民族贸易政策（贷款贴息）、民族地区转移支付政策、少数民族经济社会发展试验区开发政策、省“616”帮扶政策等。

五峰县位于宜昌市西南角，与宜昌市其他西部山区县如长阳县，以及西部的恩施州鹤峰县等周边县市在民族成分、地形和资源构成上有一定的相似性，山大人稀的特点突出（见图1.2）。相较于宜昌市其他县市，五峰县经济发展水平较低；在湖北省整体范围内，五峰县及其周边普遍处于经济发展低洼地带，面临的经济发展困境具有较高的相似性。在《宜昌市土地利用总体规划（2006—2020年）》[5]中，对农业产业进行布局时将五峰县划入宜西山地特色农牧发展区，在生态安全格局中划入水土保持带，在土地利用分区调控中划入长江、清江流域生态旅游区和宜西南果茶特色农业用地区，提高农业生产水平。在《宜昌市城市总体规划修改（2011—2030年）》[6]中，五峰县与长阳县连同宜都市和秭归县的一部分被划入西南部森林生态功能区，以水源涵养和生物多样性保护为主要任务；五峰县在宜昌市城镇级别结构体系中处于较低序列，在市域经济区划中和宜都市一同划入西南部资源生产及旅游发展区。可见五峰县在宜昌市范围内主要承担生态保护功能，经济发展水平低且未来发展方向以生态经济为主。因而五峰县在判定空间管治存在问题，以寻求对应目标和方法手段时，要根据本县实际情况作出判断，同时将周边县市情况纳入考虑范围，形成合作机制，避免恶性竞争。考虑到生态保护的强外部性，更是需要在国家级和省级重点生态保护区的框架内以合作的形式实现区域整体发展。

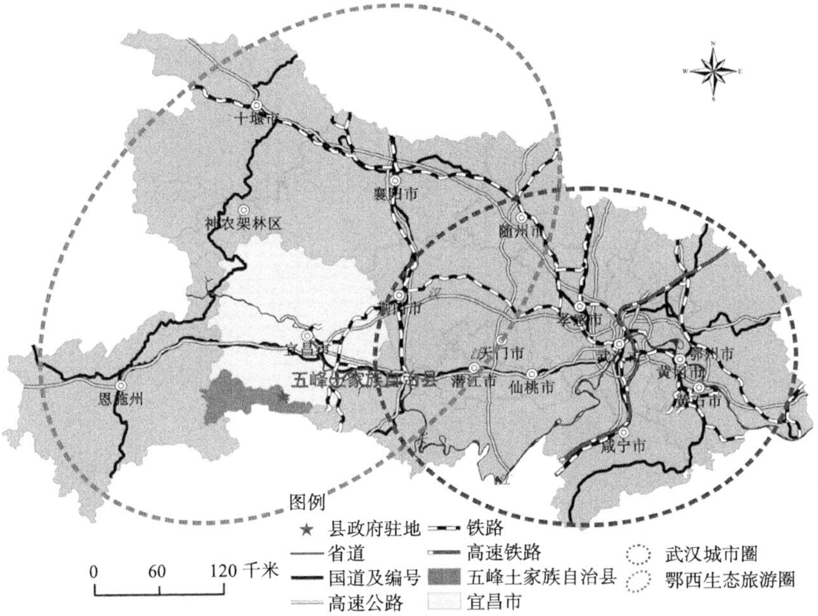

图 1.2 五峰县区位图

从以上介绍可以看出，五峰县作为国家级重点生态功能区试点示范点，具有生态地位突出、经济发展落后的特点，新形势政策要求下，发展与保护矛盾非常突出，具备作为案例地区的典型性和代表性，把对该地区的研究作为新的空间类型，有利于充实现有空间管治研究，为面临同样发展困境的地区破解空间管治难题提供借鉴。

1.1.2 研究价值及问题思考

在理论方面，从现有文献来看，以城市为主要研究对象的空间管治研究成果，并不适用于以生态保护为主要目标的空间管治方案。虽有部分思路可供借鉴，但尚未形成完整的框架和体系，对限制开发区中重点生态功能区的空间管治进行全面讨论，在破题方面有一定的学术意义。

从应用价值来看，本书根植于国家主体功能区建设的大背景，以国家级重点生态功能区空间管治的协调为目标导向，以划分空间功能、厘清景观格局、探究管治历史演变、解析空间管治问题为实施路径，有利于引导县域层次主体功能区规划与原有规划进行衔接，有利于提升特定类型下政府行为效率。

在对以五峰县为具体案例的重点生态功能区发展困境进行分析的基础上，提出本书将要解决的问题：即在主体功能区建设和新型城镇化政策背景下，具有广大而脆弱生态基底的落后山区为实现区域发展目标，整体空间及生产、生活、生态空间在空间管治中面临的主要困境和问题。以下研究以此为出发点，在文献述评的基础上展开研究。

1.2 相关研究述评

本书聚焦于重点生态功能区这一特殊类型的空间在管治上面临的发展困境与现实矛盾，首先对国内外空间管治已有研究进行梳理，由于重点生态功能区相近空间类型山区、保护区等管治研究涵盖其中，仅对重点生态功能区政策相关研究成果进行综述，形成研究基础。

1.2.1 空间管治研究进展

以“spatial governance”为关键词在英文数据库中进行搜索，经过筛选获得相关度较高的文献约40篇，主要集中在2000年以后，可见空间管治属于较新的命题。将文献以空间层次为主要轴线，以不同研究方法和手段为分支进行梳理。

1.2.1.1 国外研究进展

从西方空间管治研究发展的时间维度来看，管治对城市与区域规划及管理来讲并不完全是一个新的思想，从20世纪60年代Dvidoff的“倡导性规划理论”（advocacy planning）直到今天在规划领域中一再提及的“公众参与”，实际上也都是针对城市与区域规划及管理工作的复杂性、政策性、社会性而采取的一种管治思维。其概念则最初起源于环境问题，1989年世界银行在讨论当时的非洲问题时提出了“管治危机”（crisis in governance）一词，随后被逐渐引入处理国际、国家、城市、社区等各个层次的各种需要进行多种力量协调平衡的问题之中。有学者认为“governance”一词可上溯至16世纪，原意是“控制”“统治”或“操纵”，但事实上，“governance”概念的出现正是对传统“控制、统治”的反叛。20世纪80年代西方普遍主张自由放任的经济政策，城市与区域发展规划权威性被弱化，进入20世纪90年代中期，城市规划中的混乱和失误促使人们寻求更合理的规划方式来解决实际问题，管治作为综合协调各方利益的一种有效途径得到利用和发展。

（1）全球层次的空间管治研究

空间发展聚焦于地理区域，Steele（2004）通过对全球管治的维度相关研究进行梳理，对空间政策的重要性和意义进行探究[7]。Wetzstein（2013）探索了在全球化和新自由主义化的世界里，区域经济管治是如何无层次地组成的。认为相当数量的行为者的空间联系和参考点能够和特定城市空间管治项目联系起来。尽管空间想象可以和不同框架结构的全球期望相关联，但空间管治项目对城市管治和投资轨道的影响在各个空间上都不同[8]。

（2）区域层次的空间管治研究

由于欧盟合作范围的不断延伸，且经济较为发达，空间规划作为空间管治的载体，其发展较快，区域层次的跨界合作的尝试和实践也较为丰富。De Vries 等（2003）认为大城市走廊连接西北欧的主要城市区表现出对空间管治的一种较大挑战，管治的成功取决于强有力的部门间、公众—私人、跨界以及中央和地方之间的协调合作。其研究偏重于对知识、政策等概念的传播及落实[9]。Albrechts 等（2003）研究了欧洲近期的战略空间规划努力，以北爱尔兰为案例，解读对分散景观进行缝补的结果，代表其在尊重多样化的同时建立凝聚力的愿望。他们还调查了欧洲最近准备采用战略空间框架来引导城市区域发展的状况，从侧面反映出欧洲许多地方通过组合拼接形成新的区域模式[10]。Rivolin 等（2005）则在非正式欧洲空间发展远景（ESDP）按期落实的背景下研究欧洲空间规划。在欧洲的规划师对欧洲整体空间规划寻求共同理解的前提下，认为反对欧洲管治的当前发展背景，很适合探索突发现象的多种区域视角，有助于丰富欧洲空间规划的辩论以及加深对欧洲规划实践当前变化的理解[11]。空间规划通过影响点、线、网络和域面发挥空间管治作用。Seldadyo 等（2010）认为关于管治的研究在观察中普遍忽视了空间依赖。通过采用空间计量经济学方法，发现一个国家的管治展示了一种和毗邻国家管治的积极关系。因此，一个特定国家单个解释变量的变化不仅会影响该国自身的管治水平，也会影响毗邻国家。一个国家的空间安排最好采用基于同样案例中的每个国家的 10 个最邻近国的空间权重矩阵来描述[12]。

（3）国家层次的空间管治研究

从文献数量来看，国外空间管治的大量研究集中在国家层面，体现出空间管治更多地由国家层面的政策来引导，对全国的经济社会、资源利用、空间结构都有直接的作用，同时受到执政党政策取向、地理区位、历史背景、技术革新的左右。国家层面的空间规划是跨国空间合作以及国内跨区域合作的基础，具有较高的法律约束力，故而研究较为丰富。

①新自由主义影响下的国家空间管治。空间管治作为政府行为，应该在何种程度上发挥其作用，与市场如何平衡，是市场经济主导国家在发展中遇到的一个无法绕开的问题。新自由主义作为排斥政府干预的主张，带

来了资本主义，特别是东亚国家在20世纪末两次经济危机之间的短暂繁荣。Shibata（2008）认为尽管新自由主义乍看起来直接反对发展型国家的意识形态，但实际上东亚现在的发展型国家在过去的二十年里都在规划政策上大力推行新自由主义。另外，其从日本的经验中总结出，市场经济需要足够的国家监督和规制来控制和保护公众原理产生的风险[13]。在新自由主义的起源地英国，其对空间管治的影响相当明显，Allmendinger 等（2012）认为英国规划再次证明它正处于从一种范式——空间规划到另一种范式——地方主义的变迁中，规划是新自由主义者的一种形式，解释了规划中的时间、空间和部门的变化，以及近期规划的一些特征，包括数量变化、重要的政策时间点、阻力、张力和抗议活动。讨论了正在出现的范式的一些可能的含义[14]。

②“分割”国家背景下的空间管治整合。对于历史、制度、资源限制等原因导致空间分割严重的地区，如何实现空间的整合与管治是其发展中急需破解的难题。Tewdwr-Jones 等（2006）通过空间规划的透镜，对权力下放的英国区域、身份和空间提供了一个多学科研究[15]。自从1994年政府转型后，南非已经作出多种努力，通过建立一个当地政府系统来促进和加强增长以及社会各个方面的发展，以及（重新）构建和（重新）发展这个国家的城市区域。Coetzee（2010）认为南美的当地政府系统（包括市政发展规划系统）不适合有效促进这个国家（以及在全球化时空状况下）所需求的这种发展类型，在此基础上试图确定通向一种“新的促进当地发展”的可能之路[16]。Kidd 等（2007）探索了一体化的多种维度，建立了IWRM（integrated water resources management）的整合框架，认为空间规划能够比现在更好地发挥核心作用[17]。

③新技术使用对国家空间管治的影响。GIS 等新技术在空间管治和空间规划中的广泛应用使实时动态管理成为可能，但其落实仍存在较多阻碍。Campagna 等（2003）归纳得出，欧洲各国国家和地方层次不同形式的电子政务驱动，正导致信息沟通技术的发展。尽管技术可能被视为已经为在线高科技规划支持系统的发展做好了准备，但受组织、机构和文化限制，公共管理（PA）仍然常常表现出在日常使用中获取技术的困难[18]。

Campagna 等（2005）进一步对比了丹麦和意大利公共管理网站地理信息可获得性，显示两个国家相同状况下的不同方面导致大量因素的形成，这些因素貌似对所关注的应用类型的广泛实现至关重要[19]。

（4）地区层次的空间管治研究

本书将地区层次定义为一国之内跨省层面的空间管治。Thomas 等（2010）通过对绿带和绿色基础设施在城市边缘地区作用的讨论，对空间战略新兴柔性管治进行研究。认为绿色基础设施作为一种更好的方式来规划和管理这些空间，使城市边缘地区前期被低估的资产得到识别和量化。区域和亚区域“柔性管治”在英国的快速演进中优先于经济发展，使绿色基础设施的概念得到推广[20]。Chen（2011）对集聚中地方生产网络的演进与管治进行讨论，并以中国台湾机器工具产业为例进行阐述。该研究提升了对此类生产系统管治和演进的潜在机制的理解，认为总结处理集聚不经济的措施应该是行业集聚的加强[21]。Budds 等（2012）考虑了秘鲁增长的采矿业重新配置水资源增长的需求、重新调节水资源管治，发展了水景观的概念来考察吸引和重塑社会关系、技术、机构和论述的多重路径，根据传统空间尺度和机构等级建构对水问题的分析，将这些尺度和机构考虑进来[22]。Foutakis 等（2006）讨论了全球化背景下，基于信息技术发展的电子管治手段在都市圈管理的应用[23]。Kopczewska（2013）在地理距离削弱社会经济发展政策传播的假说基础上进行研究，认为位于外围地区的地方政府可能会比那些布局于地方中心的政府力量要弱小。以波兰地方政府为例进行研究，结果显示区域中心的影响区间局限在毗邻都市区 25 千米的范围，其他地方政府应当被看作具有外围重要性[24]。Harrison 等（2015）对将乡村置于城市区发展过程的管治进行研究，以近期英格兰和威尔士的城市—区域发展为对象，提出城市—区域政策制定的无力导致政策在“城市第一”与“区域第一”之间摇摆。提出一种功能上占优势的城市—区域构想，提供了一种摆脱当前钳制城市—区域政策制定无力的途径[25]。

（5）城市层次的空间管治研究

城市管治研究虽尚未达成一致概念，但相对较为成熟。Lefevre

(1998)的研究较有代表性。他回顾了西方大都市政府的发展历程，指出城市管治的出现导致了20世纪90年代西方国家大都市政府复兴。对现在的大都市政府存在的问题进行了探讨，认为尽管城市管治为大都市政府的设立提供了有效的方法，但现在的大都市政府仍然存在合法性的问题[26]。LeGalès (1998) 提出了如下城市管治的概念：一方面，城市管治是整合和协调地方利益、组织和社会团体的能力；另一方面，城市管治是代表地方利益、组织和社会团体形成对市场、国家、城市与其他层次政府的相对一致的策略的能力[27]。Pierre (1999) 将多种多样的城市管治模式分析归纳为四种普遍的模式：管理模式 (managerial)、社团模式 (corporatist)、支持增长模式 (progrowth)、福利模式 (welfare)。每一种模式都展示了它关于参与、目标、手段及产出的具体管治类型[28]。城市研究学者利用福柯对管治术的分析调查了城市社会秩序是如何越来越关注空间管理的。Robins (2002) 检查了处于后种族隔离制度的开普敦的空间管治术的"合理性"和效果，以及展示了这个城市如何逐渐变成了一个"堡垒"城市，对新自由主义方案导致的全球化背景下的公共空间私人化表示担忧[29]。Smith (2010) 在其博士论文中对墨西哥瓦哈卡的新自由主义、城市扩张以及政治变化进行讨论。部分地由于新自由主义政策强调城市发展，南半球的城市正快速扩张。这反过来带来了不断增长的农村向城市迁移的人口。并以墨西哥瓦哈卡的城市扩张为例检测了这种现象。聚焦大规模整治和经济过程、城市社会空间形式，对管治和社会抵抗的新形式创造进行论证，对于中国现在推进新型城镇化具有借鉴意义[30]。Carmichael 等 (2012) 通过欧洲新战略空间规划中对空间和地方的处理进行文献综述，识别出四种主要的障碍和促进类型：一是不同行为者/利益相关者对健康的制式和概念的不同理解；二是在特殊的合作关系中，地方和政治背景下管治安排的类型；三是机构工作的方式，它们具有的责任和能力以及资源；四是评价过程的时间表、理解和包容性[31]。Lau (2013) 对建构空间管治合作的合法性进行研究，探索空间管治合作的灵活性及其与合法性之间的关系。通过测度英格兰东部剑桥城边缘的主要城市扩张的实现探索了这些问题。资源配置的灵活性，对已经成为由可持续社区的共同愿景所巩固的分配结果非常重要[32]。

(6) 保护区层次的空间管治研究

相较于上述层次的空间管治，保护区层次的空间规划更具有针对性，管治的主体也更加多样化，从政府到非营利组织不一。加利福尼亚大学的Beneria-Surkin（2003）在其博士论文中以玻利维亚伊索索格克服政治空间分散化的瓜拉尼战略为例，探讨非营利组织CABI参与的分散化管治和发展[33]。Nolte等（2013）通过对位于巴西亚马孙区域的阿克里滥伐森林的情况进行研究，考虑管治中的不同保护类型，包括对当地经济发展的不同限制，以及区位的差异，来估计具有不同限制等级的保护类型对滥伐森林的影响，发现可持续的利用保护可比完整保护更多地避免滥伐，得出相关的政治经济选址可能会影响受保护地区降低滥伐和退化造成的排放的结论[34]。Bennett等（2014）从泰国海洋保护区生存影响、管治和管理的社区视角，探讨了为什么当地居民不支持保护。探查海洋保护区感知对社区生活资源（资产）和收入，以及海洋保护区管治和管理的影响作用。指出需要必要的政策改进和行动来改良国家海洋公园与社区之间的关系、国家海洋公园管理和管治过程，以及社会—经济和保护后果[35]。

(7) 社区层次的空间管治研究

微观层次的空间管治研究更容易展现管治与被管治之间的矛盾与冲突。Roberts（2001）以海德公园一次宪章派游行为例，研究了公共区域中的空间管治和工人阶级。通过对公共区域和公共空间概念的批评，在巴赫金圈、马克思主义和后结构主义的基础上，提出资本主义统治下的公共区域是由资本与劳动力之间的基础矛盾构成的。每个公共区域可能被当作这个基础矛盾折射出的对话和空间形式，资本家的地位使其一定要实现以下目标：通过在一个公共区域内借助管治和法律、规划等手段来规制[36]。Edge（2007）聚焦安大略省诺克富县地方管治代理在提升生态系统方式来概念化和管治社区健康时面临的挑战和机遇，在揭示当地管治代理在提升生态经济方法中面临的挑战和机遇分析的基础上，对社区健康管治的实践提供了必需的标准[37]。

1.2.1.2 国内研究格局

管治概念在西方产生不久就被引入中国，一方面，自改革开放以来，中国越来越融入世界经济体，全球化在各个层面的沟通和交流越来越便捷；另一方面，中国自身在推动经济发展过程中，也产生了西方国家曾经有过的困扰，略有不同的是，中国从计划经济体制转型而来，所采用的空间规划刚性有余、柔性不足，且非规范力量太过明显，亟待采用有效方式合理规范国土空间的利用。

相较于国外文献，国内对空间管治的研究几乎在一定程度上等于空间规划研究。结合国内实际情况进行分析，鉴于我国城乡二元制的体制机制，文献中众多的城乡规划与管治成为和国外研究明显的区别之处，加之主体功能区规划成为空间管治的重要工具之一，近几年关于主体功能区规划与管治的文章也比较多。以下按照空间尺度层次对文献进行梳理评述。

（1）城乡规划与管治

李兵弟等（2004）以省域城镇体系规划为例对中国城乡空间规划的新发展进行研究，从政府管理的角度对城镇空间管治提出了若干要求，强调区域发展与规划过程中政府的主体地位[38]。宋劲松等（2006）从“区域绿地”到“政策分区”的角度对广东城乡区域空间管治思想的嬗变进行研究，并介绍了广东的管治实践，可以看出在我国东南沿海经济较为发达的地区，由于人地矛盾的突出，以及经济社会发展不平衡的凸显，以规划部门为代表的政府机构更早地关注到了空间管治问题[39]。黄平利等（2007）分析了传统的区域、城市规划重经济轻生态、重城市轻乡村的情况，提出了城市规划和城乡空间生态规划相融合的理念与方法，并指出其具体的融合点为空间管治规划[40]。

（2）区域规划与管治

区域的空间范围可大可小，本书为了论述方便，此处将其界定为高于省一级的空间尺度，由若干省份组成的空间。刘卫东等（2005）提出区域规划是大国进行空间管治不可或缺的层次和手段。提出需要把握现阶段我国社会经济发展的核心特征，并考虑有效可行的管治手段，以全球化视野和市场化思维考虑区域发展和规划问题[41]。华晨等（2009）通过研究近年来浙江省县（市）域总体规划在区域空间管治方面进行的大量探索，以“四区五线”的方式将规划区划分为一级和二级管治区[42]，值得借鉴。姜晓丽（2013）从产业分工、港口分工、土地利用效率等角度对辽宁沿海经济带的空间管治进行研究，并提出解决的体制机制[43]，为这类特殊类型区域的空间管治提供了研究思路，但这种产业功能导向性的研究方法对以生态保护为主要目的的区域适用性较弱。以此类区域发展为主题的空间管治研究还有刘继斌（2012）对长吉图区域的空间结构重组与管治的研究[44]，以及徐境（2010）对呼包鄂区域一体化发展模式及空间规划策略的研究[45]，研究区域面积较大，跨越多个省级行政区，对于宏观尺度区域管治研究有一定参考价值，所归纳和提出的管治模式同样具有这个特点。

（3）主体功能区规划与管治

主体功能区规划是我国第一次颁布实施的中长期国土开发总体规划。“十一五”提出主体功能区战略后，全国和省级主体功能区划陆续完成，成为指导国家和地方宏观政策导向的空间表现形式。刘传明等（2006）结合湖北省主体功能区划实践，认为应当合理确定空间管治的分区与功能定位，选择多样性空间发展模式，完善区域规划体系，以理顺各种规划关系并提高规划的总体效用[46]。樊杰（2007，2011）主持了全国主体功能区划的研制工作，对于主体功能区划的研究有着较为全面而深刻的认识。他在分析地域功能基本属性的基础上，首次提出了区域发展的空间均衡模型，认为标识任何区域综合发展状态的人均水平值均趋于大体相等。将功能区划分为两级，一是地域全覆盖的一级功能区划；二是刚性的空间管治区二级区，二级区又分为强化一级区的刚性管治区和反功能区两种类型。通过一级区的弹性引导和二级区的刚性管治，实现空间结构的有序化[4]。他在探讨经济地理学科发展问题时对地域功能管治原理、建立空间结构有序化演进学说进行进一步讨论，指出在市场经济发达的国家，空间管治是政府履行宏观调控管理职能、通过合理配置公共资源打造有序空间结构的重要方面[47]。王倩（2011）指出推进形成主体功能区的重点是从解决空间失衡问题出发，促进区域协调发展。其协调途径包括空间整合、开发强度约束、空间管治以及基本公共服务与生活条件的均等化[48]。但此处对于空间管治的理解更接近于空间管理和治理的糅合，并非国外相关研究中提到的管治。何光汉（2010）研究了区域空间管治下的四川省主体功能区建设[49]，但其研究主体与刘传明等（2006）类似，落脚在主体功能区规划上，以此作为实现区域空间管治的主要手段和工具。汤薇（2013）从生态经济学视角对主体功能区规划进行研究，强调生态补偿制度在主体功能区建设中的重要地位[50]。

（4）城市群/都市圈管治

相较于其他尺度的国内文献，都市圈管治文献数量最多，且集中在2000年以后，成为国内管治研究的一个特点。对分区研究的集中态势是另一个特点。张京祥等（2001）借助管治理念对中国大都市区管理模式进行重构，提出在我国可以尝试形成大都市地区由两级双层管理模式组合而成的三层管治系统，认为政府仍应掌握对城市与区域空间资源分配的决定权，管治研究要尽量利用现有的社会政治机制基础，以优化为主要目标，避免对社会运行环境产生过大的震荡，城市与区域空间管治的研究结果及方式应力求和其他领域的管治工作相匹配，以整合政府、社会、个人的权利再分配[51]。陈闽齐（2003）认为区域管治协调是按照区域开发的条件，制定该区域值得共同遵循的建设原则和相关政策措施。采用分区管治协调的办法，给不同区域赋予不同职责，同时兼顾平衡，高度重视乡村空间[52]。王国霞等（2008）提出产业经济空间和人口经济空间两种划分方法来判定都市区范围，以提高都市区空间规划的科学性和空间管治的可操作性[53]。谢正观等（2009）通过对大量中外城市群规划中空间管治分区的比较研究，总结了主要异同点，认为分区本身不具备任何意义，只有服务于一定目的的分区才有价值，而基于不同的分区目的，分区采用方法和整个编制过程也会呈现不同[54]。杨立国等（2011）结合长株潭城市群社会经济发展情况，借鉴国内外空间管治研究现状，提出从空间管治理念入手，优化城市群规模分析，实现有效分区管治的空间管治[55]。李建平（2012）通过介绍珠三角从 20 世纪 90 年代到现在空间模式和管治思路的变化历程，结合珠三角绿道规划思想的形成[56]，很好地阐释了管治理论中国化的一次有效实践。对比国内其他地区文献，也从一个侧面说明，东部发达沿海地区在引入和应用空间管治思想方面走在前列。

（5）城市规划与管治

张京祥（2000）在对管治概念起源及含义进行剖析的基础上，对城市与区域管治的法系、编制体系及管理体系进行了介绍，论证了在中国引入城市与区域管治的必要性及可能性，并指出中国城市与区域管治研究应注意的关键问题。文章切合中国当前基本国情和发展状况，强调在协调组织多方合作的同时，必须要坚持政府的控制力[57]。甄峰等（2007）认为当前制度框架、经济政策与要素集聚、社会文化及空间规划等方面原因是造成中心城区之间管治冲突的主要原因。行政区划调整难以有效地削减这两大空间单元之间的本质冲突，并从制度重构、政策导向与空间整合三方面进行了分析。认为单纯的行政区合并是不能解决问题的，从制度、政策、体制、社会文化等多个方面出发，研究对同类城市的管治有较强借鉴意义[58]。陆玉麒等（2007）以仪征市为例，详细介绍了市域空间发展类型区划的具体方法和手段[59]，对于城市空间管治的第一步——功能分区有较强的借鉴意义。赵佩佩（2009）认为由于缺乏深入的分区政策设计与充实的政策内涵，现行管治政策无法完全适应从化市自上而下和自下而上的双重发展诉求，需要完善经济发展衡量标准和政绩考核机制，以此指导区域空间管治政策的编制与实施[60]。张建（2006）在对都市休闲空间的整合调控研究中，鼓励政府、市场引导市民形成都市休闲空间，是一种以休闲旅游为主体的空间管治形式[61]。

（6）县域规划与管治

县级行政单位在我国政治体制中发挥着承上启下的基础作用，处于中央、省市、同级县、乡镇和村庄的中间位置，具有上下协调和跨界合作的职能。空间管治对于组织协调有着“自上而下”和“自下而上”的内在要求，因而县一级空间管治研究有着特殊意义。但可能由于主体功能区划前期工作主要是国家和省级层面的，相关研究不多。税伟等（2006）对山区生态县区域协调发展的机制构建进行研究，认为区域协调机制在不同地域类型和一种地域类型的不同发展阶段是不同的，并以始兴县为例进行实证研究，提出山区生态县的共性问题，并建议从资金投入、跨界合作、优化产业结构及改良考核办法等方面进行改进[62]。黄金川等（2011）针对传统空间管治区划方法存在的问题，提出以土地建设适宜性评价作为县域空间管治分析的基本方法[63]，但此处的空间管治不同于国外和张京祥等介绍的含义，更偏向于“空间管制”的改良版，是区域规划的手段工具，与主体功能区划和土地利用总体规划中的分区方法相似但略有区别，这样的分区方法在分区依据上更有说服力，且操作性较强，但仍需结合经济社会发展的实际情况进行。席广亮等（2012）对新型城镇化引导下的西部地区县域城乡空间重构进行研究，在重构机制中提到以质量提升强化城乡空间管治，将城乡空间划分为发展空间和保护空间，并从城乡空间集约化和生态化发展两个方面进行论述[64]，具有操作性，但在概念内涵上更偏重于空间管理而非横向协调上的管治。王利（2008）着重对中国市县“五年规划”中的空间布局规划进行研究，分析了在此规划引导下，区域经济发展主要规划及其在空间管治中的具体操作[65]，作者对“管治”和“管制”的概念理解较为相似。

（7）管治手段与多规衔接

周立（2003，2007）以数字城市的空间管治为出发点，结合计算机和GIS基础提出了从指标选取到体系建设的一系列研究成果[66,67]。黄卓等（2007）以珠三角“一级空间管治区”的规划与实施为例，探讨了“协调规划”与“规划协调”的区别联系，根据事权划分和管治力度的差异，建立四级空间管治制度，对九类政策地区实行分级管治[68]。艾勇军等（2011）对我国非建设用地规划进行了分类总结，认为主要趋势将会从结构规划走向空间管治，强调规划机制的创新和改进[69]。林坚等（2014）从土地发展权的角度对空间管制和规划协同问题进行了探究，对城乡规划、土地利用总体规划、主体功能区规划、生态功能区划四类空间规划特点进行梳理，发现其共同发展趋势是强化空间管制。并指出土地发展权关乎“责任规划”与“权益规划”的根本，是各类空间规划的实质。这里的空间管制已经接近空间管治，但更强调具有法律背景的实施力度[70]。魏广君（2012）对空间规划协调研究进行了较为详尽的论述[71]，认为可借鉴其共性方案来解释重点生态功能区类型的规划衔接问题。

1.2.2 重点生态功能区研究进展

国家层面限制开发的重点生态功能区是指生态系统十分重要，关系全国或较大范围区域的生态安全，目前生态系统有所退化，需要在国土空间开发中限制进行大规模高强度工业化城镇化开发，以保持并提高生态产品供给能力的区域。其功能定位为保障国家生态安全的重要区域、人与自然和谐相处的示范区，分为水源涵养型、水土保持型、防风固沙型和生物多样性维护型四种类型。考虑到在对空间管治进行述评时已经对国外保护区层次的文献进行了综述，此处主要对重点生态功能区相关研究进行述评。由于该概念提出时间不长，且具有较强的政策性，相关成果较少，主要从生态补偿以及存在的问题出发，提出相关对策。

1.2.2.1 生态补偿

现有重点生态功能区研究主要集中在生态补偿方面，其中以财税效率和法律依据两个方面为主。李国平等（2013，2014）、李潇等（2014）分别从国家重点生态功能区转移支付的生态补偿效果分析[72]、资金分配机制[73]，以及生态补偿中的地方政府“敲竹杠”治理[74]三个角度进行研究，认为以“标准财政收支缺口”为核心的国家重点生态功能区转移支付资金分配公式是导致违背“两个倾斜”（向财力较弱与生态环境质量较差地区倾斜）的关键；该公式部分体现了国家重点生态功能区生态补偿的要求，总量上不能满足生态补偿的需要，现有生态补偿资金目的明确，主要用于生态保护，却被地方政府挪用到“更为紧迫”的民生支出，甚至工资发放上，造成补偿资金使用效果较差。吴越（2014）对发达国家实施重点生态功能区生态补偿进行总结，认为国外成功的经验主要集中在政府与市场并重、补偿资金监管和评估严格以及相关法律制度建立健全三个方面[75]。钟大能（2014）剖析了推进国家重点生态功能区建设过程中，面临的主要财政转移支付制度困境，主要包括中央对地方均衡转移支付办法中对环境保护标准计算应当充分考虑不同类型区的差别，避免造成反向调节，此外还有对民生因素考虑不足、横向转移支付作为纵向补偿的补充机制有待完善、相关的法律保障欠缺[76]。

从法律依据和机制方面研究的文章为重点生态功能区的生态补偿制度问题剖析提供了深层次的视角。赵宁（2015）提出在微观层面，从健全生态地役权制度、自然资源物权制度和自愿生态保护项目制度三个维度建立起重点生态功能区利益补偿法律保障制度，在明晰权利义务的基础上实现有效激励和惩罚，具有较高的可操作性[77]。杨萍（2015）所持观点与其类似，从农户生态财产权视角针对“农户”展开研究，认为只有将财产权予以明确，才能有效激励农户做到生态保护，形成长效机制[78]。任世丹（2013，2014）对重点生态功能区生态补偿法律关系进行研究，认为重点生态功能区生态补偿确认以“区域”为尺度，但其法律关系主体应为政府，客体为区域供给的生态产品和服务，主要内容为补偿主体依据相关法律法规或按照协议的约定、围绕生态产品和服务的持续供给活动而产生的权利和义务[79]。并对现有生态功能区普遍采用的理论基础，如环境资源价值理论、公共物品理论和外部性理论合理性进行批判，认为其在“为了‘防止损害’还是‘增进利益’上难以界定”，提出行政补偿理论、土地发展权理论及特别牺牲理论才是重点生态功能区生态补偿的正当性依据[80]。

1.2.2.2 问题与对策

刘欣等（2014）对我国重点生态功能区研究现状进行分析，由于现有研究成果较少，在对模式的总结上多为方向性的指导，具体有可借鉴性和可操作性的模式较少，认为生态补偿是主要研究内容之一，产业发展上普遍以绿色产业为主导，主要问题为研究的系统性不强，缺乏对生态功能区涉及的各种问题展开充分的讨论[81]。李宝林等（2014）具体对国家重点生态功能区中生态环境保护面临的主要问题进行分析，具有较强的普遍性意义，其对策具有宏观层面的实际意义，并从区域经济发展、生态技术、制度保证多个角度提供建议[82]。高吉喜（2005）也是从宏观层面对西部生态问题进行分析并提出对策，强调要加强重点生态功能区建设[83]。

1.2.3 总体述评

整体看来，由于国家和城市两个层次行政区划界限清晰，管治力更易落实，现有国外研究主要集中在这两个层次，其他层次的管治往往是这两者的合作或组成部分，可以认为这两个层次是现有空间管治研究的主要地理单元。空间规划作为空间管治的实现途径在不同空间层次上均有落实和探索，由于不同国家和地区所处的经济社会发展阶段不同，面临的困难迥异，但都要直面全球化的冲击和蔓延，这一大背景尤其突出并值得关注。对现有资料进行总结，发现国外研究主要有以下几方面热点：一是新自由主义对空间管治的影响；二是空间管治中对跨界合作/部门整合的诉求；三是新技术在空间管治中的应用；四是全球化背景下欠发达地区空间管治与城市发展；五是空间管治与对应区域可持续发展之间的关系。

相比之下，国内外论述“管治”的语境有着较大差异。国内在引入管治概念后，迅速将其应用到城市与区域、大都市区等层面上，相较于国外，缺少对特定类型空间的管治研究，尤其对以生态保护、农业发展为主要动力的区域研究更是少之又少。鉴于此类地区在我国快速城镇化推进的过程中面临的无力处境，原有的以城市规划或发展规划为主体的生态专项规划往往沦为它们的附庸，难以真正达到有效保护的目的，而21世纪初期推出的“反规划”等绝对保护生态环境的规划在现有的国内大环境下，过于理想化而无法落实。由此看来，主体功能区规划作为解决发展与保护矛盾的重大措施，在对重点生态功能区保护的落实上适宜采用空间管治的方式。

对于重点生态功能区这一类型区域，在国外研究中可以类比为受保护区域，在国内已经开始对其法律依据进行探讨，研究重点集中在生态补偿机制上，相关的问题与对策研究较为宏观，生态补偿机制的逐步完善对于此类型区域的保护效率有着重要影响，不仅要在全国范围的空间分布上更加均衡，同时应平衡“绝对”生态保护与区域发展的关系，关注区域中居民生活质量的改善和地方政府实力的提高，推动区域发展进入良性循环。本书将在研究中避免“只见树木不见森林”的缺陷，从区域整体空间管治的角度对此类区域生态保护问题展开讨论。

1.3 数据来源、研究方法与技术路线

1.3.1 数据来源

①底图来源于全国第二次土地利用调查（以下简称“二调”）制作图件，相应土地数据也来源于“二调”；相关资料图主要来自各个地方分管部门所提供的调查、规划和项目图。

②经济社会数据来源于相关时段的五峰县经济社会年鉴、县志和统计局普查、调研数据。

③指标计算的基础数据来源于五峰各乡镇、职能部门填报的数据，第二次土地调查数据库以及采用遥感技术直接获取的数据。

④中文期刊、硕博论文文献主要来自 CNKI 数据库，英文文献主要来自 EBSCO ASP、Elsevier Science Direct Online、ProQuest、SpecialSciDBS 国道特色、Springer、SAGE 和 Google 学术，书籍文献来自学校图书馆馆藏、CALIS 联合目录高级检索，通过馆际传递、CADAL 数字图书馆等方式获取。

1.3.2 研究方法

①文献归纳法。借助图书馆数据库，对相关关键词进行搜索并整理，形成重点生态功能区空间管治研究发展的历史和现状，并对案例地发展历史进行研究，了解事物的全貌。

②GIS 空间分析。运用 ArcGIS 10 空间分析软件，通过空间数据采集、数据矢量化，对功能区划进行缓冲、叠置、可视化等分析，采用网络分析法对基础公共服务状况进行分析。

③数学模型分析。融合物理学、模糊数学和地理学等多学科研究方法，对生产生活生态空间协调度进行研究。

④定量与定性相结合的方法。在采用地类转换的方式将空间范围具体划定的基础上，借助 FRAGSTATS 软件实现景观格局的量化分析，引入物理学模型求得三类空间之间的耦合协调度，进而利用本书所构建的重点生态功能区空间管治模型对各类进行相应的定性分析。

1.3.3 技术路线

本研究将围绕“一条主线，两个体系，三类空间，四块内容”的思路展开。

①一条主线：重点生态功能区的国土空间管治问题。将研究对象置于主体功能区规划的政策背景下，同时准确限定研究对象的具体边界，定下研究的基调。

②两个体系：概念体系和方法体系。在前人研究基础上，提出重点生态功能区空间管治的概念体系和方法体系，为后文研究的展开提供概念和方法基础。

③三类空间：生态空间、生产空间和生活空间。本研究通过尝试将整体空间分为三类，更加清晰地了解生态保护在重点生态功能区所面临的困境，并从人类活动更为剧烈的生产和生活空间找到突破口，探索“早管

治，不污染”的人与自然协同发展道路。需要说明的是，由于本书研究主题为重点生态功能区，故首先对生态空间进行解析，第3~7章按照生态、生产、生活的顺序展开，但在对三类空间进行整体叙述时，仍沿用通用的生产、生活、生态“三生”表述方式。

④四块内容：概念与方法体系—历史与现状格局—问题解析—优化策略。本研究按照研究的逻辑顺序将研究切分为以上四个相互衔接、逐步深化的研究内容，在对案例地进行研究的基础上，尝试获得重点生态功能区空间管治的共性问题，在对问题进行提炼的基础上提出优化策略。

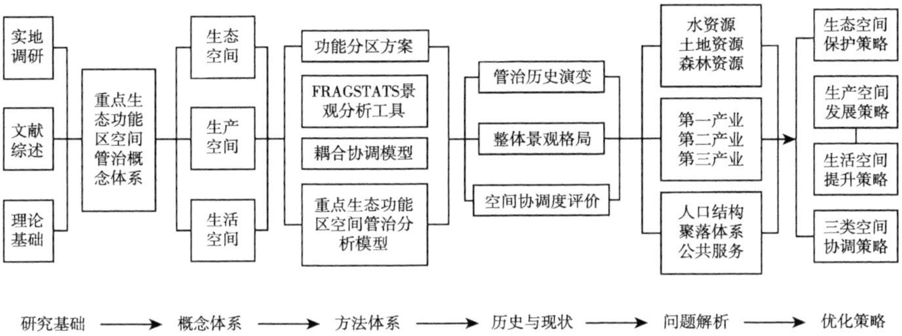

图 1.3　本书技术框架

2 理论、概念与方法体系

2.1 理论基础

由于研究对象的复杂性，本研究具有跨学科的属性，跨度从自然学科到人文学科，且管治在很大程度上属于政府行为，因此仍将其整体上升到人地关系的高度，在空间生产理论的指导下，从地理学和其他学科的视角对其展开研究，在分析具体行为时参考相关学科理论方法。

2.1.1 人地关系理论

西方的人地关系理论随着人们认识世界和改造世界能力的变化不断演变，从最初的较为朴素的赫拉克利特讲宇宙与人类视为整体起步，逐步发展出唯心主义、生态主义以及环境决定论等观点，到20世纪中期计量革命出现，相关研究开始减少，后随着环境问题日益突出，对人类生活方式的研究重新得到重视，20世纪60年代后现象学（等结构主义观点）出现，提出将研究对象置于情境之中进行讨论，整体形成四种世界观，对应四个根隐喻，即有机体主义——有机体、形式主义——马赛克拼图、机械主义——机械系统、情境主义/文脉主义——舞台。四种观点相互演进共同发展，随着主要的社会问题变化针对不同类型问题提出对应的解决策略，但逐步受到后现代主义对不确定性研究的挑战。在当下环境问题日益受到重视的背景下，人地关系理论有待进一步提升以解决当下和未来出现的人地关系问题[84]。

国内相关研究中，“人地关系地域系统始终被视为地理学研究的永恒主题与核心”，并发展出一系列详细分类[85]，对于本研究来说，基于人地关系理论，将对空间景观与结构的量化分析同环境的影响作用，以及二者之间关联结合起来，努力从环境决定论、“计量革命”成果中分别汲取营养，借助文本分析等方法，阐明空间管治中人对空间的利用问题，以及空间在人类利用中发生的数量、结构改变。

2.1.2 空间生产理论

空间生产理论起源于 20 世纪 70 年代，当时主流的地理学理论和思想无法解释城市空间分化和隔离问题，地理学家将马克思主义与空间理论相结合，形成了新马克思主义地理学派，其中以城市空间为主要研究对象。法国马克思主义思想家亨利·列斐伏尔是空间生产理论的首创者，他基于马克思主义的分析框架和资本主义城市空间实际，建构了三元一体理论框架，即空间实践—空间的表征—表征的空间，其核心观点是城市空间是资本主义生产和消费活动的产物与生产过程。随后地理学家受此观点影响在本学科内进行应用，并对该理论进行丰富发展和补充。大卫·哈维、爱德华·苏贾、曼纽尔·卡斯特尔、尼尔·史密斯等不断采用案例等对其进行完善，形成大量可供借鉴的方法和手段。

在 1974 年发表的《空间的生产》（*The Production of Space*）中，列斐伏尔认为空间是社会的产物，其观点包含两层意思，一是“既然认为每一种生产方式都有其自身的独特空间，从一种生产方式向另一种生产方式必然伴随着新空间的产生”；二是讨论空间与国家的关系，认为城市空间的生产过程中，国家政治权利主导一切[86]。本研究中，三类空间分别对应了三种生产方式，除生产空间外，生态空间主要是生态产品的生产，而生活空间主要是人的生产，每一种生产方式都对应了一种空间；空间管治中国家/政府作为行为主体，通过主体功能区划对重点生态功能区生产、生活、生态空间产生重要影响，可以集中体现国家政治权利的作用。此外，空间辩证法认为空间格局为人类活动的作用表现，可用地理方法测算空间格局，用地理学方法测度人类行为的合理与否，判断空间格局、质量应有走向，进而对人类活动进行规范。故本书借助该理论进行研究。

空间生产理论认为，空间不仅是承载物质实体的“容器”，而且是被生产出来的，是社会实践的产物（space is a social product）。每个社会都有与其生产方式相适应的空间生产模式，或者说每个社会为了能够顺利运作其逻辑，必定要生产（制造、建构、创造）出与之相适应的空间[87]。城市空间组织和结构是资本生产的需要与产物，资本、权力、阶级等政治经济要素正在成为重塑城市空间的“关键词”[88]，资本、权力和空间的关系在这一理论下得到新的认识，资本主要作用于物质的、社会—经济空间的生产，而权力主要作用于抽象的、政治—制度空间的生产。这两个过程相互影响、相互交织[87]。联系重点生态功能区这一特殊空间类型产生原因是国家从全国范围内对资源的重新配置，是主体功能区规划的产物，该空间及其子空间的管治逻辑有其独特之处，借助该理论进行分析。

2.1.3 协同论

协同学作为一门横断学科，研究系统中子系统之间是怎样合作以产生宏观的空间结构、时间结构或功能结构的。这里所说的“空间结构、时间结构或功能结构”，即“自组织”[89]。其学科目标是确定系统自组织赖以进行的自然规律。由生产、生活和生态空间组成的人地系统具有自然系统与人工系统的双重特点，三个子系统耦合协调，形成独特的自组织现象。复合系统的协调是指在系统内部的自组织和来自外界的调节管理活动（即他组织）作用下，其各个组成子系统之间的和谐共存，以实现系统的整体效应[90]。整个区域系统作为一个复合系统，其可持续发展有赖于各个组成子系统之间的协调发展，一个子系统轻微的涨落可能会在另一个子系统或外界的影响下变成大幅度的涨落，推动原有宏观结构从有序到其他状态的变化，进而引发子系统的变化。因此，从协同学的角度研究生产、生活和生态空间三个子系统的协调特征是可行的。

2.2 概念体系

2.2.1 管治及空间管治

2.2.1.1 概念溯源与发展

全球治理委员会在1995年发表的题为《我们的全球伙伴关系》的研究报告中对管治的概念作出了代表性和权威性的规范：为个人与公私机构管理自身事务的各种不同方式的总和，它是使相互冲突或不同的利益得以协调并且采取联合行动的持续的过程。从中可以看出，“管治”指的是许多不具备明确的等级制的个人和组织合作解决冲突的工作方式，灵活而且多样化，是多种规章制度甚至个人态度的集合。尽管人们对管治有各种不同的解释，但都基于一个基本的共识，即当今社会，政府并不需要垄断一切合法的权力，除政府之外，非政府组织（NGO）也可以在社会经济管理中发挥积极的调节作用[91]。

由于管治概念是从国外引进的，故而国内最早期的论文多是在对国外主流概念进行梳理的基础上进行探讨，进而扩展至中国体制机制背景下的管治理论与实践对比。学者们所持的基本观点都是西方管治理论在中国的实践面临着改造，以城市为代表的建设区管治和以生态保护区为代表的非建设区的规划与管治需要采用不同管治手段和方法。

张京祥（2000a，2000b）等对管治概念的产生与理解进行了详细阐述[57,92]，他对区域管治的研究属于国内较早且系统的研究，于2000年获得国家自然科学基金课题“中国城镇密集地区城市与区域管治研究——以苏南地区为例”资助，他对管治概念的界定和评价成为后期研究重要的引用对象。在对国外主流管治研究进行梳理的基础上，他认为管治并非万能，本质在于对政府和市场力量的平衡。提出中西方的城市与区域管治基于两个不同的起点：西方国家是为了应付日益多元、强大的社会力量，而中国是为了补充、完善原来过于强有力的政府单一管理体系。同时指出在中国引入城市与区域管治的必要性及可能性，认为应该充分发挥政府与市场在空间管治中的积极作用，避免重复西方政府调控失衡的道路。吴骏莲等（2001）认为管治包括四个方面内容：自组织（heterarchy）的调节方式、多样化的行为者（actors）、互动过程（inter active process）和国家承担的元治（meta-governance）角色，在对管治基本含义进行梳理的基础上，整理了管治在全球层次延伸的研究现状，对管治的自组织性质着重进行了探讨[93]。国内对于管治的理解，更多的是从空间规划的角度来操作的。胡序威（2006）对中国区域规划的演变进行梳理，提出应当进行有效的规划实施和空间管治，将规划作为空间管治的主要手段，和国外提倡的多个主体的合作相比，更符合中国国情[94]。

王磊等（2013）基于政府与市场主体的关系、中央和地方的关系（空间政策和规划），以及相应空间发展状态的规划反馈，分析了过去 60 年间五年计划/规划中空间规划元素的演变特点及机制，认为“十一五”以来重点加强和改善了空间规划内容，使经济规划与空间规划的结合更加紧密，但仍存在与其他规划衔接不力、再集权困难等问题[95]。李铭等（2007）对区域管治研究的国际进展进行梳理，在概念界定和辨析的基础上，分别对城市、区域、“大都市区”三个尺度的空间管治研究方法、模式和特征等进行归纳，得到对国内的借鉴启示；并从城市、城市边缘及都市圈区域三类空间管治对国内的研究现状进行研究，提出有待改进之处；最后对我国空间管治实践进行批判，认为垂直的行政体制、公众参与、有效监督、跨界合作是亟待改善的几个方面，认为空间管治的可持续发展、与主体功能区的关系、管治空间中的效率与公平及博弈关系应该成为空间管治的研究重点[91]。方创琳等（2007）的《区域规划与空间管治论》[96]是国内较为系统地对空间管治进行论述的著作，还包括了国内外空间管治模式的案例梳理，并借鉴了日本、美国、韩国等空间管治经验[97-99]，相较于欧洲和美国等人口密度较小国家，日本、韩国的经验更接近中国国情。

2.2.1.2 概念辨析与界定

由于“国家级限制开发区”这一概念提出时间不长，且在国家政策层面有清晰详细的界定，即限制进行大规模高强度工业化城镇化开发的重点生态功能区和农产品主产区，比较容易和其他类型区域区分开来，故此处对管治一词进行辨析。

空间管制与空间管治这一对概念，分别代表了传统区域主义和新区域主义在空间资源配置上的行为取向。前者强调控制、限制，如城市总体规划中普遍运用的已建区、适建区、限建区、禁建区等区域划定以及规划管理中的“红线”“蓝线”控制等；后者则偏重于通过多元互动达成的空间资源共同治理，主要依据不同地域的特点制定不同的发展政策（通过鼓励、控制、振兴等），并对不同地区的空间控制与发展提出相应的实施措施。

根据以上对管治概念的辨析，本书认同 Hufty 对管治所下的定义，管治指的是一类社会实际情况，即导致社会规范和机构创造、加强或再生产的集体问题的参与者之间互动和制定决策的过程；认为每个社会都发展出它自己的决策和解决冲突的一套办法。因此，作为一种社会现实，管治既不标准也不规范：它指的是一种可观察的现象，它也不局限于任何时间或空间，正如它可能在任何形态的人类社会中观察到，其决策过程、社会规范和机构组织内置于社会生活之中，允许任何社会的成员能在甚至没有政府的情况下，共同生活、相互合作[100]。因而本书在后续研究中，既考察历史时期的空间管治状况及其形成的空间格局，也认同协同论提出的自组织理论，同时综合考虑多主体在空间管治中的博弈。

方创琳等（2007）在对城市管治、区域管治和全球管治进行综述的基础上，将空间管治定义为：区域内多种不同利益集团和社会团体之间通过对话、协调与合作等自组织方式，在政府与市场之间运用政治权威管理和控制国家资源，解决矛盾冲突，进行区域利益平衡再分配，最大限度地补充市场交换和政府调控不足，最终达到“双赢”的区域综合治理方式[96]。这个定义首先将主体确定为“多种不同利益集团和社会团体”，考虑到了个体在大范围的管治中难以表达个人的声音，多形成共同的利益诉求，或组织成团体的形式来与政府、市场相协调。其次强调“自组织方式”，表明空间管治的发展具有协同学的特点，并不依赖于政府主导，也不完全是对市场导向的响应。最后强调其手段是“运用政治权威”，根据政治学辞典释义：政治权威是指在政治生活中依靠公认的威望和特殊的地位而得到人们自愿服从的力量和影响[101]。政治权威通常依附于一定的政治组织或权力结构中的某些重要角色，通过这些角色的品德、能力、思想以及作为，获得人们的政治认同和自愿服从。选择运用政治权威而不是政治权力，表明手段的运用不一定具备强制力，以此可以将所定义的“管治”与“管制”区分开来。定义最后落脚在“达到‘双赢’的区域综合治理方式”，表明空间管治的实质是一种区域综合治理方式。由于该定义与上述管治定义以及本书论点一致，本书借用该定义开展后续研究。

2.2.2 Hufty 管治分析框架

自 20 世纪 90 年代以来，“管治”概念在学者和实践者中应用的频率越来越高，这个趋势的一个重要特点是缺乏概念的连续性，导致“管治”逐步成为管理学、政治学和经济学语境中的“万能钥匙”。由于其在结构性适应项目和公共管理的市场导向改革中被频繁使用，在学术和研究框架下对其进行讨论具有相当的挑战性。管治分析框架（GAF）是现有文献中得到多次实践检验的调查管治过程的实用工具，该方法由 Hufty 基于瑞士国家研究能力中心“北—南”（NCCR North-South）研究项目和拉美管治、公正和健康（GEH）网络开发和发展，并于 2007 年在日内瓦召开专题讨论会，以解决用于规定和分析目的管治概念层次清晰度不够，以及用于规定和分析目的的管治概念容易混淆的问题[100]。本书借助该框架对管治及其五项分析工具的概念展开研究，以下展开具体介绍。

GAF 包括五项关联清晰的分析工具。其中，“问题”是具有决定意义的一系列内在关联的矛盾。“行为者或利益相关者”是那些共同行动会导致社会规范形成的个人或集体，这些规范会起到引导、允许或禁止集体或个人行为的效果。“规范”由集体相互作用而不断修改自身，这些相互作用可以在节点处进行观察。“节点”指的是问题、过程、行为者和规范汇聚形成的有形或无形界面。“过程”指的是上述随时间变化的复杂互动。行为者、规范和过程可能是正式的也可能是非正式的。

2.2.2.1 界定关键问题

应用管治分析框架的第一步是理解并清晰地界定关键问题，或解构和重构问题。这一步是基于这样的假设：问题是社会建设。一些棘手的现象确实存在，如山区的水土流失状况，但是它们代表了社会层面上的一些问题，如处于贫困边缘的农民由于不平等的所有制结构状况，被迫在非可持续状态下开垦坡耕地，这个问题就涉及土地、边缘化和消除贫困多个问题。因此，在任何给定的情境下，关键点对每个行为者来说可能完全不同，在一方看来是问题，在另一方看来可能是优势。行为者甚至研究者都会有他们自己对既定情境的理解判断，接受这种多元化的世界观是从实际视角出发的基础条件。

每个行为者都会试图将他们的观点强加于两个方面：问题的本质和谈判过程的游戏规则。在这个“上游管治”或“元管治”过程中“设置日程”已经是一场权力游戏。行为者动员他们的资源试图通过说服、“象征性暴力”、力量或将这些合并起来使用，将他们的观点施加给别人，但这经常导致反抗。由于外部授权，官方或研究者自己“拍脑袋”界定的问题往往具有局限性。对于开放性的问题，可以选择采用一个预定的研究问题或解构和重构它。另一个选择是联合利益相关者一同界定问题。

2.2.2.2 理解社会规范

除了直接的问题外最重要的便是社会规范，管治主要分为两个层次，第一层次是“游戏规则”，第二层次是“元管治”，即决定游戏规则如何建立的规则。在任何社会类型中，行为者之间的协议和共同决策导致规范的形成，在常用的术语中可能会被定义为在一个特定社会中被认为是合适的行为的共同信念。规范引导行为者的行为，并由集体行为进行修改。规范最终基于价值和信念，人们对是非对错有一种直觉判断。规范包括法规（什么能做和什么不能做）和制裁（正面的，强调一种行为，或负面的，制止之）两种要素。规范与社会机构直接相关，这些机构指的是引导与约束个人和集体的行为的社会规范循环系统。当规范重复出现时，它们就会被制度化，意味着它们成为个人的主观意识，并帮助形成机构。

规范的多元化是冲突的主要来源，基于前人研究，规范可以被分为三种类型，每种均涉及不同层次的分析：一是“元规范”，指的是引导社会价值观的原则，例如可持续发展、性别平等、公共参与等。二是“制定规范”，指的是与经过分析的问题运行相关的组织或机构机制，例如联合国环境规划署的地位或一个部落社会中关系酋长地位的规范。它们定义了行为者并赋予其身份。三是“监管规范”或规则，划定个人和集体行为的界限，它们根据行为详细说明了什么合适或不合适，指示每个人必须（禁止）或可以（不可以）做什么，同时描述正面（支持或奖励）或者负面的（不支持或惩罚）约束。

社会规范中的改变过程可以采用一个矩阵进行分析，这个矩阵采用梯状或多层次的视角来描述规范的阶段和层次划分（见图 2.1），从它们的出现到出现任何反应。根据研究需要和语境，其他层次可以添加进来（区域、村庄、次大陆等）。应该强调的是，任何一个层次都会产生规范。箭头表达了无论何时规范发生传播，都会有一个反应和信息返回到传输机制（反馈）。管治过程的相当一部分发生在不同层次的行为者之间，但它们也涉及同一层次的互动。此概念摘取自 Young（2002）提出的水平和垂直互动概念[102]。

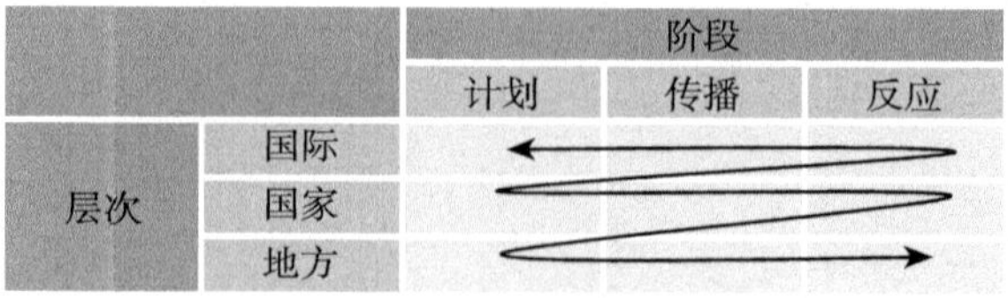

图 2.1　规范分等级分析

资料来源：译自 Hufty M. 文章“Investigating Policy Processes：The Governance Analytical Framework（GAF）”插图。

2.2.2.3 区分行为者

GAF 是一套聚焦于行为者的方法。社会规范很明显是由个人和集体行为者执行的，联系到他们的行为和互动，并受到他们的天性、权力、兴趣、观点和历史的限制。不同工具都可以用来分析行为者和他们之间的互动，例如“利益相关者分析”。这些工具通常包括一系列描述和分析来适应不同类型调查的需要（Social Development Department，1995；World Bank，1996；Golder，2005；Mayers，2005）[103-106]。

（1）识别和描述行为者

第一步是识别利益相关者，并决定怎么描述他们。GAF 分析框架与其他方法的主要差别是对包含在其中的所有行为者一视同仁，无论他们是否具有正式或不正式的地位。

（2）评价行为者影响力

第二步基于不是所有的行为者都对管治过程有相同的影响力的观点。许多工具会根据他们的影响力进行分级。难点在于如何评价影响力。基于布迪厄的社会场域理论[107]，对他们的相关权力执行情境进行分析。综合来看，“象征资本”是行为者拥有的威信威望，“经济资本”是利润或财产（不一定以金钱形式表示），“社会资本”是一个行为者可以调动的社会网络，“文化资本”则是可利用的知识。它们相互联结形成决定一个人在社会场域中个人地位的第一个变量。第二个变量是调动这些资源的个人的期望和能力。第三个变量是这些资源在管治过程中的有效运用。第四个变量是与其他行为者的战略互动。这些变量的两个维度必须在实证评价下进行考量：一个是可以被测度的客观维度（例如在处理问题时行为者拥有的资源），另一个是依靠别人感知的主观维度。

行为者可以根据他们的影响力和权力进行划分。本着简洁的原则，可根据以上四种变量将行为者分成三类：“战略型行为者”“相关型行为者”和“次级行为者”。其中，“战略型行为者”是“任何具有足够的权力资源的个人、组织或集体，这些资源可以隐藏或干扰通向制定决策和集体矛盾解决方案的规则或程序”。“相关型行为者”是那些形成结构纤维的组成部分，拥有必要的资源成为战略型，但不使用这些资源或在这个过程中被其他人所统治。“次级行为者”没有足够的权力来改变游戏规则，或保持消极状态。仅仅对战略型行为者进行分析得到的结果也是可以的。如果研究者可以得到必要的资源，相关型行为者和次级行为者也可以纳入研究范围内。

（3）行为者之间互动分类

作为第三步，需要对行为者之间互动进行分类。根据古典制度经济学和社会人类学，互动可以分为三类：谈判交易，其中权力被平均分配。这种交易关系的创造依赖于每个行为者展现的讨价还价的能力。直接交易，其中权力是不公平的，如同在老板—员工之间，或者赞助商—客户之间，无论他们这种关系是否得到第三方（例如政治权威）的保障。相互作用交易，这是对 Mauss 提出的“礼物和礼物回赠”以及组成一系列道德负债和收益，也是对社会关系的加强。网络是相互作用交易的一种典型类别。这三种类型的相互作用的不同组合对应不同类型的关系，如保护主义、商业贸易或家庭关系等，这些相互作用必须基于这个场域中的观察，在理论术语下进行详细说明。有不同的工具用于行为者之间互动的表现和分析，如行为者地图（Turnpenny et al.，2005）[108]。

2.2.2.4 调查节点

在一个管治过程中，行为者不断重复互动。这些互动实际发生或通过不同的媒介（例如互联网、电话）发生。在 GAF 中，这些互动的地方被称为节点（NPs），并被定义为各种问题、行为者和过程汇集的实体的或虚拟的空间，同时也是制定决策、达成共识、形成社会规范的地方（例如一场谈判或一次地方社区集会）。对于观察管治过程来说，它们是有趣的起点。有很多与这个节点的概念有共同之处的定义，但和“社会界面”（Long，2001）[109]或“竞技场”（Oliver de Sardan et al.，1995）[110]理论不同。

GAF 的目标是区分构成决策制定空间结构的组成部分的正式与非正式节点。不同节点的识别和描述与它们的关系，以及它们对所观察到（因变量）的问题的影响提供了分析现有状况的基础，无论它们对于一个变化的过程是有利还是不利，节点直接与行为者和过程相关（见图 2.2）。

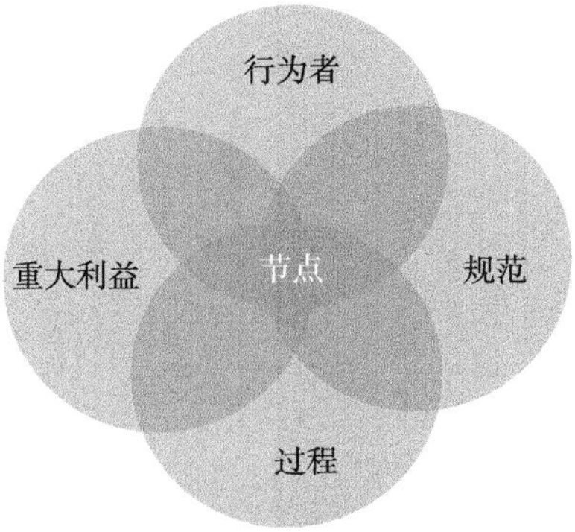

图 2.2　节点运行示意图

资料来源：译自 Hufty M. 文章“Investigating Policy Processes：The Governance Analytical Framework（GAF）”插图。

2.2.2.5　分析过程

过程源于行为者在节点中随时间变化的互动，他们将历史维度引入这个方法中。为了达到分析的目的，过程可以按照情境或时间进行排序，这些可以按照时间顺序进行对比，以理解它们的发展方向（演化模式），同时可以识别有利或不利要素的变化。这种观点在图 2.3 中进行描述。四个行为者 A、B、C、D 在不同的时间段（T0、T1、T2）内重复互动，例如，他们每年一个周期地在谈判桌前碰面。“问题”就循着这条线被简化成过程的循环。它既有起点（所研究问题的第一次出现），也有终点（制定一个解决这个问题的决策）。这当然是一种理想状态。既然管治过程很少有线性的——其经历了阻碍、谈判和调整——并且开始和结束可能会被弱化，因此相互之间的界限可能不会像图示中那么分明。

图 2.3 所显示的节点的具体例子可以是一张桌子上的谈判，其中公会、行业、政府和调停人共同就工资问题坐在一起，也可以是开发商、州政府、当地社区和养牛专业户关于一个开发项目相互交换意见，等等。这个过程明显需要在给定背景和历史下进行复杂互动。同时，正如上文谈到的

不同的“经验体系的意义”、世界观、文化、论述和战略的相遇，节点的识别是通向一个管治过程观察的理想的第一步。作为一个谈判桌，这是很好理解的，但管治过程也可能是非正式的、隐蔽的，使得直接的观察很困难。这种情况下的解决方案是，基于对参与者的访谈和文献调查进行事后的重建。

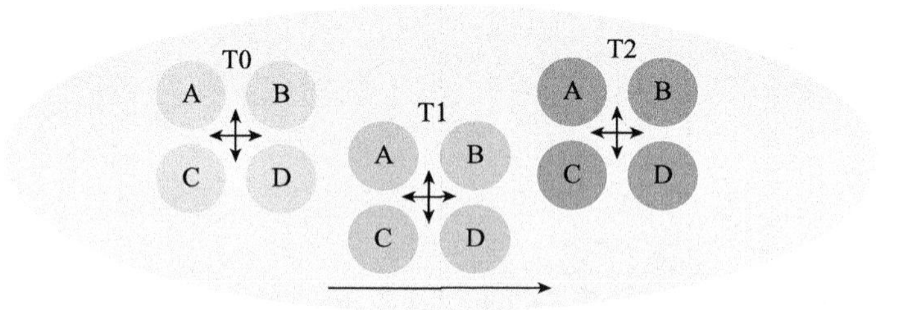

图 2.3　管治过程示意图

资料来源：译自 Hufty M. 文章“Investigating Policy Processes：The Governance Analytical Framework（GAF）”插图。

节点自身也可以由几个层次组成，每个层次都可以作为一个节点来分析（形成一个节点链）。在某个工业部门就工资问题进行谈判的案例中，工会（A）、雇主（B）、政府（C），以及调停人（D）的代表组成了一个节点。但是工会的代表一直是由几个工会（A1、A2、A3）共同代表，必须在谈判过程中定义一个共同的位置，每个工会都代表了几个工厂，这些工厂都要确定一个共同的位置（A11、A12、A13……）。这种状况和雇主或不同的部门差不多。如图 2.4 所示，最终形成了一个节点链。

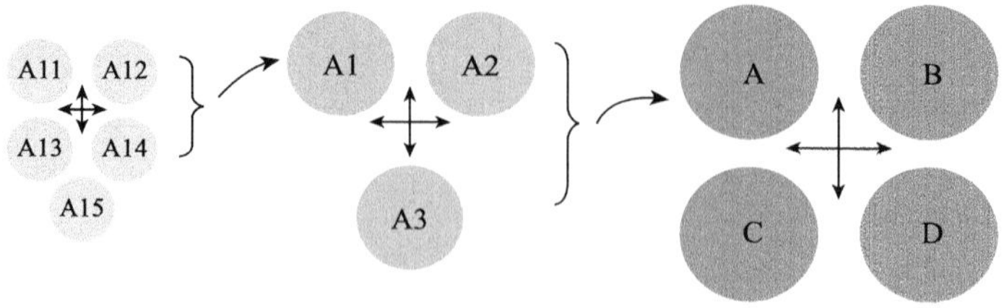

图 2.4　节点链示意图

资料来源：译自 Hufty M. 文章“Investigating Policy Processes：The Governance Analytical Framework（GAF）”插图。

产生社会规范的几个行为者之间的任何互动组（正式或非正式）都可以被视为一个节点。根据研究目的，研究项目的起点可以是任何层次的。为了理解工会如何设法定义一个共同的位置，需要沿着这个链条并研究几个节点。在每个层次都会有不同观点之间的对抗。这个对抗过程部分由行为者的身份构成。当一个共同的定位出现时，行为者必须制定策略来移动和接受妥协，但是随着时间的推移他们可能慢慢认同这个共同的位置，即使最初这并不是他们的第一选择。

2.2.3 生产空间、生活空间、生态空间

在重点生态功能区语境下，在对前人研究进行梳理的基础上，分别对生产空间、生活空间和生态空间给出相应定义。

2.2.3.1 生产空间

现有文献中，对生产空间的研究主要包括三个方面：一是产品的生产及其生产活动的研究，包括有形物质的生产，如粮食生产[111,112]、制造业产品生产[113,114]等，或无形产品的生产，如文化产品的生产[115-117]；二是对生产空间的规划，如对农业生产空间中土地利用的规划与管理[118]；三是从城乡互动的角度对农业生产空间的规划[119]，以及从资源利用角度进行的规划管制[120]。

在研究方法上，对于有形产品的生产，主要利用空间计量等较为典型的空间分析方法来研究时空演变规律，研究相对成熟，尺度规模都较大；无形产品生产空间的研究更偏重于微观尺度的研究，与产品本身的属性密切相关；对于生产空间规划的研究，一直以来都有农业区划等传统，但将其置于生产空间概念背景下，与生态空间、生活空间共同讨论的较少，已有研究以定性规范研究居多。

基于前人研究成果，结合本书研究背景及研究对象属性，将生产空间界定为以农业生产为主体，包括农业附带延伸出的上下游产业，为农业及其延伸产业服务的基础设施运行所需空间，以及以面积较小而单产面积较

高的工业、矿业和旅游业为附属的空间范围。对于重点生态功能区而言，受地形起伏大、水系切割作用明显、难以从事大规模耕作、以立体农业为主体、劳动力规模较小等因素的具体影响，加之农业活动属于半自然半技术生态系统类型，生产空间成为具有典型地域性的人地关系综合体。

2.2.3.2 生活空间

“生活世界”是与生活空间较为相近的表述，有着较为完整的理论体系，“生活世界”（Lebenswelt①）最早由胡塞尔（Husserl，2005）提出，是现代西方哲学的基本概念。哈贝马斯（Habermas，1994）从社会学角度认为生活世界由文化、社会和个人三部分构成。许茨（Schutz，1973）将生活世界转变为社会批判和文化批判，提出日常生活世界的理论，强调日常生活的主体间性②。作为日常生活载体的空间，其哲学意义在于与其联系的是人的自在世界。

国内对于生活空间评价的研究，主要以王兴中等（2004）[121]、柴彦威（2000）[122]和顾朝林（2000）[123]为代表，研究成果集中在城市生活空间，包括城市生活质量[124]、城市生活空间结构[121]、康体游憩服务分布规律[125]、生活空间公正性[126]、郊区社区碎片化[127]等，在概念体系、要素构成和实证研究方面均取得较多成果，是组成城市社会地理学的主要内容。已有研究中对乡村部分生活空间的研究包括土地利用[118]及乡村景观[117]方面的研究，姜爱萍（2003）在对苏南乡村社会生活空间特点进行分析时，将其划分为市场贸易生活空间、生产劳动生活空间、文化教育生活空间、家庭婚姻生活空间、社会交往生活空间五个类型，进而探索其形成机制，由于苏南地区经济社会发展在全国具有较强的典型性，为其他地区发展提供参考[128]。李志军等（2010）利用基础设施建设不平衡指数模型，分析了中国各省（区、市）的农村基础设施建设水平相对于村庄人口等因素之间的不平衡和滞后性，对农村生产生活空间质量进行了测度[129]。

---

① 德语。

② 社会主体的人与人之间的关系。

对县域空间这一尺度关注较少，对融合县、乡、村三个级别的层次性研究也较少。

将重点生态功能区的生活空间定义为居民居住和从事第二、第三产业的聚落集中地，信息、物流集散地，包括行政区范围内的村庄、建制镇和城市空间。

2.2.3.3 生态空间

生态空间的提法和相关研究由来已久，生态学、生物学、自然地理学、景观生态学以及环境学科等成熟研究对其有过较多论述，与地理学的交叉研究也较多。随着环境恶化、生态事件频发，生态空间的保护、调控与理论研究成为地理学研究的主要角度。

一是从景观生态学的角度进行研究。Forman（1995）提出了一种基于生态空间理论的景观规划原则，可称之为集中与分散相结合的模型（aggregate with outliers），它包括以下 7 种景观生态属性：大型自然植被斑块、粒度、风险扩散、基因多样性、交错带、小型自然植被斑块、廊道。主要是通过集中使用土地，确保大型自然植被斑块的完整，以充分发挥其在景观中的生态功能；引导和设计自然斑块以廊道或碎部形式分散渗入人为活动控制的建筑地段或农业耕作地段；沿自然植被斑块和农田斑块的边缘，按距离建筑区的远近布设若干分散的居住处所，越远越分散，在大型自然植被斑块和建筑斑块之间也可增加些农业小斑块。显然，这种规划原则的出发点是管理景观中存在多种组分，包含着较大比重的自然植被斑块，可以通过景观空间结构的调整，使各类斑块大集中、小分散，确立景观的异质性来实现生态保护，以保持生物多样性和达到高度的视觉多样性[130]。郭荣朝等（2007，2010）利用生态学原理对城市群生态空间结构进行研究，构建了生态空间结构优化组合模式，认为“廊道组团网络化模式”是城市群空间结构演化的必然趋势[131]，并以中原城市群为例进行实证研究[132]。王云才（2011）将生态空间分为自然生态空间（林地、草地、水系、湿地、滩涂）和人工生态空间（人工灌渠、人工林区和水库）两类[133]。

二是从管理和规划的角度对生态空间进行研究。比较有代表性的主要是从中国国情出发，借助相关学科分析框架，对生态空间存在问题进行分析，城市相关研究典型性明显。规划类文章中多把生态空间置于经济社会发展需求末端，是为经济社会服务的部分，强调其保障功能[134-136]。也有部分研究从国外生态空间保护与规划控制的角度出发，为中国现实情况提出建议[137]，有一定借鉴意义。

三是从理论探讨的高度对生态空间问题的研究。陈雯等（2007）在对空间经济学研究的相关进展进行梳理与评述的基础上，提出空间经济学研究应转向经济、社会、环境综合效用最大化的目标，建立空间异质下的空间均衡的系统分析框架、生态空间分布及其与经济活动开发空间的合理配置理论[138]。樊杰（2014）在对主体功能区划的科学基础进行论述时，提出的空间综合均衡模型具有这方面的考虑，在后续研究中提出生态空间作为主体功能区的一部分，其所属类型不同则占有比例有别[139]。乔家君（2012）对乡村社区空间中的生态空间界面进行理论探讨，认为当界面两侧空间类型不同时，界面变化不同[140]。

生态空间是生产空间和生活空间的自然本底，是由当地独特的地形、地貌、土壤、水系、地理区位、植被、生物等组成的空间形态，是提供公共生态产品如空气、水、物种多样性等以林地和水域为主的剩余空间范围。生态空间占重点生态功能区的绝对比重，运行良好的生态空间可以为局部地区及更大范围地区提供重点生态保障功能，而较差的生态空间则会导致更大范围的生态系统陷入恶性循环中，对其生产和生活空间造成直接不利影响。生态空间并不囿于原生自然环境，人工生态环境同样在其范围。虽然受人类影响不如生活空间以及生产空间明显，但也有清晰的人类利用而刻画的痕迹。生态空间是人地关系中“地”的重要组成，是重点生态功能区开发与保护矛盾的核心所在。

上述定义及在此基础上实现的分类，凸显以生态保护为核心的思考，可以最大限度地避免空间的重合，由于各类空间不可能仅有一种空间属性，所以只能要求尽量接近而难以彻底实现。对于重点生态功能区而言，其功能属性决定了无法开展大规模人口集聚和工业化，故其生产空间用地的主要组成部分为农业生产用地，第二、第三产业的生产用地面积较小，除极少量的工矿业外，以农业加工和生态旅游业为主，故将相应地类划入此类空间。以商业为主的服务业用地则与生活用地紧密相伴，考虑到其面积较小，且对生态环境影响较小，剥离难度大，将其置于生活空间中。

2.3 方法体系

2.3.1 空间功能分区

根据《全国主体功能区规划》部署，五峰县属于三峡库区水土保持生态功能区，承担三峡库区水土保持、水源涵养、生态环境建设和地质灾害防治等任务[2]。为了体现“点上建设和面上保护”基本精神和正确处理发展与保护的关系，现根据五峰县自然环境的垂直地带性差异和社会经济发展的水平地带性的差异，按照党的十八大报告中所提出的“不断开拓生产发展、生活富裕、生态良好的文明发展道路”的要求，应用全国第二次土地利用调查成果，确定生产空间、生活空间和生态空间的控制范围，即对重点生态功能区这类限制开发类型区进行深入剖析。通过对空间格局的划分，可以更加明确地对其空间利用现状和潜力进行评价。

2.3.1.1 划分依据

按照不同的需求以及对空间理解方式的差异，对空间的划分方式众多，可以简单将其划分为城市和乡村两种类型，也有从管制目的出发的复杂分类，从各种类型的国土规划中可见一二。土地作为各类经济活动的载体，是空间的有形呈现方式，因此根据土地利用方式对空间进行分类，如全国第二次土地调查将土地类型分为农用地、建设用地和未利用地三大类，主体功能区规划中将国土空间划分为优化开发区、重点开发区、限制开发区和禁止开发区四类，城市规划中的分类体系。本书尝试在主体功能区划背景下，借助地理学区划理论和思想，充分考虑重点生态功能区的管制要求和管治目标，寻求空间二次划分方法。

（1）政策依据

党的十八大报告在关于生态文明建设的要求中，在对优化国土空间开发格局的论述中，明确提出“促进生产空间集约高效、生活空间宜居适度、生态空间山清水秀[1]”。在主体功能区建设的背景下，结合相关原则，认为限制开发区特别是重点生态功能区的划分，应当以生态空间为主体，担负起提供主要生态产品和生态服务的功能，生产空间所占比重次之，以提供生态农产品和休闲旅游产品为主体，生活空间逐步缩小，推动区内人口逐步减少，充分利用生产空间提供资料实现就业，公共服务均等化提升。

（2）理论依据

龙花楼（2013）认为中国新型城镇化及农业现代化缺少空间支撑平台，亟须通过开展农村土地综合整治来重构乡村生产、生活和生态空间，以推动城乡一体化发展和新农村建设，结合农用地整治、“空心村”整治和工矿用地整治提出了三类空间重构的模式和途径[118]。文章对乡村空间存在问题及其内在机理分析透彻，见图 2.5，但其分析概括性较高，对于限制开发区，特别是重点生态功能区，需要适当调整。以五峰县为例，居民点分布的“散、乱、差”是一个较为突出的问题，随着外出务工人员的增多，“空心村”问题也在部分地区出现，但采用“迁村并点”的方式来解决这一问题，具有较大难度，主要是由于山区地形地貌限制，难以找到可供集中居住并配套相应设施的地块。另外，外出务工人员返乡意愿并不强烈，大部分是 20 世纪六七十年代出生人群愿意返乡，八九十年代出生人群更希望能在县城或地级市稳定下来，返乡率较低，这种趋势造成土地撂荒现象蔓延。但由于目前农民进入城市定居门槛仍然较高，如何引导重点生态功能区居民逐步转移，实现生活空间承载压力减轻、生活质量提高，保证生态空间安全，提高生产空间效率，是对龙花楼（2013）所提出问题的进一步细化。

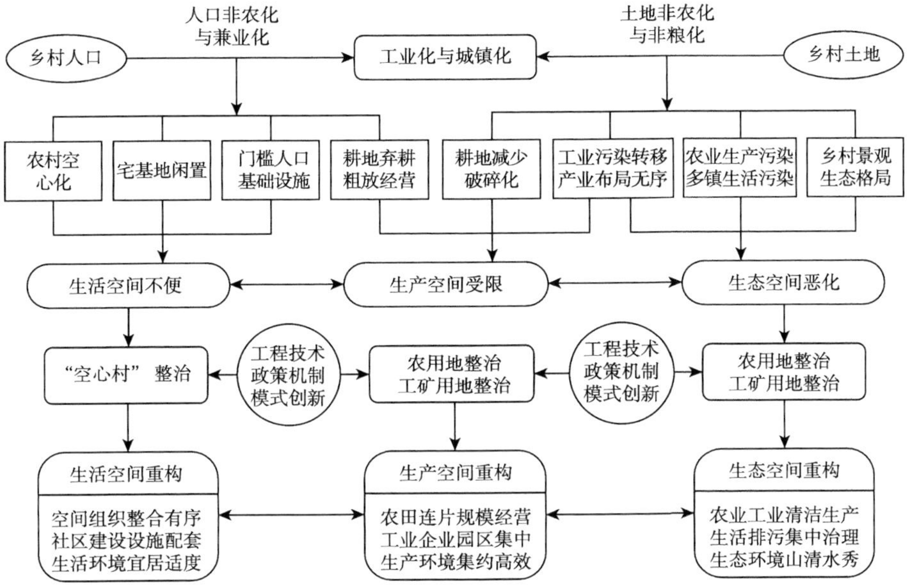

图 2.5 乡村生产、生活和生态空间重构的土地整治助推机制

资料来源：龙花楼．论土地整治与乡村空间重构［J］．地理学报，2013（8）：1023.

王云才（2009）对江南水乡典型的景观环境空间组合，即具有初始形态特征的村落构成进行提炼，认为其由生产空间、生活空间和生态空间三类组成[141]，进而在对文化景观空间传统性评价时，将传统文化景观物质层面分解为以聚居为核心的生活空间、以农业为主体的生产空间以及与自然环境相联系的生态空间三个方面。认为其内涵中的生态空间主要指具有鲜明地域特征的自然环境；居住与生活空间是人类改造自然的结果，建筑与聚落是其中的典型代表[142]；生产空间中的土地利用是人类认识自然改造自然活动的实践结果，土地利用形态和肌理成为重要的传统地域文化景观的语言图式[143]。在对文化景观传统性设计指标体系时，文章参考对人居环境自然适应性测评的方法，从地类上对三类空间进行划分：一是居住与生活空间主要体现在建筑空间、庭院空间、村镇公共空间以及由这些所组成的聚落整体特征；二是生产空间主要由农业用地、工业用地、商业用地、旅游用地及主要动力交通方式组成；三是生态空间主要表现在林地、水系、草地、湿地构成的自然生态空间、人工生态空间和人与自然环境的关系等几个方面[144]。

贺涛等（2006）在对流域生态用水分配进行协调性评价时，提出水资源的分配主要是在生态系统、生产系统和生活系统之间的分配[145]。可见将整体空间划分为生产、生活、生态空间不仅具有土地利用、景观格局的意义，在水资源等要素分配中也有其分类价值。孙伟等（2013）在对海岸带空间管制及其方法进行研究时，将其划分为生态空间、生产空间和生活空间，并以宁波市为例提出相应空间布局调整引导方向和管制要求[120]。乔家君（2012）从界面理论出发，将乡村空间分为居住空间、生产空间（农业空间、工业空间、商业空间）、社会文化空间（社会空间、文化空间）和生态空间四大类[140]。

樊杰（2014）在对人文地理学前沿问题进行归纳时，指出点轴理论阐释了空间形态为主体表达空间结构的形成过程及作用机制，如果要进行空间开发强度的管制，需要更多地从功能空间的比例关系来揭示不同自然地理环境背景下、不同发展水平和发展阶段的空间结构演变规律。生产空间、生活空间、生态空间不仅弥补了点轴系统中面状空间组织结构缺失的问题，同时，拓展为生产、生活和生态三大空间比例关系表达空间结构（见图 2.6），使其形成与点—线—面空间形态构筑的空间结构相互支撑，初步揭示了空间结构有序化演进规律[139]。

在政策指引和前人研究基础上，充分结合重点生态功能区对空间利用的管治要求，采用生态空间、生产空间和生活空间三分法方式对五峰县进行划分。生态空间是凸显重点生态功能区发展导向的核心，以水土保持、生物多样性维护和生态产品供给为主要目标；生产空间依托生态空间本底优势，是重点生态功能区管治措施充分落实的保障，以发展特色农业生产为主体，以提高农业生产附加值为主要目标；生活空间是居民进行生产生活活动的中心，是重点生态功能区空间管治的落脚点，以提高居民生活收入、改善公共服务均等化为目标。

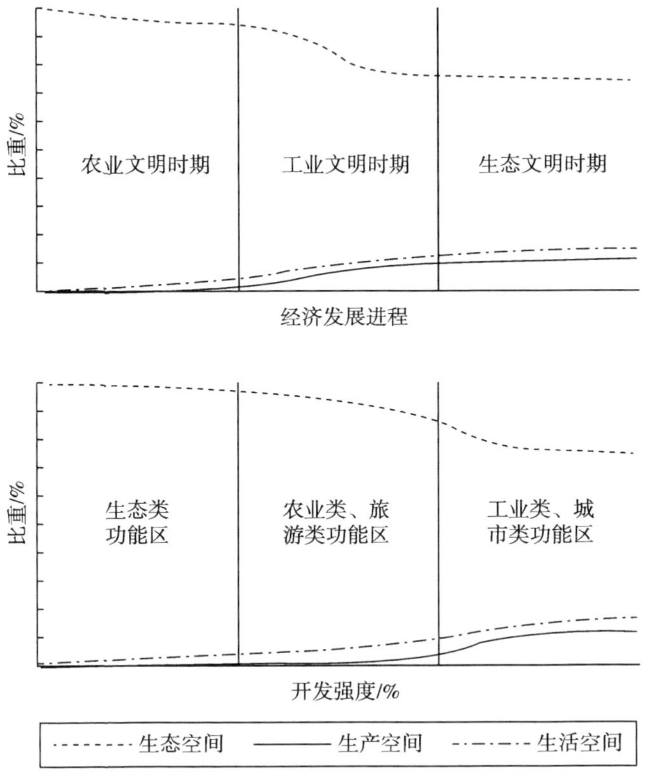

图 2.6 三大空间比例关系演变过程和类型区示意图

资料来源：樊杰．人地系统可持续过程、格局的前沿探索［J］．地理学报，2014（8）：1065.

美国景观环境规划学之父奥母斯特德（Olmsted，2000）认为，景观规划不仅要提供一个健康的城市环境，同时也要提供一个受保护的乡村环境[146]。重点生态功能区往往具有城市面积小，建制镇斑块面积相对较大、数量较少且总量较小，村庄斑块面积较小、分布较为零散且总量较大的特点，总体上偏重于乡村环境，景观资源具有效用性和稀缺性的两重特征。三类空间共同组成了人类生存所依赖的人居环境。其中，生态空间是生产空间和生活空间的基底与保障，生产空间是维持和改善生活空间和生态空间的主要经济来源，生活空间是居民活动的主要圈层，是生产空间和生态空间得到改造的动力来源。三类空间耦合协调，相互作用、相互影响，并不能相互完全剥离开来，而是相互之间存在一定的交叉。

2.3.1.2 基于地类转换的划分方案

本书尝试从现有分类中剥离出生产、生活、生态空间的具体用地。综合考虑数据来源的可靠性和科学性，采用“二调”数据，根据限制开发区特别是生态功能区的要求，突出生态保育功能，逐步减少人口数量及生活用地面积，形成环境友好型的产业结构，将地类进行合并（见表 2.1）。首先将生活空间剥离，由于五峰县在 2008 年的“二调”时尚没有城市用地，将建设用地中的村庄和建制镇用地划入生活空间，渔洋关新县城建设后相应空间地类转换为城市用地，仍将其作为生活空间；其次考虑到五峰县现有产业结构仍以第一产业为主，茶叶经济突出，将第一产业的耕地、园地，以及相关的坑塘水面、水工建筑用地、田坎、设施农用地和沟渠等列入生产空间，将第二产业的采矿用地、第三产业的风景名胜用地和交通用地纳入生产空间；最后以生态用地生态产品产出的功能为出发点，将林地、草地、天然水域和未利用地划为生态用地。

表 2.1 重点生态功能区生产、生活、生态空间地类转换

空间类型	一级地类	二级地类
生产空间	耕地	水田
		旱地
	园地	果园
		茶园
		其他园地
	城镇村及工矿用地	采矿用地
		风景名胜及特殊用地
	交通运输用地	公路用地
		农村道路
	水域及水利设施用地	坑塘水面
		沟渠
		水工建筑用地
	其他土地	设施农用地
		田坎

续表

空间类型	一级地类	二级地类
生活空间	城镇村及工矿用地	建制镇
		村庄
生态空间	林地	有林地
		灌木林地
		其他林地
	草地	天然牧草地
		其他草地
	水域及水利设施用地	河流水面
		水库水面
		内陆滩涂
	其他土地	盐碱地
		沙地
		裸地

2.3.2 景观格局分析方法

当前的空间格局状况是人类活动与自然环境长期相互作用形成的结果。本书在现状空间格局划分与历史梳理的基础上，借助景观生态学方法对其进行分析评价，进而判断其空间管治中存在的问题，从而为空间管治问题的识别、格局的优化以及管治水平的提升提供有力依据。

景观是一个地理、功能与历史等交互相关的生态系统综合体。从整体观点研究景观的结构（空间格局)、功能（生态学过程)、变化（空间动态）及其与人类活动之间的相互作用，是景观生态学的主要研究内容。强调景观格局的形成、动态及其与生态学过程之间的相互关系，是其核心理论之一[147]。景观空间结构（景观结构）是相同或不同层次水平上的景观生态系统在空间上的依次更替和组合，是景观生态系统纵向、横向镶嵌组合规律的外在表现。综合分析景观整体功能、结构及各种组织过程之间通过多种内在反馈机制形成的动态平衡关系，是景观生态系统研究的核心之一。空间结构研究正是通过直观全面、方便有效的方式透视其中的顺序关联，探析系统的整体性状，达到综合研究的目的。系统的整体特征，取决于其各子系统的相互作用关系。景观空间结构的研究就在于以直观、方便又有效的方法途径认识景观空间结构的基本特征及变化规律[148]。FRAGSTATS 是由美国俄勒冈州立大学森林科学系开发的一个计算景观指标的软件，是目前国际上通用的景观格局分析软件。作为一个地图空间模式分析程序，能够简单地量化空间边界和景观中的空间斑块结构，用户需提供一个定义和测量景观的合理依据（包括景观的范围和板块），确定哪一个斑块被分类并描绘外形。只有与考虑到的现象有关的景观镶嵌有意义时，从 FRAGSTATS 中输出的结果才有意义[147]。本书借助 FRAGSTATS 最新版本 4.2 来对五峰县景观格局进行分析。

景观指数是景观格局分析常用的指标，通过景观指数描述景观格局，不但可以使空间数据获得一定的统计性质，还可以针对不同空间尺度上的景观格局特征进行比较与分析，定量描述和监测景观空间结构随时间变化。结合本书研究目的以及前人研究成果，对五峰县空间格局进行分析（见表 2.2）。

表 2.2　五峰县景观指数选取

序号	分类	斑块尺度水平	斑块类型尺度水平	景观尺度水平
1	面积/密度/边缘指标度量	回旋半径（*GYRATE*）	斑块类型所占景观面积的比例（*PLAND*）	—
			斑块密度（*PD*）	
			最大斑块指数（*LPI*）	
2	形状指标度量	分维数（*FRAC*）	—	—
		形状指数（*SHAPE*）	—	—
3	核心面积指标度量	—	—	—
4	独立/邻近指标度量	—	—	—
5	对比度指标度量	—	—	—
6	蔓延度与离散度指标度量	—	—	蔓延度（*CONTAG*）
		—	散布与并列指数（*IJI*）	聚合度（*AI*）

续表

序号	分类	斑块尺度水平	斑块类型尺度水平	景观尺度水平
7	连通性指标度量	—	连通度指数（*CONNECT*）	—
8	多样性指标度量	—	—	斑块丰富度（*PR*）
		—	—	香农多样性指数（*SHDI*）
		—	—	香农均匀度指数（*SHEI*）

将五峰县“二调”图以地类名称为主要字段，借助 ArcGIS 10.2 工具箱转换为 TIF 格式文件，输入景观格局分析软件 FRAGSTATS 4.2，分别计算各景观格局指数的值。FRAGSTATS 4.2 将景观格局指数分为斑块水平、类型水平和景观水平三种类型，考虑到五峰县尺度范围和研究目的，综合使用三类格局分析指数，针对斑块面积/密度/边界长度指标（area/density/perimeter）、形状指标（shape metrics）、核心区指标（core area metrics）、隔离指标（isolation metrics）、连接度指标（connectivity metrics）、聚集度指标（contagion metrics）6 大类型，选取 10 个指数，对五峰县全县整体景观进行评价时只采用类型水平和景观水平指数，“三生”空间分类评价时则同时参考斑块水平指数（见表 2.3）。其计算公式如下。

$$GYRATE = \sum_{r=1}^{z} \frac{h_{ijr}}{z} \tag{2.1}$$

式（2.1）中，h_{ijr}为第 i 类的第 j 个斑块栅格与斑块 ij 的几何中心之间的距离；z 是斑块 ij 中栅格的数量。面积指标不仅是进一步计算许多斑块、斑块类型以及景观指标的基础，斑块面积本身也具有许多生态学意义。但对于一些生命组织及其过程而言，面积指标的重要性要逊于斑块的幅度指标，回转半径就是用来测度斑块幅度的。

$$SHAPE = \frac{0.25p_{ij}}{\sqrt{a_{ij}}} \tag{2.2}$$

式（2.2）中，p_{ij}是斑块 ij 的周长（米），a_{ij}为斑块 ij 的面积。取值范

围为 $SHAPE \geq 1$，无上限。当斑块为正方形且斑块形状变得更加不规则且无限增长时，$SHAPE=1$。

$$FRAC = \frac{2\ln(0.25p_{ij})}{\ln a_{ij}} \tag{2.3}$$

式（2.3）中，p_{ij}为斑块 ij 的周长，a_{ij}为斑块 ij 的面积。*FRAC* 的取值范围为［1，2］。

表 2.3　斑块水平指数选取

公式	名称	意义
式（2.1）	回转半径（*GYRATE*）	*GYRATE* 是对斑块幅度的一种测度，受到斑块大小和斑块紧凑度的影响，参数选择时 4 邻和 8 邻的不同会对指标结果产生影响
式（2.2）	形状指数（*SHAPE*）	通过调整来适应正方形标准，*SHAPE* 对周长—面积指数的尺度问题进行了纠正，结果该指数成为形状复杂度最低可能也是最直接的度量指标
式（2.3）	分维指数（*FRAC*）	*FRAC* 比较有吸引力，主要是因为通过一系列空间尺度（斑块大小）反映出形状的复杂性。因此，类似于形状指数，克服了直接用周长—面积比作为测度形状复杂度的主要缺陷

$$PD_i = \frac{n_i}{a_i} \times 100 \tag{2.4}$$

式（2.4）中，PD_i 为类型 i 的斑块密度，n_i 为类型 i 的斑块数目（个），a_i 为类型 i 的面积（公顷）。

$$PLAND_i = \frac{\sum_{j=1}^{n_i} a_{ij}}{A} \times 100 \tag{2.5}$$

PLAND 是用来度量某一斑块类型在景观中丰度比的指标，也是度量景观组分的一个重要指标。$PLAND_i$ 为类型 i 占景观总面积的比例（%），a_{ij} 为类型 i 的第 j 个斑块的面积，n_i 为类型 i 的斑块数目，A 为景观总面积。

$$LPI = \frac{\max a_{ij}}{A} \times 100 \tag{2.6}$$

式（2.6）中，a_{ij}代表斑块 ij 的面积；A 为包括景观内部背景在内的总面积。*LPI* 就是用某一斑块类型中的最大斑块面积除以整个景观面积。

$$IJI = -\sum_{k=1}^{m}\left[\left(e_{ik}/\sum_{k=4}^{m}e_{ik}\right)\ln\left(e_{ik}/\sum_{k=1}^{m}e_{ik}\right)\right]\times 100/\ln(m-1) \quad (2.7)$$

m 的取值范围为（0，100]，数值小时表明某种景观类型相邻接的景观类型较少。

$$CONNECT = \left[\frac{\sum_{j=k}^{n}c_{ijk}}{\frac{n_i(n_i-1)}{2}}\right]\times 100 \quad (2.8)$$

式（2.8）中，c_{ijk}为给定连接距离阈值内同类型斑块 j 和 k 之间的连接（1 表示连接，0 表示不连接）；n_i 为景观类型 i 的斑块数。

连接度（*CONNECT*）主要有两个方面的含义：景观空间结构连接度；考虑生物对单个景观要素（斑块、边界）和整个景观构型响应的功能连接度。斑块类型水平上，当计算的斑块类型只有一个斑块或该类斑块没有任何两个在设定的距离阈值内"连接"时，*CONNECT*＝0；每个斑块都连接时，*CONNECT*＝100[149]。

表 2.4 类型水平指数选取

公式	名称	意义
式（2.4）	斑块密度（*PD*）	*PD* 为某景观类型包含的斑块个数除以该类景观的面积
式（2.5）	斑块所占景观面积百分比（*PLAND*）	*PLAND* 对景观中每类斑块的丰富度的比例进行量化。与整体类型面积指标类似，在许多生态应用中，是对景观组成的重要测度，但由于 *PLAND* 是一个相对测度值，比类型范围更适合测量景观组成，将不同尺度上的景观之间进行对比
式（2.6）	最大斑块指数（*LPI*）	*LPI* 用来度量多大比例的景观面积是由最大斑块组成的。因此它是对优势度的简单度量
式（2.7）	散布与并列指数（*IJI*）	*IJI* 反映了景观类型间的总体散布与并列状况，用来度量在给定斑块类型数量情况下，斑块的实际散布状况与最大散布状况的比值。*IJI* 的计算是基于斑块之间的节点数而非栅格相接的数目，因此，它不能像蔓延度那样对斑块的聚集程度进行测度
式（2.8）	连接度（*CONNECT*）	*CONNECT* 是根据给定距离范围内某类斑块不同斑块之间的功能性节点数来确定的。这里的距离可以基于欧式集合距离或者功能距离，其中集合距离的测算指的是栅格中心之间的距离

$$CONTAG = \left\{1 + \frac{\sum_{i=1}^{m}\sum_{k=1}^{m}\left[p_i \times \frac{g_{ik}}{\sum_{k=1}^{m} g_{ik}} \times \ln\left(p_i \times \frac{g_{ik}}{\sum_{k=1}^{m} g_{ik}}\right)\right]}{2\ln m}\right\} \times 100 \tag{2.9}$$

式（2.9）中，p_i 为斑块类型 i 景观拥有的比重，g_{ik}为基于双重计算法的斑块类型 i 和 k 的像素之间的距离数量，m 为景观中出现的斑块类型数量，包括可能出现的景观边界。蔓延度（*CONTAG*）用来度量在给定斑块类型数的情况下，实际观测的蔓延度与蔓延度最大可能值之间的比值。蔓延度与边缘密度呈现强烈的负相关性。当斑块密度值很低，如某一类型斑块在景观中的比例很高时，蔓延度就很高。另外，蔓延度受到斑块类型离散状况和间断分布状况的影响。

$$AI = \left[\frac{g_{ii}}{\max \rightarrow g_{ii}}\right](100) \tag{2.10}$$

式（2.10）中，g_{ii}为基于单数算法的斑块类型像素邻接的数量，$\max \rightarrow g_{ii}$为基于单数算法的斑块类型的像素之间的邻接最小数量。

$$PR = m \tag{2.11}$$

式（2.11）中，m 为景观中斑块类型数，不包括景观边界中的斑块类型；*PR* 为景观边界以内的斑块类型数，它没有单位，取值范围为 $PR \geqslant 1$。

$$SHDI = -\sum_{i=1}^{m}(p_i \ln p_i) \tag{2.12}$$

SHDI 是一种基于信息理论的测量指数，在生态学中应用很广泛。该指标能反映景观异质性，特别对景观中各斑块类型非均衡分布状况较为敏感，即强调稀有斑块类型对信息的贡献，这也是与其他多样性指数的不同之处。在比较和分析不同景观或同一景观不同时期的多样性与异质性变化时，*SHDI* 是一个敏感指标。如在一个景观系统中，土地利用越丰富，破碎化程度越高，其不定性的信息含量也越大，相应值也越高。景观生态学中的多样性与生态学中的物种多样性有紧密的联系，但并不是简单的正比关

系，研究发现在一景观中二者的关系一般呈正态分布。式（2.12）中，p_i 为斑块类型 i 占有的景观比重，$SHDI \geqslant 0$，当景观中只有一个斑块时为0。

$$SHEI = -\sum_{i=1}^{m}(P_i \ln p_i)/\ln m \tag{2.13}$$

式（2.13）中，P_i 为景观类型 i 占有的景观比重，m 为景观中出现的斑块类型数量，如果出现景观边界则剔除。*SHEI* 与优势度指标之间可以相互转换，即 *SHEI* 值较小时优势度一般较高，可以反映出景观受到一种或少数几种优势拼块类型所支配；*SHEI* 趋近1时优势度低，说明景观中没有明显的优势类型且各拼块类型在景观中均匀分布。

表2.5 景观水平指数选取

公式	名称	意义
式（2.9）	蔓延度（*CONTAG*）	*CONTAG* 描述了区域中不同景观类型团聚程度和延展趋势，范围在0~100，*CONTAG* 越小表明景观中存在越多小斑块，破碎度越高；其值越大，说明景观中某种优势斑块类型具有越好的连接性
式（2.10）	聚集度（*AI*）	*AI* 用来度量在给定 *Pi* 情况下，节点数的最大值，这一最大值只在该类斑块聚集成一个紧密的整体时才能取得，它的形状并不一定是正方形。聚集度指数从邻接矩阵中计算出来，展示了底图上一起出现的不同斑块类型组合。聚集度指数只考虑涉及焦点类型的邻接，不包括其他类型斑块的邻接
式（2.11）	斑块丰富度（*PR*）	*PR* 是对景观组成的最简单度量，但是它不能体现不同斑块类型的相对丰富度
式（2.12）	香农多样性指数（*SHDI*）	*SHDI* 是一种基于测量信息熵的指数，等于各景观类型的面积比例与其自然对数乘积的负数。*SHDI* 增大反映了景观类型数目的增多或各景观类型均衡化分布趋势的增强。该指标的绝对值并没有什么特别的含义，它主要作为一个相对指标对不同的景观或同一景观的不同时期进行比较
式（2.13）	香农均匀度指数（*SHEI*）	*SHEI* 反映的是景观中不同斑块类型面积比重的均衡度与其最大值的比值，是支配度的一个补充。*SHEI* 的值在0和1之间，其值越小反映景观受少数优势类型所支配的趋势越强，其值越大反映各种景观类型分布越均匀

2.3.3 空间协调度模型

协调的本意为“和谐一致，配合得当”，它描述了系统内部各要素的良性相互关系，“协调发展”是一种强调“整体性、综合性、内生性”的发展聚合[150]。生产、生活、生态空间有机融合，共同组成人类经济社会生存发展的环境，三者相互依赖相互作用。三者之间如果能相互协调，可以推动经济社会的可持续发展，反之则会起阻碍作用。特别对于重点生态功能区而言，受地质地貌的限制，可用于生产、生活的面积远远小于生态空间面积，生态空间一旦遭受破坏，将对其余两类空间造成极大的威胁，发展与保护的矛盾突出。为解决这个问题，国际社会提出 PRED 的可持续发展思路，许多学者在此框架下，对各地区人口、资源、环境、发展的协调发展进行研究，也有将其进一步提升到经济—环境协调度评价。Grossma 等（1991）系统研究了经济增长与环境保护之间的关系，发现经济的增长与环境的污染程度呈倒“U”形关系[151]。研究进一步发现，环境保护在很大程度上与当地社会经济呈正相关关系，即在研究区域经济状况时需要考虑环境因素（Jebaraj et al.，2006）[152]。

国内对于经济、社会、资源、环境、空间之间协调度的研究角度众多，秦耀辰等（1998）在 1998 年就对区域持续发展的指标进行分类归纳，以区域人地相互作用潜力来衡量区域持续发展前景和水平，认为核心内容是区域投入产出潜力，并以河南省为例进行实证研究，在理论、技术和应用三个方面有着典型意义[153]。刘彦随等（2001）在对三峡库区土地持续利用潜力进行分析时，采用线性加权和模型构造协调度函数，对三峡库区土地生态经济系统的协调度值进行计算，并在对三峡库区协调度值空间差异分析的基础上，提出解决途径[154]。李鹤等（2007）对辽宁省 1990 年以来的环境与经济协调度进行评价，提出协调度是用来度量系统之间或要素之间的协调发展状况的定量指标，在构建指标体系的基础上建立环境与经济综合发展状况评价函数，并对辽宁省进行分析[155]，属于动态分析的一种。刘卫东等（2009）在研究杭州城市蔓延这一空间问题时，引入经济社会协调度概念对原有模型进行修正[156]，是将空间研究与经济社会发展协调度结合起来的案例。王振波等（2011）以海量数据为基础，引入空间数据转换模型、ESV 模型、EEH 模型，对 1991 年以来长三角快速城市化地区生态经济系统协调度进行评价，并对其空间演化模式进行分析[157]，是大尺度对土地与经济社会协调度分析的案例。宋马林等（2013）基于小样本数据对安徽省经济—环境系统协调发展进行实证分析，并进行了外推预测[158]，具有较强的实践意义。

基于前人已有成果推论，生产、生活与生态空间的协调度是一个相对指标，是指对某一时期不同区域或某一区域不同时段内，生产、生活与生态空间各自内部及相互之间正向相互作用耦合程度的定量描述。在进行协调度评价时，比较常用的方法为，首先构建协调度指标体系，其次采用层次分析法、因子分析或主成分分析法确定权重，再次线性加权求和，最后在此基础上代入协调度计算公式，得到最终协调度值。

2.3.3.1 指标体系构建

根据“全国主体功能区划方案及遥感地理信息系统支撑系统课题组”编写发布的《省级主体功能区划技术规程》（2008 年 6 月）和国家环境保护部颁布的《生态功能区划暂行规程》（2005 年 5 月），结合五峰县县域主体功能区划成果和现实条件，构建由自然状况基础值、生态功能重要性、生态环境敏感性、人口集聚度、基础设施完善度、经济发展水平、交通优势度、农业投入水平、生态产品供给潜力等 9 个指标项组成的指标体系（见表 2.6），对五峰县生产、生活和生态空间协调度进行综合评价。

生态空间从自然状况基础值、生态功能重要性和生态环境敏感性 3 个方面选取指标。自然状况基础值是对重点生态功能区整体状况进行评价，从地形、气候状况和人类对生态的干扰程度等不同角度对自然现有状况进行描述；生态功能重要性主要是对水源、土壤和生物多样的选取，主要是针对五峰县的功能定位，对三峡库区的水土保持、生物多样性有着重要影响；生态环境敏感性主要从石漠化和植被覆盖两个方面进行考虑，对于五峰县类型的山区县来说，土壤石漠化和水土流失是对生态环境的主要威胁，近几年五峰县积极采取生态和物理方法进行生态建设，据此选取指标。

本书在生活空间指标选取上，尝试从人口集聚度、基础设施完善度以及经济发展水平 3 个方面对其进行设计。通过人口集聚度考察五峰县逐步实现迁村并点的可能性，以及乡镇集镇作为小城镇发展中心的可行性；通过对基础设施完善度的考察，对比县域范围内基本公共服务的供给水平；通过对经济发展水平这一直观数据的考察，特别是选取打工收入作为指标，来判断五峰县生活空间中居民的生存状况，以及对外部生活环境的依赖程度。农用车是农民积累的重要财富之一，也是进行再生产的重要工具，由于山区交通运输的必要性和难度，选择该指标考察农村经济发展水平，缺点是对城镇地区的考察不太明显。

生产空间指标的选取重点突出农业生产及其延伸产业，特别是绿色生态农业发展需求。首先从交通优势度方面对五峰县进行考察，交通可达性是山区县将资源潜力转换为经济实力的瓶颈。农业投入水平主要考虑由于山区县的大部分农业耕作难以实现大规模机械化作业，主要依赖人工，并不断往绿色生态方向发展，考察其投入的劳动力、水资源、电力、农药、化肥等。对生态产品供给潜力进行估算，主要从生态旅游、绿色农产品和干净水的生产 3 个方面进行评估。

表 2.6　五峰县生产、生活、生态空间协调发展评价指标体系

目标层	准则层	指标层	具体指标
“三生”空间协调发展水平	生态空间保护水平	自然状况基础值	坡度值 X_1、年降雨量 X_2、人均可利用土地资源 X_3
		生态功能重要性	水源涵养重要性 X_4、土壤保持重要性 X_5、生物多样性维护重要性 X_6
		生态环境敏感性	石漠化敏感性 X_7、植被覆盖率 X_8
	生活空间利用水平	人口集聚度	人口密度 X_9、人口流动强度 X_{10}
		基础设施完善度	生活用电量 X_{11}、自来水受益村数 X_{12}、沼气池数量 X_{13}
		经济发展水平	农民人均纯收入 X_{14}、城镇居民人均可支配收入 X_{15}、打工收入 X_{16}、农用运输车数量 X_{17}
	生产空间开发水平	交通优势度	公路网密度 X_{18}、交通干线拥有性 X_{19}
		农业投入水平	村域农药使用量 X_{20}、村域化肥施用量 X_{21}、农业生产用电量 X_{22}、在本乡镇内从业农村劳动力 X_{23}、有效灌溉耕地比重 X_{24}
		生态产品供给潜力	生态旅游产品供给潜力 X_{25}、绿色农产品供给潜力 X_{26}、水资源保障潜力 X_{27}

2.3.3.2 模型构建

支配和序参量是协同学的基本概念，序参量由单个部分的协作而产生，反过来，序参量又支配各部分的行为。哈肯认为，结构形成的过程似乎不可避免地朝某一方向前进，但并非循着热力学规律所预言的那种方向，甚至也并非循着无序性不断增长的方向。相反，本来无序的部分系统也被卷入现存的有序状态，而且其行为受它的支配[159]。从协同学的角度看，耦合作用及其协调程度决定了系统在达到临界区域时走向何种序与结构，即决定了系统由无序走向有序的趋势。系统在相变点处的内部变量可分为快、慢弛豫变量两类，慢弛豫变量是决定系统相变进程的根本变量，即系统的序参量。系统由无序走向有序机理的关键在于系统内部序参量之间的协同作用，它左右着系统相变的特征与规律，耦合度正是反映这种协同作用的度量[160]。

由于影响生产、生活和生态三类空间的因素众多，需要选用较多的指标来综合衡量，序参量的主要意义在于将快弛豫变量用慢弛豫变量替换，与因子分析法中的降维思想相契合，将原有系统中相互关联的多个指标重新组合为一组相互无关的新指标，把各系统得分作为对该系统的综合得分，并对不同系统的得分进行比较。

（1）指标标准化

采用模糊隶属度模型对指标进行标准化，对于正向性指标借助半升梯形模糊隶属度（见图 2.7）函数进行归一化，而负向性指标则采用半降梯形来实现，对于正负性不明显的则选取合理值（如地区平均值、达标值等）来实现归一化。具体函数形式为：

$$f(x)=\frac{x-x_{\min}}{x_{\max}-x_{\min}}=\begin{cases}1, & x>x_{\max}\\(x-x_{\min})/x_{\max}-x_{\min}, & x_{\min}<x<x_{\max}\\0, & x<x_{\min}\end{cases} \tag{2.14}$$

$$f(x)=\frac{x_{\max}-x}{x_{\max}-x_{\min}}=\begin{cases}1, & x<x_{\min}\\(x_{\max}-x)/x_{\max}-x_{\min}, & x_{\min}<x<x_{\max}\\0, & x>x_{\max}\end{cases} \tag{2.15}$$

式（2.14）和式（2.15）中，x_{max}、x_{min}分别代表某一指标值中的最大值和最小值。

$$f(x) = \left| \frac{x - x_0}{x_k - x_0} \right| \tag{2.16}$$

式（2.16）中，x_0 为指标值的合理值，x_k 则为指标值中离合理值距离最远的数值。

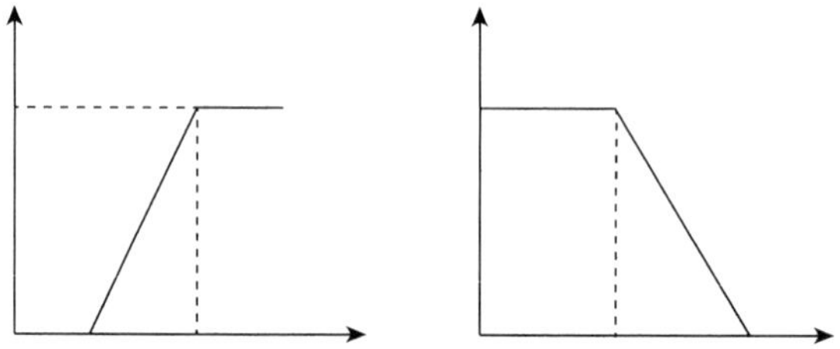

图 2.7　半升梯形与半降梯形模糊隶属度

（2）确定权重

采用因子分析法（factor analysis）对生产、生活、生态三类空间相关影响因素求取权重。借助 SPSS（PASW）19.0，对评价体系中三类空间指标分别进行因子分析，得到其对应特征根和方差贡献率，对其分别进行 KMO 值检验（KMO 统计量在 0.7 以上时，因子分析效果较好；KMO 统计量在 0.5 以下时，因子分析效果很差）。因子分析提取公因子有两种方式：一是用公因子方差贡献率提取，与主成分分析类似，一般累计方差贡献率达到 80%以上的前几个因子可以作为最后的公因子；二是用特征根提取，一般要求因子对应的特征根要大于 1，因为特征根小于 1 说明该公因子的解释力度太弱，还不如使用原始变量的解释力度大。据此对三个子指标体系进行因子分析。因子得分是各变量的线性组合，将数据代入式（2. 17）得到各公共因子值。

$$\begin{cases} F_1 = \lambda_{11}x_1 + \lambda_{12}x_2 + \cdots + \lambda_{1q}x_q \\ F_2 = \lambda_{21}x_1 + \lambda_{22}x_2 + \cdots + \lambda_{2q}x_q \\ \cdots\cdots \\ F_k = \lambda_{k1}x_1 + \lambda_{k2}x_2 + \cdots + \lambda_{kq}x_q \end{cases} \tag{2.17}$$

式（2.17）中，F_k 为第 k 个公共因子值，λ_{kq} 为对应因子得分，x_q 为该指标体系中第 q 个因子的标准化值。亦可表达为如下形式：

$$F_{ik} = \sum_{q=1}^{n} (\lambda_{kq} \times x_q) \tag{2.18}$$

式（2.18）中，F_{ik} 为第 i 类空间第 k 个公共因子值，λ_{kq} 为对应因子得分，x_q 为该指标体系中第 q 个因子的标准化值。

采用多因素综合评价模型求取生产空间开发水平、生活空间利用水平和生态空间保护水平，由于公因子相互独立，以其对应方差贡献率作为权重。

$$P = \sum_{k=1}^{m} (p_k \times F_{ik}) \tag{2.19}$$

$$L = \sum_{k=1}^{m} (l_k \times F_{ik}) \tag{2.20}$$

$$E = \sum_{k=1}^{m} (e_k \times F_{ik}) \tag{2.21}$$

式（2.19）、式（2.20）、式（2.21）中，P、L、E 是由各类空间公因子组成的序参量，分别代表生产空间开发水平、生活空间利用水平和生态空间保护水平，p_k、l_k、e_k 分别为对应空间综合评价指标体系中第 k 个公共因子的方差贡献率。

（3）耦合协调度模型

两种来回摆动的电路之间的关系叫作耦合，这意味着电路之间互动，能量可以从一个传递到另一个。电路通过各自的电感器之间的感应而耦合，这叫作互感耦合（mutual-inductance coupling）。耦合有时候借助两个电路都有的阻抗，称为共有阻抗耦合（common-impedance coupling），这种耦合系数（coupling coefficient）K 被定义为：

$$K = \frac{X_m}{\sqrt{X_1 X_2}} \tag{2.22}$$

式（2.22）中，X_m 是对两个电路相同的电抗，X_1 和 X_2 分别是两个电路的整体电抗，都和 X_m 的类型相同，因此在式（2.22）中，有：

$$K=\{(C_1\cdot C_2)/[(C_1+C_m)(C_2+C_m)]\}^{\frac{1}{2}} \tag{2.23}$$

式（2.23）中，C 为电容，此公式也叫电容耦合公式或容量耦合公式[161]。K 为耦合系数，K 等于 1 时，两个线圈处于全耦合状态，即两线圈之间的磁耦合过程无漏磁现象[162]。物理学中采用耦合系数概念来表示在电路中元件间耦合的松紧程度。将该公式进行推广，用于表达生产、生活和生态空间耦合协调度：

$$C=2\{(p\times l\times e)/[(p+l)(p+e)(l+e)]\}^{\frac{1}{3}} \tag{2.24}$$

式（2.24）中，C 为耦合度系数，$C\in[0,1]$，当 $C=1$ 时，耦合度最大，系统之间或系统内部要素之间达到良性共振耦合，系统将趋向新的有序结构；当 $C=0$ 时，耦合度极小，系统之间或系统内部要素之间处于无关状态，系统将向无序发展。取 0.5、0.8、0.9 作为不协调、基本不协调、基本协调和协调的分界点。单纯依赖耦合度判别，在有些情况下难以反映各个部分组成的整体协同效应，因此构造耦合协调度模型来评判评价单元之间的三类空间耦合协调程度，引入式（2.25）：

$$\begin{cases} D=(C\times T)^{1/\alpha} \\ T=aP+bL+cE \end{cases} \tag{2.25}$$

式（2.25）中，D 为协调发展度系数（$D\in[0,1]$），其值越大表明协调度越高；α 为调节系数；T 为生产、生活、生态空间综合调和指数，反映三者之间的协同效应或贡献；a、b、c 为待定系数，$a+b+c=1$，由于三者重要性相当，均取值 1/3，在实际应用中，往往取 $T\in(0,1)$[163]。有学者认为 D 取 0.4、0.5、0.8 为低度、中度和高度协调的分界点较为合适[160]。

2.3.3.3 协调发展空间自相关分析

采用 ArcGIS 10.2 空间统计工具，对五峰县生产、生活、生态空间耦合协调发展度进行空间自相关分析，分别求出其全局和局部莫兰指数，判断各个行政村三类空间耦合发展度之间是否存在某种空间联系和关联性。其计算公式如式（2.26），计算结果如表 3.15 所示。

$$I=n\sum_{i=1}^{n}\sum_{j=1}^{n}w_{ij}(x_i-\bar{x})(x_j-\bar{x})/\sum_{i=1}^{n}\sum_{j=1}^{n}w_{ij}\sum_{i=1}^{n}(x_i-\bar{x})^2 \tag{2.26}$$

式（2.26）中，I 为莫兰指数，x_i 是区域 i 的观测值，w_{ij} 为空间权重矩阵，由 ArcGIS 自动生成。莫兰指数 I 的取值一般在 $-1\sim1$，小于 0 表示负相关，等于 0 表示不相关，大于 0 表示正相关，一般用标准化统计量 Z 来检验 n 个区域是否存在空间自相关关系，Z 的计算公式为：

$$Z = \frac{I - E(I)}{\sqrt{\mathrm{var}(I)}} \tag{2.27}$$

Z 值可以对空间自相关关系进行显著性检验，显著性水平由标准化 Z 值的 P 值检验来确定。当 Z 值为正且显著时，表明存在正的空间自相关，即相似的观测值（高值或低值）趋于空间集聚；当 Z 值为负且显著时，表明存在负的空间自相关，即相似的观测值趋于分散分布；当 Z 为 0 时，观测值呈独立随机分布。莫兰指数 I 是对空间自相关的全局评估，存在忽略空间过程的潜在不稳定性问题，需要借助局部指标考察局部空间自相关，判断是否存在观测值的高值或低值的局部空间集聚。采用局部莫兰指数来计算。

$$I_i = n(x_i - \bar{x}) \sum_j w_{ij}(x_j - \bar{x}) / \sum_i (x_i - \bar{x})^2 \tag{2.28}$$

式（2.28）中，I_i 为局部莫兰指数，其余变量含义与式（2.26）相同，正的 I_i 值表示该区域单元周围相似值的空间集聚，负的则表示非相似值的集聚。检验统计量与全局莫兰指数类似。

2.3.4 重点生态功能区空间管治分析模型

在人地关系理论和空间生产理论指导下，结合 Hufty 管治分析框架以及本书界定的生产空间、生活空间、生态空间概念，构建重点生态功能区管治分析模型（见图 2.8），以此展开后文中对各子空间的管治问题解析。将开发与保护的矛盾细化到各子空间的亚类的具体问题中，以全国主体功能区规划为问题判定的标准，在界定关键问题时综合考虑多行为者立场，避免单独从政府角度出发；在对各类空间中规范的理解上，由于资料的可获取性，更多地以具有官方约束力的不同层级的法律法规为主体；在节点的确定上，本书更多地以虚拟节点为对象，为实现不同空间之间节点的可对比和连贯性，将行为者、相互间的利益关系、以制约关系表现的规范在节点图中呈现，由于节点中包含过程，多个节点构成的节点链又形成过程，故而对过程的论述更多地以文字描述的形式呈现。

图 2.8 中主要包括三个圈层，一是以人类活动为主体的内圈，包括五个要素。二是以生产空间、生活空间和生态空间构成的双层外圈。三是以作为基底的生态空间组成的最外圈，其是整个空间的最重要的组成部分，生活空间和生产空间镶嵌于生态空间之中，分别以半圆表示。尽管三类空间可以在图中进行不重复的划分，但在实际功能上仍存在一定的相互嵌套，故该三类空间构成的外环是一个有机体。

空间管治的内容包括多样化的行为者、不同约束力的规范、互动过程和空间相互作用力。从要素构成及管治手段来看，在该模型中，空间管治的显性核心主体是国家，根据不同的情况制定元规范，隐性核心则为市场，以利润驱动各个行为主体采取不同管治措施。在两者引导下，行为者展开对空间利用的博弈，其中地方政府、企业和居民主要在生产空间发生交集，而地方政府、社区和居民的主要交集出现在生活空间，空间的重要性并不完全以其面积大小来判定。除对空间进行直接的开发、利用外，不同行为者采取空间管治的方法和措施不同，作为生态安全的主要监管者，国家通过地方政府来实现元规范的落地，采用空间规划、法律法规等规范对行为者进行约束；而作为生态安全的承受者，居民在民俗和利益影响下“用脚投票”，通过人口的流动、迁移作出选择；社区的营建水平导致聚落和城镇体系的兴衰，城镇化的推进速率、企业与市场相互作用通过其选址、生产方式等对空间发挥管治作用。

根据人地关系理论，人类活动会对空间格局、结构、质量产生作用，导致其发生变化，在图 2.8 中则可表示为内圈对外环的作用力，外环为内圈的空间管治和利用结果，是表与里的关系。为了实现目标的空间格局和质量，则需要对空间管治进行调整，不同行为主体拥有的资源和定位不同，采取的空间管治手段和强度有差异，根据空间管治定义，政治权威和控制国家资源是重要手段，国家通过政治权力将部分空间划定为重点生态功能区，限制其大规模工业化和城镇化，是权力对空间的塑造，同时逐步实现政绩考核的变化，集中体现在制度和政策的变化；为了抵消市场的短期逐利诱使行为者采取消极的空间管治措施，需要给予相应的生态补偿作为政策补充，这是国家资本对空间的再塑造，集中体现在生产、生活和生态空间的实际变化上。

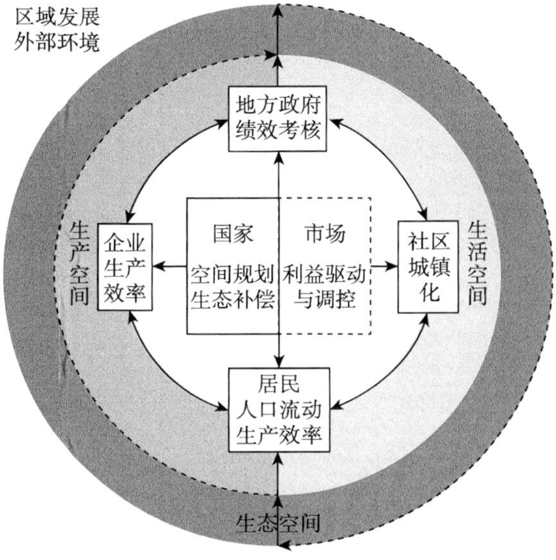

图 2.8 重点生态功能区空间管治模型示意图

重点生态功能区提供的主要产品为生态产品，根据主体功能区划政策，其主要投入资本为来自不同途径的生态补偿资金，目前以国家纵向补偿为主。生态补偿资金的第一循环主要针对生态空间以保证水和空气等基础生态产品供给，由于此类区域落后的经济社会发展现状，政府、企业和居民对发展经济需求迫切，通过逐步提高的生态补偿，可以避免因实施保护利润率低于对生态空间开展生产或外出务工，导致劳动力流失、林木种类单一、实际生物多样性和水土保持效果不佳的状况。当生态补偿资金不断增加，边际效益降低时，则应进入生态补偿资金的第二循环，加大对生产空间的投入，增强居民、企业、社区和地方政府的造血能力，有能力保障其开展有效的生态保护。相应地，生态补偿的第三循环则主要发生在生活空间，通过提高居民生活质量、环境来降低居民生活对空间造成的破坏，从源头上维护生态空间安全。这三重循环由表及里，并行不悖，通过对空间管治主体行为的综合调控来实现空间格局、结构、质量的优化和提升，生态补偿政策的执行和资金的落实作为主体功能区规划的补充，是空间管治手段实现其目标的保障。至此，国家通过生态补偿资金实现了对生产、生活、生态空间的重塑，如果国家的生态补偿力度不足，而市场发挥作用调度资金解决来源问题，或二者相互配合来解决，也可以最终通过层层传递实现空间管治的目标。该模型在一定程度上印证了空间生产理论中权力和资本对空间的塑造观点，是对空间生产理论在重点生态功能区这一新类型空间的应用。

综上，在重点生态功能区语境下，根据人地关系理论、空间生产理论和 Hufty 管治分析框架形成的重点生态功能区模型，以国家主体功能区规划为主要手段，以政府权力和生态补偿为保障，以市场利润为隐性导向，构成空间管治的核心，以地方政府、企业、居民和社区为主要行为者，构成空间管治的主体，受政治权力、补偿资金、市场利润驱动，不断重新塑造生产、生活和生态空间各自形态，形成新的节点和过程，并不断重构三者之间的关系。本书以五峰县为分析对象，利用本模型对其空间管治问题进行解析，并对该模型进行检验。

2.4　小结与讨论

在上一章对前人研究成果综述的基础上，本章为后文提供理论基础、概念基础和问题解析的主要方法手段。重点生态功能区是国家通过权力和资本（生态补偿）重塑空间结构的结果，是空间生产理论的应用，各子空间的简单相加并不能反映整体空间的全貌，三者之间的协调程度是影响整体空间管治和利用的重要因素，故引入协同论为理论依据，对协调度进行分析，人地关系理论是命题提出的基础，政治生态学理论的作用主要集中在对问题解析方法的指导上。

本章进而引入管治、空间管治的概念，并对生产、生活、生态空间三个概念进行界定，形成概念体系。其中对三类空间的定义着眼于主体功能区规划管治要求，立足于土地利用总体规划的地类属性，使对空间管治的讨论既有理可依，又有定量研究的基础。

通过构建方法体系理顺空间管治问题解析思路，首先，依托土地利用总体规划框架，采用地类转换的方式得到三类空间的具体范围。其次，引入景观生态学分析方法，选取能够反映山区景观特征的指数，并确定 FRAGSTATS 作为分析工具。再次，基于主体功能区空间划分等结果进行指标的选取，建立指标体系对五峰县重点生态功能区三类空间之间的协调度进行评价。在计算生产、生活和生态空间各自得分基础上，将其代入耦合度公式求解，得到以行政村为评价单位的结果，将该值进行空间自相关分析，判断其空间分布规律。最后，基于人地关系理论、空间生产理论和 Hufty 管治分析框架构建起重点生态功能区空间管治模型，该模型阐述了在国家规划和市场调控下，地方政府、企业、居民和社区的空间管治行为导致生产、生活和生态空间的结构与质量发生变化，基于重点生态功能区发展现状，必须辅助以生态补偿资金和政策对三类空间进行资本循环，使整体空间质量以节点形式逐步走向螺旋式上升，结构得到优化，最终实现生态保护的目标。

3 五峰县国土空间管治的演化格局

本章在对五峰县域空间整体开发水平和开发潜力综合评价的基础上，立足于重点生态功能区的本质和要求，借助“二调”对土地类型划分的方法和数据，将五峰县空间划分为生产、生活和生态三类子空间，根据地类面积转换和汇总结果得到各类子空间面积，进而对其格局特征进行分析，在对其历史格局和空间管治的基础上，分析整体空间景观格局，为后文对五峰县各子类空间格局及管治问题探讨提供依据。

3.1 中华人民共和国成立后空间管治演变特征

由于研究区域数据获得的难度，主体研究中多采用截面数据进行分析。为避免人类生态学方法错误中的“截面性错误”[164]，且一个地区的空间管治方式有其历史性，采用历史回溯的方式对中华人民共和国成立后的五峰县空间格局与管治状况演变进行梳理。

1949 年 11 月 15 日五峰全境解放，生产关系多次调整变革，土地改革使无地少地的农民拥有自己的土地，激发出农民的劳动热情，劳动生产率得到提高。从 1955 年成立初级农业合作社到 1979 年建立家庭联产承包责任制，政策和制度的多次变革对整个空间状况形成较大冲击，其中“文化大革命”十年的空间利用和空间管治具有特殊性。以五峰土家族自治县的设立为分水岭对中华人民共和国成立后的状况进行分析，部分讨论为保证叙述的连贯性，在时序上有所穿插。

3.1.1 中华人民共和国成立初期政策主导的强制性管治

计划经济体制的建立、生产关系的解放大大推动了生产力的提高，加快了建设幅度。生产能力在短期内没有实现现代化或工业化，但人口压力和政策导向给生产、生活、生态空间带来的直接作用明显。

3.1.1.1 生态方面

土地改革后山林分给农民。1955 年社会主义改造期间，农民将所有土地、山林作价入社，逐步完成向集体所有制的变革。1958 年实行人民公社化，“一大二公”林业管理体制和大办钢铁、大办食堂，破坏了大片森林。同年的“大协作、大支援”，宜都县组织数千民工开进五峰县大砍树木，仅此一年耗损和烂掉 20 万立方米。1961 年后，为贯彻《中共中央关于确定林权、保护森林和发展林业的若干政策规定》，对大队、生产队和农户的利益作了调整，山林权属相对保持稳定。1950 年起县人民政府逐步制定一系列保护森林政策和措施，以加强合理采伐，封山育林。1965 年县人民委员会颁布《五峰山林管理暂行办法》，制定 10 条具体措施，对不经审批乱砍滥伐者，执行相应处罚。由于林区群众生活生产用火较多，刀耕火种陋习未绝，森林火灾时有发生。

现代工业文明进入山区县之后，工业污染和化学污染成为严峻的社会问题。由于缺乏必需的污水和垃圾处理系统，到 1983 年，天池河五峰镇河段内水质恶劣，鱼类水生物基本绝迹。除县城生活垃圾和污水产生直接破坏外，1958 年城区森林过量砍伐，20 世纪 60 年代毁林，70 年代乱砍滥伐，成林减少，密林变稀，给区域气候带来较大变化，自然灾害频繁，水土流失严重，污染加剧。自 20 世纪 80 年代初开始，五峰县采取停耕还林等措施，局部森林覆盖率上升；解决个别厂矿工业排污问题等，但效果并不明显。

3.1.1.2 生产方面

中华人民共和国成立初期，种植方式仍相当原始。1951—1956 年，农业总产值平均增长 6.52%。1955 年成立初级农业合作社，1956 年扩建合并为高级农业合作社。1951 年 7 月开始施行土地改革，贫农和中农人均耕地占有量均有较大提高，调动了农民生产积极性，1953 年全县粮食总产量达到 2879.83 万千克，比 1949 年增加 53.57%，油料、茶叶和生猪年末存栏量都有大幅度提高。在土地改革的基础上，1952—1955 年农业合作化不断加快，并于 1954 年 3 月开始组建各类手工业生产合作社。

1958—1965 年为人民公社时期。生产资料悉归公社所有，人财物统一调配，作物种植高低山无差别，分配施行平均主义，直接导致 1959 年和 1960 年粮食产量比 1957 年下降 21.09%和 32.29%。1961 年贯彻中央《农村人民公社工作条例（草案）》，纠正“共产风”，恢复自留地，农业生产得以复苏。

茶叶生产作为五峰县轻工业发展的重要组成得到了长足发展，1950—1957 年，土地改革和农业合作化激发了茶农积极性。1957 年种植 1.25 万亩、产量 57.9 万千克，分别比 1950 年增加 39.66%和 52.89%。1965 年推广丛植和粮茶间作技术。1958 年后，制茶工艺由解放初期的脚踩手揉逐渐发展为机械生产，极大地提高了功效，这一时期茶叶初加工均由大队、生产队承担。

1957 年开始修筑五（峰）宜（都）公路，1958 年通车，成为五峰第一条公路，改善了交通可达性和可进入性，带动农产品生产销售以及煤矿开采运输。20 世纪 50 年代末，小煤窑遍布五峰产煤带，采挖露天煤，但不成规模，1965 年起由县财政投资，建设地方国营煤场，规模逐步扩大。凭借五峰县产茶制茶技术的积累，1958 年起，五峰县成立国营五峰县农机厂，后期不断发展，1958—1985 年共生产销售各类制茶机械约 6000 台，并开始生产其他小型农机。

3.1.1.3 生活方面

在生产关系发生变革后，人民生活得到较大改善，最明显的改观在新房建设上。1957 年农村人均纯收入比 1948 年增长 46.3%，20 世纪 50 年代后期受政策和自然灾害影响，农业减产，生活质量下降。20 世纪 60

年代，生产恢复、生活好转，1961 年起农民开始储蓄，人均 0.83 ~ 2.53 元。生产力得到了一定程度的提升，现代科技的传入对五峰县原有生活方式产生了一定冲击。五峰县在 1937 年就有采用小水电发电的先例，但出于各种原因未能发展和推广。1957 年，五峰县开始借助小火电发电机组照明，但应用范围较小。1958 年起开始兴建水力发电站，使得成本不断降低。

中华人民共和国成立后社会生产环境逐步稳定，各类以初级加工为主的小企业不断萌发。在经历了家庭工副业、手工业合作社、社队企业和乡镇企业等发展阶段后，1958 年，全县实行人民公社化。各行各业，大办工业，各公社、大队抽调农业劳力，兴办钢铁厂、印刷厂、农具厂等社队企业，由于机械化水平较低，对本地原材料供给依赖程度高，产品主要以县域范围为主要市场。政策引导下的社办企业生命力较弱，随着政策发生转变，1961 年，贯彻“调整、巩固、充实、提高”方针，除砖瓦、农具、农副产品加工等企业继续开办外，其他大部分企业停产或转产。

随着邮电和电信机关被新政权接收，1953 年，县邮局与地方电信合并，架设电话线路，到 1956 年实现区区设置邮电机关，到 1963 年共有 8 个邮电支局。

1958 年开始对县城面貌进行改造，包括道路建设和住房改善，但限于经济发展缓慢，这一时期居住设施及相关配套服务并无较大改观。国民经济恢复时期，建立国营商业贸易公司及供销社，以占领城乡市场、打击投机倒把、制止通货膨胀和稳定物价，1952 年起扶持私营商业，发挥其有利作用并进行监督。1956 年私营工商业经过社会主义改造过渡为集体商业，到 1958 年实行国营商业、合作商业合并，政企合一，垄断经营，网点减少，经营特色消失，服务质量下降。1961—1965 年，两者再次分开，并对生活必需品进行平价供应，有力打击了投机倒把行为，实现货币回笼。

中华人民共和国成立后，大力推进扫盲工作，兴办民校，提高工农文化水平，恢复教育事业，到 1958 年开始教育“大跃进”，中小学迅速发展，到 1964 年，耕读小学遍及全县，并开办耕读中学及职业中学。这一时期的生活空间整体发展政治导向非常明显，但教育范围得到扩大，幼儿教育开始出现。1950 年在渔洋关设立县人民卫生所，到 1958 年，县、区、乡三级卫生网络基本形成，以“预防为主”为主要方针，普及卫生运动和预防服药，免费实行预防接种，控制和消灭急性传染病发生与流行。

3.1.2 “文革”时期粮食生产主导的集权式管治

“文革”时期政策变化对空间利用状况产生重大影响，极端的公有制导致资源利用无法得到合理配置，自然资源得不到有效保护，居民生产积极性受挫，基本生产生活运转被打破，虽在农田水利建设和良种培育上有所提高，但整体生产水平大幅度下降，生活秩序进入非常态。

3.1.2.1 生态方面

这一时期，一方面否定山界林权，森林资源毁坏严重，森林覆盖率仅 50%；另一方面先后建设多个国营林场。1969—1972 年对全县成片荒地实施“飞播”造林。1959 年和 1973 年省林业调查队在五峰县进行两次森林调查，14 年共消耗森林资源 81.2 万立方米。“文革”十年，山林权属遭到否定和破坏，社员自留山和零星树木被视作“资本主义尾巴”被割掉，所有山林划归公社和大队，山林资源再次遭到破坏。1975 年起设立相应管理机构对木材砍伐和偷运进行检查处理。

3.1.2.2 生产方面

1966 年起，受“文化大革命”冲击，农业连续 5 年减产。1970 年县水利电力局负责水利规划、勘测、设计和施工指导。小水利由群众自建自管自用。1971—1974 年调整农村政策，加强农业技术推广运用，注重耕作制度改革，农业产量略有回升。旱地种植试行三熟制，并于 1974 年开始推广，最终以两熟制作为粮食种植主要方式，与容美土司时期耕作三年土地就要弃耕的历史形成鲜明反差。水田从 1957 年起施行两熟制，扩大冬播夏收作物面积。作物品种也不断引进、试种和改良。1975 年后，在学大寨运动中，大搞农田水利建设，虽然取得一定成绩，但部分地区只重形式不结合实际，投入大量劳动力进行改造反而导致良田被毁，部分村庄废弃之后每年冬春近一半劳力投入农田水利建设，提倡“谁受益谁负担”和“借工还工，推磨转圈”，协作治水改土。1957—1978 年的 20 多年间，五峰县农业总产值年均增长速度仅为 1.55%。到 1971 年贯彻省委《关于进一步开展农业学大寨群众运动的决定》，农业得以稳步发展。到 1975 年，“左”的农村经济政策再次泛滥，严重挫伤社员积极性，1976 年起实行以“阶级斗争为纲”的基本路线教育，农业连年减产，1977 年农业生产恢复，人均产粮达 456 千克。1978 年修建南河水库，喷灌试点，解决人畜饮水困难问题。

1959—1970 年，由于“大跃进”风潮和片面强调“以粮为纲”，茶叶面积减少 1.01 万亩，产量下降至 49.2 万千克，分别比 1957 年下降 24.16%和 17.72%。1971 年贯彻全国茶叶会议精神，茶叶种植技术和品种均得到重视和提高。1973—1975 年全县建成高水平梯式茶园 7000 亩。后通过学习贵州茶园种植技术，以点带面地提高全县茶叶种植水平。五峰县茶叶精制历来运往宜都加工，1974 年在渔洋关建设五峰国营精制茶厂。矿业生产上，由于煤矿开采的高额利润，1978 年由省投资建设国营煤矿，后期不断增加投资，提高生产能力。国营煤矿生产纳入国家计划，产量由总体工业计划控制，以销定产，具有鲜明的计划经济特色。

3.1.2.3 生活方面

虽然政治生活波动较为频繁，以加工业为主的轻工业还是得到了一定程度的缓慢发展，所有制以公有制为主，生产方式由人畜动力逐步被柴油机、电力等代替。在计划经济体制的空挡中，不少小厂依靠丰富的低成本本地资源成立起来，如 1965 年后全县共有 6 家木材加工厂，从事木制成品、半成品的加工制造。相对而言，这一时期的轻工业生产以服务当地居民生活为主。邮电邮政事业并未遭到较大破坏，而且在“全民动手，自建自用自筹”口号的作用下，实现社社设总机、队队通电话，共有电话线路 2179 千米。虽然这一时期居住条件改善并无明显进展，在公用事业上有了一定进步，1964 年龙洞电站竣工，县城用电便利程度大大提高，1967 年在县城附近建设抽水站，铺设管道，实现县城供水。

3.1.3 改革开放初期经济发展主导的控制型管治

随着土地承包责任制在五峰县的落实，农民生产积极性高涨，市场的逐步开放、交通通达性的提高和现代技术工具的传入使五峰县空间利用面貌发生转变。生态空间的保护和开发逐步走向规范化，但在污染的控制上刚刚起步；生产空间利用的市场导向更加明显，煤炭资源的开采具有鲜明特点；生活空间的改造主要体现在基础设施和公共服务的完善。

3.1.3.1 生态空间

1978 年中共十一届三中全会后，山界林权落实，林业生产发展迅速。1980 年，随着农业经营体制变更，全县落实林业“三定”（稳定山林权、划定自留山、建立责任制）政策，到 1983 年划定自留山、管理山，林业专业户承包山林 9.59 万亩，规定林木可以继承和转让。1980 年，在后河发现一片面积 3 万亩的原始森林，各种种子植物和蕨类植物均保存完整，经湖北省政府批准划为自然保护区。根据 1985 年第三次森林资源普查，已查明裸子植物亚门及被子植物双子叶植物纲共 85 科 250 属 737 种。全县林业用地 274.25 万亩，有林地面积 223.33 万亩，其中用材林 197.97 万亩，占有林地面积的 88.6%。森林覆盖率上升为 64.1%，活立木蓄积量 301.65 万立方米，林业产值占农业总产值的 13.3%。森林资源中天然林占优势，有 175.33 万亩，占林业用地总面积的 78.5%。从图 3.1 可以看出，五峰县森林资源的三项指标在中华人民共和国成立后均经历倒“U”形变动，“文革”期间为最低点，到 1985 年逐步缓慢恢复，但尚未达到中华人民共和国成立初期水平，其中森林覆盖率波动幅度最大，活立木蓄积下降最多，有林地面积 1985 年与中华人民共和国成立时期尚有 10 万亩的差距，充分表明这一时期对森林资源和生态环境极强的破坏力。

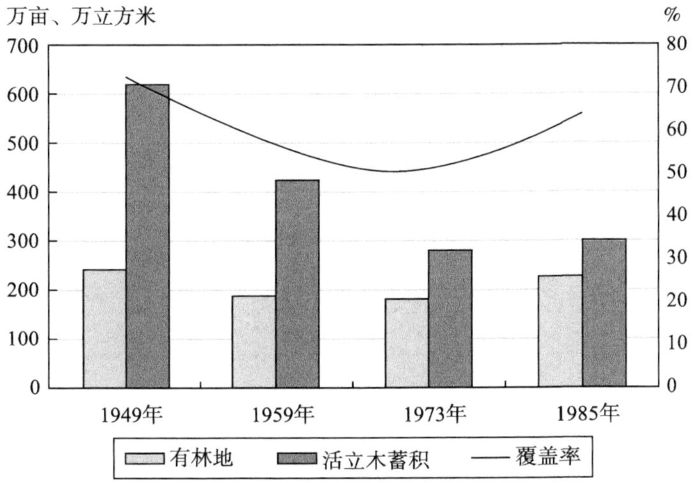

图 3.1　五峰县代表年份森林资源变化图

3.1.3.2　生产空间

1979 年春开始在局部范围内实行家庭联产承包责任制，到 1982 年在全县推广开来，1983 年后，承包期由 3 年延长到 15 年，联产承包责任制更加完善。1985 年实行种植业内部结构调整，按照“边区划，边应用”和稳定发展粮食作物、扩大经济作物的设想。经调整农业内部经济结构，1985 年全县农业总产值比 1980 年增长 59.62%，1979—1985 年农业总产值年均递增速度达到 8.11%。

新中国成立后，随着妇女大量投入农业生产及人口逐年增长，劳动力逐步增加。尽管拖拉机被引入五峰县，但由于坡地较多，无法使用，仍然以耕牛为主要畜力。新中国成立初期，仍使用传统农具，从 1958 年使用动力、植保机械，并改良农具，至 1985 年本县农机总动力 17246 千瓦。

这一时期的农田基本建设幅度较大，包括坡改梯、平整土地、旱改水等，耕地面积和质量均得到提升。防洪排涝对于山谷地带耕地有着重要作用，这一时期在修建排洪沟、疏通天坑、排洪隧道上投入大量劳力，并对河堤进行整治；修建水渠、水库等各类灌溉设施。

经济作物以茶叶为主，药材、烟叶为辅。全县 1985 年发展矮化密植免耕茶园5000亩，单产100千克以上。茶叶成为五峰县经济支柱产业，全县共有茶园4.17万亩，产量86.8万千克，分别比1949年增加4.53倍和2.29倍。茶叶制作工艺也得到改进提升。养殖业发展缓慢，以自给自足为主。

表3.1　五峰县代表年份农业总产值　　单位：万元

1949年	1957年	1960年	1965年	1970年	1975年	1978年	1982年	1984年	1985年
1413	2856	2132	3512	3279	3948	4014	5493	6393	6815

1981年，县燃化局组建煤炭公司，对就业拉动作用较小，利润较薄。1985年国家投资建设地方国营三板桥矿井，提高生产工艺水平，同年在渔洋关筹建铁合金厂，四年建成后成为五峰县薄弱工业基础的重要组成部分。

到1985年，五峰县共修筑省、县、乡、村专用公路62条，里程679.03千米，实现所有区镇及70.2%的村、39.8%的组通公路，全县共有客车23辆，年客运量49.8万人，货车206辆，拖拉机398辆，年货运量达到19.94万吨。相比上一阶段，极大地提高了城乡物资交流水平，促进了工农业生产。

3.1.3.3　生活空间

生活空间的现代化元素增多。1980年全县农民储蓄131万元，共有145个村、859个组的农户装上电灯，148个村、572个组通公路；城镇职工生活水平从中华人民共和国成立到1978年变化不大，中共十一届三中全会后工资水平、居住条件、劳保福利和文化生活均得到较大幅度提升，1979—1985年人均工资年增长65元。到1985年底，全县建成水电站70处，装机100台，容量13035.5千瓦，在小水电的发展过程中，不少电站毁于山洪，或以大代小，或报废，到1985年实际运行的只有45处，装机75台，容量12530.5千瓦。小水电的建设，一方面以较低成本解决了山区用电难、用电贵的问题，另一方面对河流自然生态造成负面影响，山洪等自然灾害的频繁发生，也对小水电的盈利产生了威胁。到1985年，全县

97.6%的乡镇、93.3%的村庄、68.9%的小组和66.9%的农户通电，电力水平有了长足发展。

居住条件得到明显改善。20世纪70年代末出现建房高峰，住宅与办公房多分开建造，到1985年底，县城住宅面积约29万平方米，建筑形式多为组合单元套件，并配有水电及卫生设施。1980年在城区上游建设自来水厂，后经改造，供水量可以满足城区饮水用量。但县城排污都是未经处理就直接排入河道，对水质造成污染。20世纪80年代后，农民私人住房水平得到显著改善，到1985年全县农村建房面积565.63万平方米，人均居住面积24.15平方米。

乡镇企业建设的冒进和交通运输的长期滞后是这一时期的一大特点。凭借独具特色的茶叶资源，五峰县不断探索茶叶加工销售的新路径，自1975年五峰精制茶厂投产，到1985年初以宜红茶为主要产品实现出口，累计创造外汇1215万美元。为了贯彻改革开放搞活的方针，区、乡、村、户齐发展，侧重扶持家庭企业和联办企业，对部分企业实行低税免税政策，促使小规模乡镇企业低水平快速发展。1985年末，全县乡镇企业2500个，初步形成具有地方特色的采矿、小水电、农副产品加工、建筑建材等支柱产业。乡镇企业数量最多的是工业企业，利润也最高，商业服务业数量和利润均次之，农业企业数量最少、利润最低。其中农业企业主要包括茶场、林场、药材场以及养殖场等，工业企业主要包括采矿业、电力工业（小水电）、建材业和加工业，商业服务业主要集中在渔洋关镇和集镇所在地。交通运输业在1982年拖拉机站下放后，个体运输户骤增，但仍以拖拉机运输为主，表明交通运输仍然以农业服务为主要目的。

中共十一届三中全会后，五峰县打破国营商业独家经营局面，建立多种经济形式，商业网点骤增。1985年，农副产品收购总值1878万元，售货额5395万元，比1952年分别增加12.5倍和34.3倍，以县城为中心的商业市场初步形成。

公共服务水平进一步提高。到1985年，医疗卫生设施趋于完善，医疗技术水平提高，卫生防疫知识教育普及度不断提高，各种传染病发病率由新中国成立初期下降 58.8%，法定传染病平均发病率下降 1.92%，消灭了天花等三种流行病。“文革”结束后，教育事业进入转折期，幼儿教育、初中等教育、职业教育以及成人教育均得到恢复和发展，到 1985 年，全县基本实现普及小学教育，教师队伍人数是新中国成立初期的 10.8 倍，其中土家族占 60%。到 1984 年县邮电局下辖 8 个邮电支局、7 个邮电所，县到区邮件全部汽车邮运，电信事业实现长足发展，共架设电缆线路 105.6 千米，实现区、乡通电话，初步形成有线、无线、载波等通信设备综合利用，以县城为中心，连接四面八方的邮电通信网络系统。

3.1.4 设立自治县后多部门规划主导的管治

1984 年 12 月 12 日，五峰土家族自治县成立。依据宪法和民族区域自治法的规定，民族自治地方的自治机关是自治区、自治州、自治县的人民代表大会和人民政府，它们在行使同级地方国家机关职权的同时，拥有自治权，自主管理内部事务，有制定自治条例的权力，可以使用本民族语言文字，尊重其宗教信仰自由，享受少数民族地区扶贫政策，中央政府从财力、物力和人力上给予支持。自治县成立后，对全县行政区划进行调整，镇区合一，建镇管村，代管乡体制，行政区划不变。设五峰、渔洋关 2 个县辖镇；仁和坪、长乐坪、傅家堰、长茂司、湾潭镇等 5 个区级镇；菖蒲溪、清水湾、谢家坪、涨水坪、牛庄、后河 6 个乡级镇和 30 个乡、255 个村、1796 个村民小组，9 个农、林、牧、茶、药材场。1984 年底，全县总人口 195330 人，农业人口占总人口的 92.1%，非农业人口占 7.9%，土家族占 58.4%。

五峰县政府驻地为五峰镇，区位、地质地貌以及降水等综合因素导致地质灾害频发。经湖北省水文地质工程地质勘察院勘察，五峰县城存在特大型地质灾害险情，严重威胁县城机关企事业单位和城镇居民的生命财产安全。经湖北省委、省政府慎重研究并报请国务院批准，2011 年 4 月，国家民政部下发批文，同意五峰县政府驻地迁至渔洋关镇。根据迁建规划，新县城城镇人口规模近期（2015 年）为 5 万人，远期（2020 年）为 6 万人，规划土地利用规模控制在713.12公顷内。“六普”数据显示，五峰县全县人口约为19万人，按照搬迁规划，到2020年，新县城将承载全县1/4的人口，将从整体上改变五峰县的各类空间利用方式和强度，相应的空间管治也会发生一系列的变化。

3.1.4.1　生态方面

全县森林覆盖率居全省县市区首位，生态环境优良，适宜发展生态农业、生态文化旅游业，这是五峰县最大的竞争优势。生态资源在转化为经济资源的方式上增加了生态旅游这一新种类，旅游逐步成为五峰县创收的重要来源。到2010年，全县旅游接待人次达到82万人次，实现旅游综合收入1.97亿元，旅游总收入占第三产业增加值比重达17.7%。引入外地旅游开发公司，修订完善了柴埠溪旅游综合开发规划，先后实施了柴埠溪谷底旅游公路、游客接待中心、柴埠溪旅游国债的二期开发等一批重点项目。

3.1.4.2　生产方面

农产品生产、加工和销售逐步发生重大变化。到2011年，在农产品基地建设上，完成了占地200亩的现代农业育种中心建设，为实施地方特色产业的良种繁育和推广创造了条件；累计新增茶叶基地面积5.7万亩，全县茶园面积达到18万亩；实施烟水配套工程，全县烟叶种植面积稳定在3.5万亩左右；完成了栗子坪、白溢坪小香葱现代农业示范项目建设，推动了精细蔬菜产业的发展；实施生猪养殖小区项目建设，使全县的生猪出栏能力达到31万头；特色农产品种植逐步实现基地化，形成产业；在农产品加工龙头企业培育上，通过引进宜昌国贸集团控股采花茶业集团，完成了总投资2.3亿元的采花茶业科技园项目建设，采花毛尖被评定为“湖北名茶第一品牌”“中国名牌农产品”，“采花”商标被认定为“中国驰名商标”，茶叶生产规模扩大，影响力提升。通过引进外来农产品加工企业和培育地方品牌，实现提升农业附加值、转换资源优势、解决当地劳动力就业多重目标。工业总产值完成21.4亿元，年均递增10.6%，在2005年的基础上增长了65.9%。在市场主体培育上，通过实施中小企业成长工程、规模企业倍增工程，“十一五”期间，全县新增规模以上企业10家，达到24家。

这一时期对于工业发展的需求在项目中得到体现，马渡河电站、南河流域开发、天池河流域开发、年产2万吨五硫化二磷生产线、年产20万吨矿粉生产线等作为重点工业项目先后建成投产；启动了年产100万吨新型干法水泥生产线、宜都贝诺食品工业园建设。全县新增水电装机10.5万千瓦。同时，为取得工业经济的突破性发展，五峰县开始探索“飞地经济”，和枝江市联办五峰民族工业园，培植骨干税源。在国家节能减排政策推动下，一批落后产能遭到淘汰。

交通网络的建设发展很快，全县公路里程达到4200千米。为解决电网“瓶颈”，建成了220千伏输变电工程，同时通过实施渔洋关110千伏输变电工程，进一步完善了工业园区的供电设施，通过实施傅家堰110千伏输变电改造工程，解决了西部小水电上网卡口问题。

3.1.4.3 生活方面

在城镇基础设施建设上，完成了渔洋关自来水厂、发展大道建设项目，启动了渔洋关垃圾处理场、污水处理厂项目建设；同时，县政府驻地回迁报批工作得到了省委、省政府同意并有望获得国家批准。完成了星岩坪、白岩坪等一批各具特色的新农村中心村建设。全县城镇化率达到35%。

在农村生产生活条件改善上，先后完成了农村危房改造2200户；建设沼气池17870口；完成农村公路黑色化（硬化）900千米；解决了6.38万人的饮水安全问题；15个村的村庄环境整治达到省定标准。在生态环境建设上，完成了2.4万亩的低效林改造，治理水土流失面积15.9平方千米。在教育事业发展上，通过实施农村初中校舍改造工程、校舍安全工程，完成了41713平方米的教学危房改造，启动了县民族中小学项目建设。在卫生事业发展上，通过实施卫生服务体系建设项目，新建改造了25640平方米的卫生业务用房；启动了总投资2500万元的县人民医院渔洋关院区住院综合楼项目建设。在社会保障体系建设上，基本建立了以社会救助为主的社会保障体系；城镇基本医疗保险覆盖率、农村合作医疗参合率均达到了95%以上；失业、生育、工伤三项保险实现了应保尽保；城镇养老保险覆盖率达到了89%。同时，文化体育、广播电视、科技、计划生育、残疾人及老干部事业等都得到了长足发展。

3.1.5 历史格局变化及管治特征

参考《容美纪游》《长乐县志》等史料可知，五峰县空间管治状况在中华人民共和国成立前相当长的历史时期都保持着低水平渐进发展状态，低密度的人口配合原始的刀耕火种生产方式和轮耕制，达到人地关系的一种平衡。当生产关系的改变使得生产力改变时，膨胀的人口密度加上原始的生产方式给整体空间带来较大压力，原有的平衡被打破。中华人民共和国成立后，随着政治管理体制的进一步改革，公路的建设加速。工业化进程和现代化技术及污染的引入，加之原始的生产方式尚未得到彻底更新，对整体环境的作用速度加快，生活空间和生产空间作用于生态空间的压力大于生态空间自我恢复能力，造成局部地区的严重不平衡，居民活动空间经历了剧烈的重建。

“文革”结束后，随着市场化、地方化和分权化渗入五峰县经济生活的各个方面，空间利用手段复杂性和强度提高，空间利用的经济导向更加鲜明。这也和农业生产长期低效益，而工业附加值一直居高不下的鲜明对比有关。贫矿开采引起大面积生态破坏和环境污染，劳动力外流引起茶园弃耕。

生产力水平提高和管理模式改变是影响五峰县经济发展和空间利用的主要推手，囿于交通通达性的长期滞后以及对生态供给认识的不到位，山区资源优势向经济优势的转化不能实现，居民平均生活水平长期处于低位，历史上贫富差距较大。结合重点生态功能区建设的机遇，对空间管治体系进行重构，有利于生产发展、生活富裕、生态文明目标的实现。整体看来，五峰县历史发展过程中的空间利用和管治有以下特点：一是空间的利用和管治随着权力的分化逐渐被加强；二是市场化的发展引导着空间利用方式的改变；三是生产力的现代化提高了居民对空间的作用力；四是生产关系的调整是空间管治发生改变的根本原因。

3.2 县域国土空间格局划分

全县土地总面积中，低山占 12.1%，中山占 42.5%，高山占 45.4%，仅在山间河谷地带存在稍大块平地。农用地、未利用地一般分布于中高山区，建设用地则分布于地势较为平坦的低丘岗地区及山间河谷地带。受自然条件和社会经济条件的综合影响，农业发展布局呈现因高差变化而变化的特点。山区土地利用以林产品、茶叶为主；耕地则在山间河谷较为平坦的平地区，分布较散，以旱地和望天田为主，土地利用率较高，后备土地资源少，多种植玉米、薯类，属于见缝插针式分布。按照耕地面积排序，依次分布于渔洋关镇、仁和坪镇、五峰镇、长乐坪镇、采花乡、湾潭镇、傅家堰乡和牛庄乡等 8 个乡镇。河谷深切，“V”形河谷发育，许多山坡陡峭之处不利于开垦，受人类干扰相对较小，因此全县境内林地面积广大。园地以茶园为主，与耕地和林地交错分布，主要分布于采花乡、五峰镇、渔洋关镇，其次分布于湾潭镇、长乐坪镇、仁和坪镇及傅家堰乡。林地全县境内均有分布。牧草地约占土地总面积的 0.03%，主要分布在牛庄乡、湾潭镇。其他农用地广泛分布在全县农业用地区内。全县建设用地中，建制镇主要分布于五峰镇、渔洋关镇。农村居民点主要分布在升子坪、汉马池、白岩坪、茅坪等地势平坦的自然村落。交通水利用地主要分布于渔洋关镇、长乐坪镇、五峰镇。未利用地约占全县土地总面积的 5.55%，其中自然保留地面积占全县土地总面积的 5.30%。

总体来看，耕地中坡耕地比重大，耕地保护压力较大，坡度在 25°以上的坡耕地占到耕地总面积的 1/3。由于山区雨水较多，坡耕地特别是大于 25°的坡耕地，极易发生水土流失等现象。建设用地粗放利用，集约利用水平不高，农村居民点建设布局散乱，特别是沿交通线无序建设低层建筑和院落式居民点现象比较普遍，集约利用程度较差。自然灾害频繁，水土流失严重，五峰县属于长江中下游暴雨中心，年均降雨量达1588毫米，由于境内地势起伏大，耕地及其他农用地都有较大坡度，因此，每逢雨季，山洪暴发，常常引起泥石流、滑坡、崩塌等灾害。据统计，全县水土流失面积达93213公顷，占土地总面积的39.3%，其中绝大部分是农用地。

根据表2.1的地类转换规则将“二调”图件进行转换，得到五峰县生产、生活、生态空间划分格局（见图3.2）。在“二调”图中林地为基底，农用地呈破碎斑块形式状，建设用地散落分布于农用地中间，只在渔洋关镇和五峰镇两个新老县城呈连片分布格局；将地类归纳为三大类后，图上空间格局并未发生明显变化，呈生态空间为基底，生产空间为破碎斑块，生活空间点缀其中，是典型的未受破坏山区景观格局。一方面，由于山区的地形限制、交通的不便捷以及山大人稀的人口布局，人类活动对自然景观的改造较为微弱；另一方面，五峰县为土家族自治县，土家族在长期历史发展中形成的人地关系以适应环境为主，改造环境为辅。在一定程度上可以说，正是因为五峰县的“闭塞落后”，远离现代化，才保持了这里的生态面貌。

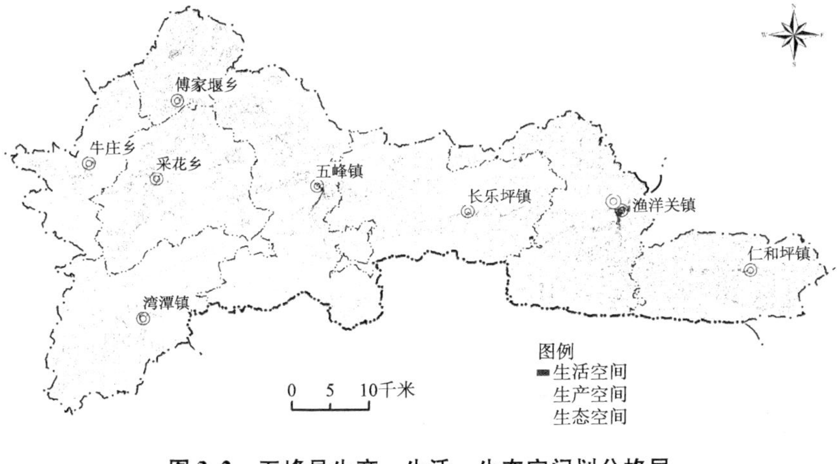

图3.2 五峰县生产、生活、生态空间划分格局

五峰县“三生”空间比例对比鲜明，生态空间比重约81%，生产空间比重约17%，生活空间比重最低，约2%，各乡镇的格局比例与总体比重类似，部分乡镇偏差稍大。五峰县生产空间种植结构以经济作物为主体，粮食供给基本依靠调入，各个乡镇情况基本都如此。生产空间比重最高的是仁和坪镇，最低为湾潭镇，归因于仁和坪镇作为全县最西的乡镇，平均海拔最低，相对适宜连片种植业发展，湾潭镇位于五峰县西南部，平均海拔相对较高，虽有大片草场较为平坦，但尚未开发，以发展经济林木为主要收入来源，故生产空间面积较小。生态空间面积二者比重发生转变，湾潭镇最高而仁和坪镇最低。生产空间和生态空间绝对面积最大的都是行政区划面积最大的五峰镇。生活空间面积比重最大的是渔洋关镇，最小的是湾潭镇，渔洋关镇同时也是实际生活空间面积最大的乡镇，空间来源于新县城的建设而进行的建设用地征用（见表3.2）。

表3.2　五峰县生产、生活、生态空间面积及占比

名称	合计/公顷	生产空间		生态空间		生活空间	
		面积/公顷	占比/%	面积/公顷	占比/%	面积/公顷	占比/%
五峰县	236876.94	39986.8	16.88	192672.39	81.34	4217.75	1.78
五峰镇	43914.27	6337.43	14.43	36901.38	84.03	675.46	1.54
湾潭镇	33888.63	3749.87	11.07	29869.56	88.14	269.2	0.79
长乐坪镇	37504.37	5199.99	13.87	31843.41	84.91	460.97	1.23
渔洋关镇	35576.58	7790.8	21.90	26713.83	75.09	1071.95	3.01
仁和坪镇	24341.8	6267.22	25.75	17408.98	71.52	665.6	2.73
付家堰乡	13536.49	3032.46	22.40	10117.96	74.75	386.07	2.85
采花乡	29997.77	5350.47	17.84	24131.28	80.44	516.02	1.72
牛庄乡	18117.03	2258.56	12.47	15685.99	86.58	172.48	0.95

3.3　整体景观格局特征

科学解读景观格局，有助于进一步认识县域国土空间的基本特征。按照景观生态学的观点，所谓景观格局，一般是斑块、廊道和基质等各具形态特征的景观要素在空间上的排列和组合。

在借助软件对五峰县空间格局评价之前，由于山区地形对景观格局有着重要影响，有必要将其地形地貌一同纳入考虑。从地貌图（见图 3.3）可以看出，全境平原面积较小，分布零散，适宜耕种和居住的土地面积较小，导致生产和生活空间均具有斑块面积小且分散的特点。从高程图（见图 3.4）来看，五峰县西高东低的走向很明显，且西部山区有较深的山谷，对于“三生”空间的分割以及特定地类的分布作用明显。

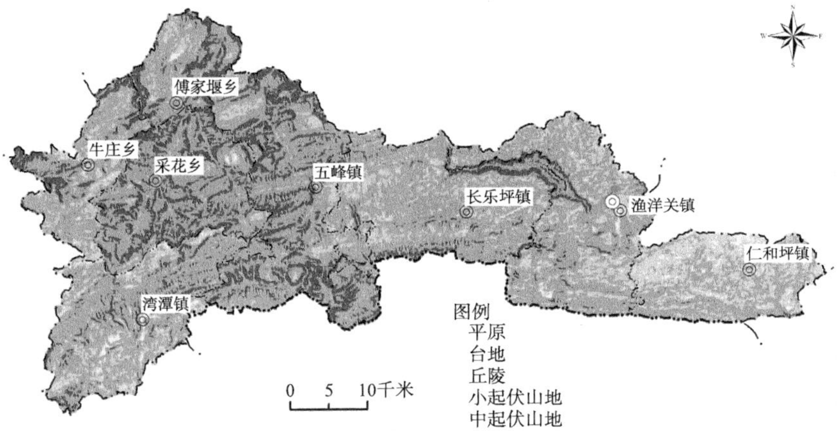

图 3.3 五峰县地貌图

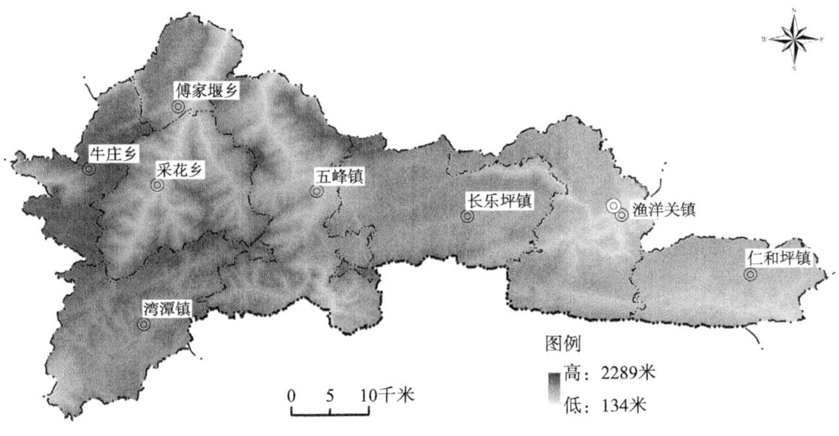

图 3.4 五峰县海拔高程图（山体阴影效果）

从前文对“二调”数据的分析可得到，生态空间所占比重最高，是五峰县整体景观的基底，从具体地类的类型水平指数来看（见表3.3），有林地的斑块所占景观面积百分比（*PLAND*）最高，其次是旱地和茶园，可见有林地的景观丰富度最高，与前文分析结果一致，生态空间面积比重最大。在景观面积不变的情况下，*PD* 和 *NP* 的指标意义相同，*PD* 值只有旱地大于1，表明旱地的斑块密度最高，破碎度最高，对应生产空间斑块数量最高。这与五峰县以山地为主的地貌有关，很难有大面积平地供农业耕种，但山区经济又较为依赖农业经济，所以小块耕地从林地等基底中被不断开垦耕种，形成大量破碎斑块。从整体看（见表3.4），生态空间的斑块占景观面积百分比最高，其次是生产空间，生活空间最小。斑块密度最高的同样是旱地，其次是茶园，这与农业耕种便利度有较大关联，过于分散的分布增加农业管理成本，结合斑块数量指数，可以进一步验证五峰县山区农业耕作模式为小面积连片耕作。从散布与并列指数结果来看，最高值为生活空间，包括村庄和建制镇，建制镇的 *IJI* 值最高，最低为水库水面，表明村庄和建制镇作为县域经济社会发展的关键节点，周围地类较多，满足建制镇内部各类人员生产生活需求。内陆滩涂和水库水面连接度指数最高，归因于河流的连贯性，对应生态空间的连接度指数最高。除风景名胜及特殊用地、水工建筑用地和采矿用地由于面积小且分布较为零散，*CONNECT* 值为0外，特别地，公路用地的 *CONNECT* 值也为0，主要是由于以面状表现出来的公路用地面积较小，只分布在两个村庄，也从侧面反映出五峰县交通用地较少，交通运输能力薄弱。

表3.3　五峰县类型水平指数分析值（按地类划分）

土地类型	*PLAND*/%	*PD*	*LPI*	*IJI*	*CONNECT*
村庄	1.6590	0.3285	0.0077	35.3514	0.0529
旱地	13.1737	1.5629	0.1273	18.4435	0.059
其他草地	1.1594	0.1850	0.0270	18.3265	0.1651
有林地	78.9575	0.1250	77.5204	43.3470	1.0055

续表

土地类型	*PLAND/%*	*PD*	*LPI*	*IJI*	*CONNECT*
水田	0.2894	0.0507	0.0077	43.7585	0.6022
茶园	2.9226	0.3788	0.0559	30.5378	0.1715
裸地	0.1620	0.0296	0.0096	30.1969	0.3313
其他林地	0.7639	0.1486	0.0096	26.3520	0.1214
其他园地	0.0656	0.0135	0.0058	26.7579	0.4032
坑塘水面	0.0135	0.003	0.0019	38.3321	4.7619
果园	0.1292	0.0165	0.0212	48.4981	3.2389
灌木林地	0.1157	0.0063	0.083	19.0835	2.8571
建制镇	0.1794	0.0135	0.0772	56.6715	3.6290
采矿用地	0.0347	0.0072	0.0039	30.6532	0
水工建筑用地	0.0135	0.0025	0.0039	43.9115	0
河流水面	0.2952	0.0549	0.0096	41.6317	0.3816
水库水面	0.0309	0.0025	0.0116	17.4787	13.3333
天然牧草地	0.0231	0.0051	0.0019	33.6858	1.5152
风景名胜及特殊用地	0.0019	0.0004	0.0019	34.7067	0
内陆滩涂	0.0077	0.0017	0.0019	30.6451	33.3333
公路用地	0.0019	0.0004	0.0019	18.7712	0

表 3.4　五峰县类型水平指数分析值（按空间类型）

空间类型	*PLAND/%*	*PD*	*LPI*	*IJI*	*CONNECT*
生活空间	1.8384	0.3344	0.0907	91.6346	0.0584
生产空间	16.6770	1.6819	0.1582	27.3021	0.0630
生态空间	81.4846	0.1068	80.3831	43.7431	1.1732

五峰县按地类有 21 种斑块类型，对应土地利用规划中的 21 个地类，按空间类型划分则有生产、生活、生态 3 类。整体的蔓延度高于按空间类型划分结果，整体景观破碎度较小，结合前文分析结果，主要是由于有林地为主体的生态空间破碎度较低，连接性较好，优势度也较高，有利于生物多样性的保持。香农多样性指数（*SHDI*）值与景观中存在的斑块类

型关系成正比，该值的绝对值并没有太多意义，只有对不同尺度或类型的对象的分析值才有意义。当斑块类型增加或各类型斑块所占面积比例趋于相似时，*SHDI* 值相应增加，按地类划分计算时，斑块数量较多，*SHDI* 值增加 0.2626，可以看出五峰县景观多样性在地类尺度上相对较大。当香农均匀度指数（*SHEI*）按地类划分时，比按空间类型划分的值小 0.2273，表明优势度较高的有林地等景观类型支配的趋势较强，而在“三生”空间中，生态空间的支配地位较高。聚集度指数上，由于按空间类型划分的结果是对按地类划分的归并后计算结果，其 *AI* 指数更高，结果表明五峰县景观集聚度较高，特别是生态空间用地，有利于生物多样性的保持（见表 3.5）。

表 3.5　五峰县景观水平指数分析值

划分标准	*PR*	*CONTAG/%*	*SHDI*	*SHEI*	*AI*
按空间类型划分	3	51.5599	0.5390	0.4906	73.6190
按地类划分	21	74.2817	0.8016	0.2633	69.1738

3.4　空间利用协调度评价

3.4.1　协调发展指标值

3.4.1.1　自然状况基础值

（1）坡度值

根据中科院网站下载的 TIF 格式坡度图，借助 ArcGIS 10.2 平台进行解析，借助空间分析工具中的面积制表，将坡度值与行政分区进行叠加提取，得到各村的主要坡度值类型，考虑到每个村都具有不同坡度值，结合对生态环境考察的目标，分别取各村最大值作为分析值（见图 3.5）。

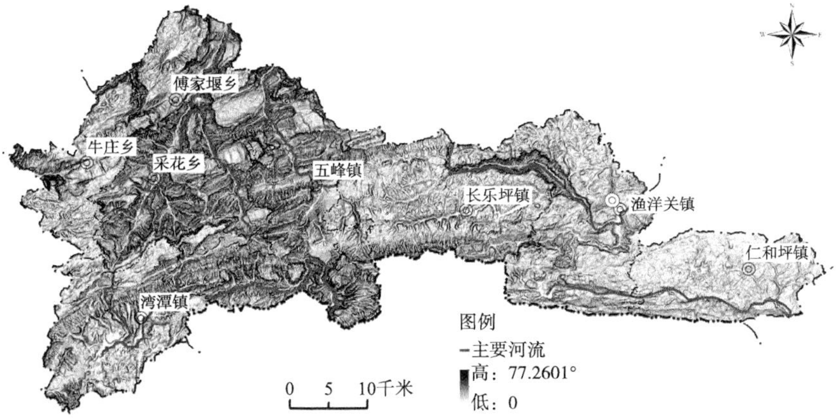

图 3.5 五峰县坡度图

（2）年降雨量

将五峰县年降雨量分布图与“二调”图件进行配准，在此基础上将其矢量化，得到主要的降雨分布状况（见图 3.6），再根据面积制表功能得到各村降雨状况，同样取最大值作为分析值。

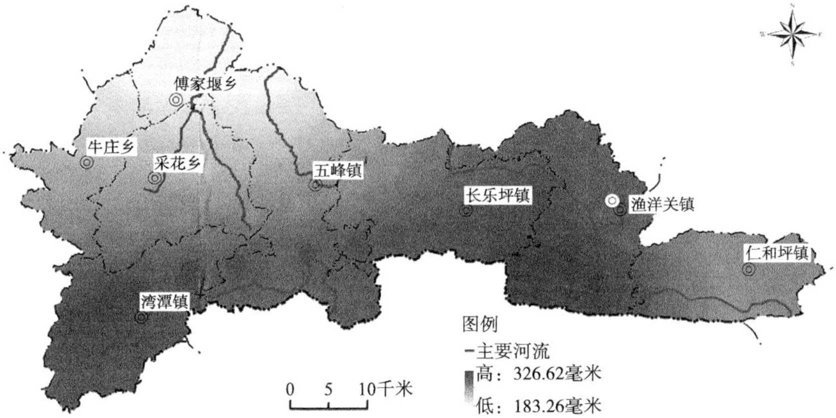

图 3.6 五峰县降水量分布图

（3）人均可利用土地资源

参考国家发展改革委发布的《省级主体功能区划技术规程》[165]，将其定义为：

人均可利用土地资源=可利用土地资源÷常住人口，单位为平方米/人（见图3.7）。

可利用土地资源=适宜建设用地面积-已有建设用地面积-基本农田面积。

适宜建设用地面积=（地形坡度∩海拔高度）-所含河湖库等水域面积-所含林草地面积。

已有建设用地面积=城镇用地面积+农村居民点用地面积+独立工矿用地面积+交通用地面积+特殊用地面积+水利设施建设用地面积。

常住人口数据采用“六普”数据，基本农田面积参考“二调”划定的基本农田保护片块面积。由于后河自然保护区、黄良坪洋芋良种场、北风垭林场、赵家坪药材场、香党坪药材场、壶瓶山林场、大花坪林场以保护和苗木培育为主，此7处不纳入计算范围，取值为0。

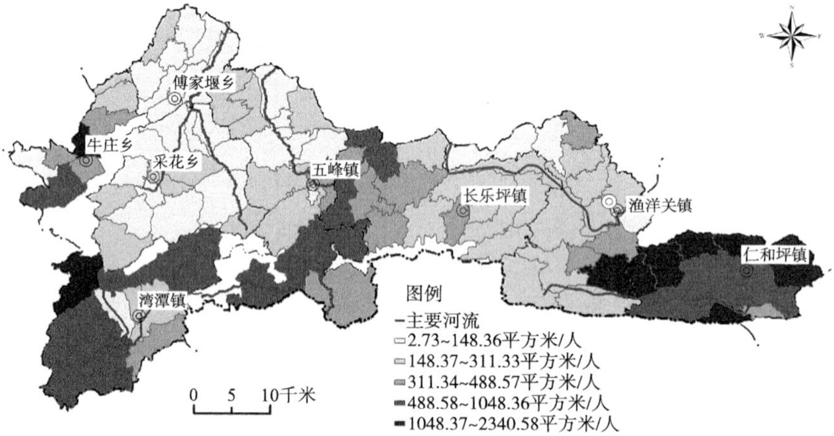

图3.7 五峰县人均可利用土地资源评价图

3.4.1.2 生态功能重要性

（1）水源涵养重要性

区域生态系统水源涵养的生态重要性在于整个区域对评价地区水资源的依赖程度及洪水调节作用，五峰县承载着三峡库区水土保持的重要任务，水源涵养功能应给予重视，根据村庄在对五峰县对应流域所处的地理位置，以及对整个流域水资源的贡献来评价。分级指标参见表3.6。五峰县主要有王家河、泗洋河、天池河、渔洋河流、湾潭河、百溪河和南河7个流域，2011年和2012年共新增饮用水水源地10个。综合植被覆盖度、降水量分布、地形起伏以及流域面积多种因素确定水源涵养重要性得分（见图3.8）。

表3.6 五峰县生态系统水源涵养重要性评价

流域级别	生态系统类型	重要性
一级流域	森林、湿地/草原草甸/荒漠	高/较高/中等
二级流域	森林、湿地/草原草甸/荒漠	较高/中等/较低
三级流域	森林、湿地/草原草甸/荒漠	中等/较低/低

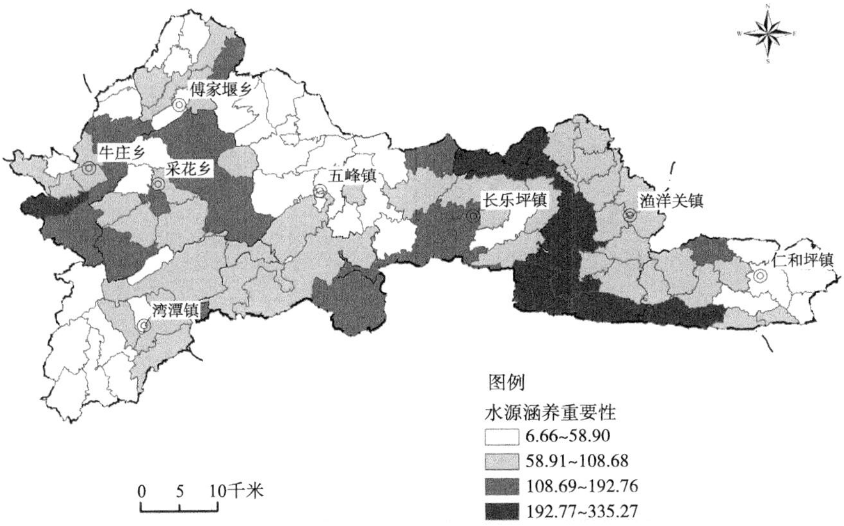

图3.8 五峰县水源涵养重要性评价图

（2）土壤保持重要性

土壤保持重要性的评价在考虑土壤侵蚀敏感性的基础上，分析其可能造成的对下游河流和水资源的危害程度，分级指标参见表3.7。取平均值作为评价值（见图3.9）。

表 3.7　五峰县生态系统土壤保持重要性评价

土壤侵蚀程度	土壤保持重要性	权重
剧烈	高	5
极强度	高	5
强度	较高	4
中度	中等	3
轻度	较低	2
微度	低	1

注：生态系统类型分为森林生态系统、草原生态系统、草甸生态系统、荒漠生态系统。

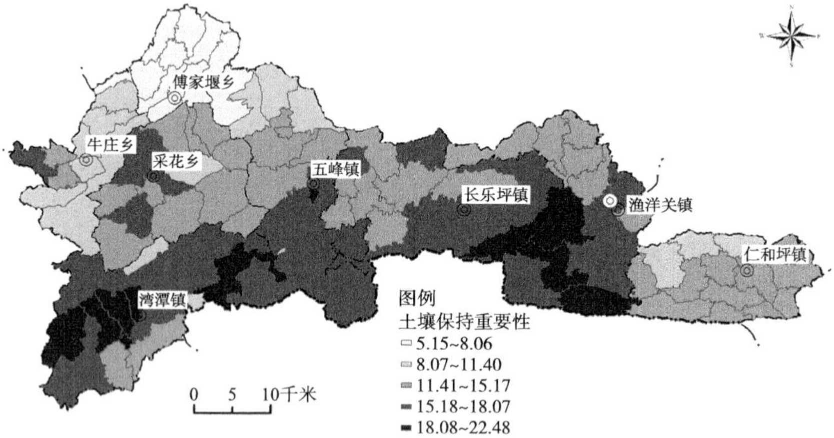

图 3.9　五峰县土壤保持重要性评价图

（3）生物多样性维护重要性

五峰县同时承担着三峡库区生物多样性维护的责任，生物多样性维护重要性主要是评价区域内各地区对生物多样性保护的重要性。重点评价生态系统与物种的保护重要性，突出对当地优势物种及系统的保护。生态区的优势生态系统往往是该地区气候、地理与土壤特征的综合反映，体现了植被与动植物物种地带性分布特点。对能满足该准则的生态系统的保护能有效保护其生态过程与构成生态系统的物种组成。采用生态系统或物种占全县物种数量比率来考核（见表 3. 8、图 3. 10）。

表 3.8 五峰县生物多样性维护重要性评价

生态系统或物种占全县物种数量比率	重要性
优先生态系统，或物种数量比率>30%	极重要
物种数量比率 15%～30%	重要
物种数量比率 5%～15%	中等重要
物种数量比率<5%	不重要

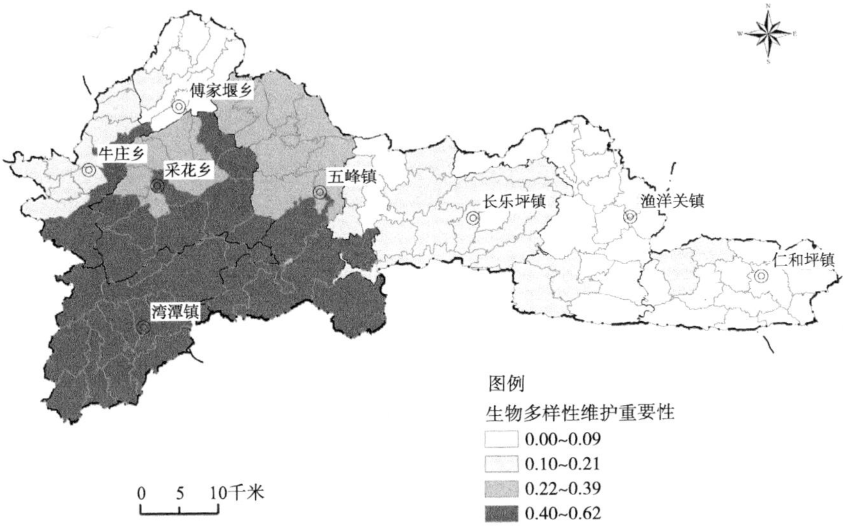

图 3.10 五峰县生物多样性维护重要性评价图

3.4.1.3 生态环境敏感性

（1）石漠化敏感性

根据评价区域是否为喀斯特地貌、土层厚度以及植被覆盖度等进行评价（见表 3.9），将五峰县 7 个流域的石漠化状况进行矢量化，并参考“2012 年五峰县石漠化治理工程”提供的“湖北省五峰土家族自治县石漠化程度分布图”，得到图 3.11。

表 3.9　五峰县石漠化敏感性评价

敏感性	不敏感	轻度敏感	中度敏感	高度敏感	极敏感
喀斯特地形	不是	是	是	是	是
坡度/°	—	<15	15~25	25~35	>35
植被覆盖/%	—	>70	50~70	20~30	<20

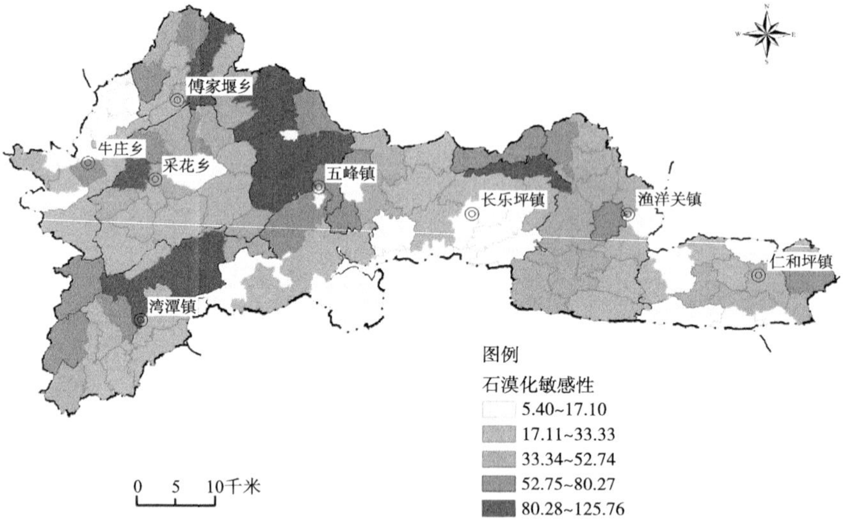

图 3.11　五峰县石漠化敏感性评价图

（2）植被覆盖度

植被覆盖度（vegetation fractional coverage，VFC）是考察土壤侵蚀敏感性和石漠化敏感性的重要基础指标，被定义为植被的冠层、枝叶在生长区域地面的垂直投影面积占研究区总面积的百分比[166]。借助 ERDAS 软件，构建 NDVI 计算模型，采用归一化植被指数（NDVI）来检测植被生长状态（见图 3.12）。

$$NDVI = NIR - R/NIR + R \tag{3.1}$$

其中，*NIR* 为近红外波段（0.7~1.1 微米），*R* 为红波段（0.4~0.7 微米）。*NDVI* 计算结果分布在 0~1，一般来说，*NDVI* 数值越高说明植被覆盖、长势越好。

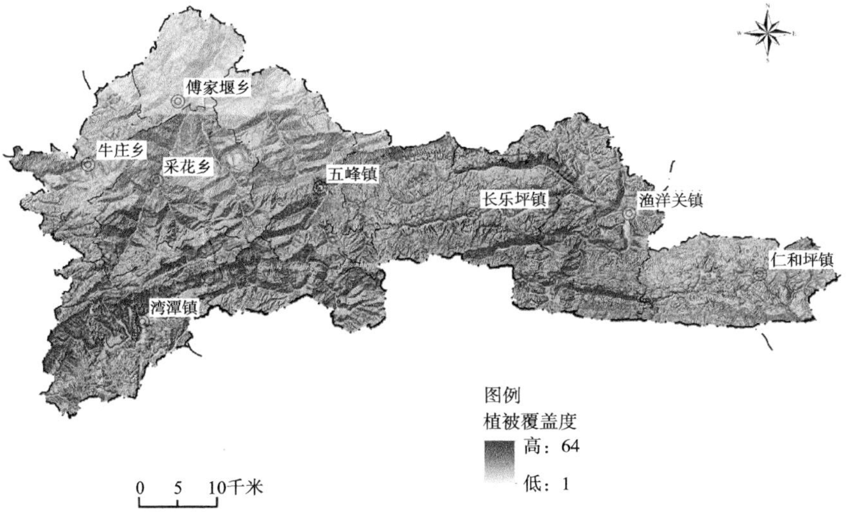

图 3.12 五峰县植被覆盖度分类评价图

3.4.1.4 人口集聚度

(1) 人口密度

人口密度=总人口÷土地面积。总人口指各县行政单元的常住人口总数，即按国家“六普”统计口径确定的常住人口（包括暂住半年以上的流动人口数），土地面积为“二调”获得各村庄面积数据（见图 3.13）。

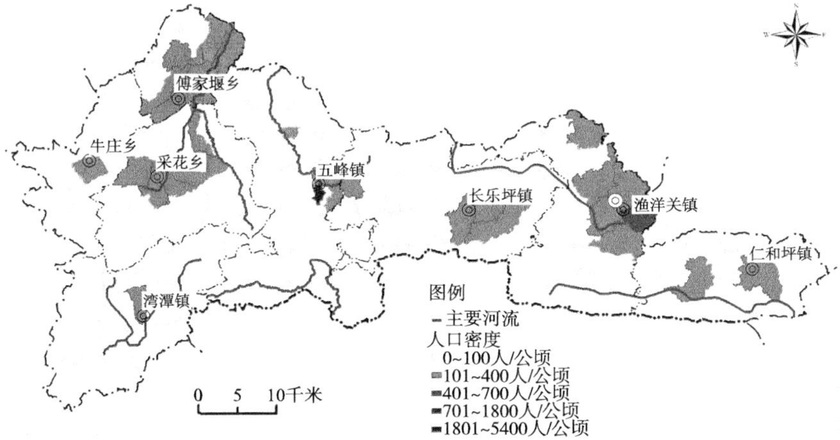

图 3.13 五峰县人口密度评价图

(2) 人口流动强度

人口流动强度=暂住人口÷总人口×100%。

3.4.1.5 基础设施完善度

(1) 生活用电量

生活用电量=全社会用电量-一产用电量+二产用电量+三产用电量。该指标一是可以反映电力基础设施所提供电力水平，二是可以反映五峰县居民用电水平。数据来源于各乡镇农业基层报表，各乡镇具体评价单位值见附表。

(2) 自来水受益村数

由取水、净水、输配水三部分组成自来水供给的，或由取水和输配水两部分组成的符合饮用卫生标准的简易自来水年末实际受益的村委会个数。由于特殊的喀斯特地质，五峰县虽然降水丰沛、森林覆盖率高，但可直接利用的地上水资源并不丰富，且山区铺设自来水管道技术难度大、成本高，难以实现平原地区的集中供水式自来水供应。但五峰县逐步探索出小范围供水的净水自来水系统，该指标用来衡量生活空间基本公共服务设施的建设状况，数据来源于各乡镇农业基层报表，各乡镇具体评价单位值见附表。

(3) 沼气池数量

沼气池对于提高山区县农户的生活便利程度、构造农业生产生活循环链有着较为明显的作用。近年来，由于建设沼气池人工和材料成本升高、农民外出务工人数增多、电气化家用设备的推广，以及沼气池的维护需要专业技术人员帮助，沼气池的推广和利用成为山区县生活水平的一个重要指标。数据来源于各乡镇农业基层报表，各乡镇具体评价单位值见附表。

3.4.1.6 生活水平

(1) 农民人均纯收入或城镇居民人均可支配收入

由于五峰县人口结构中城镇人口占73%，因此在生活水平指标上同时参考农民和城镇两类居民的人均收入（见图3.14）。农村数据来源于各乡镇农业基层报表和“六普”数据，城镇数据由统计局提供，各乡镇具体评价单位值见附表。

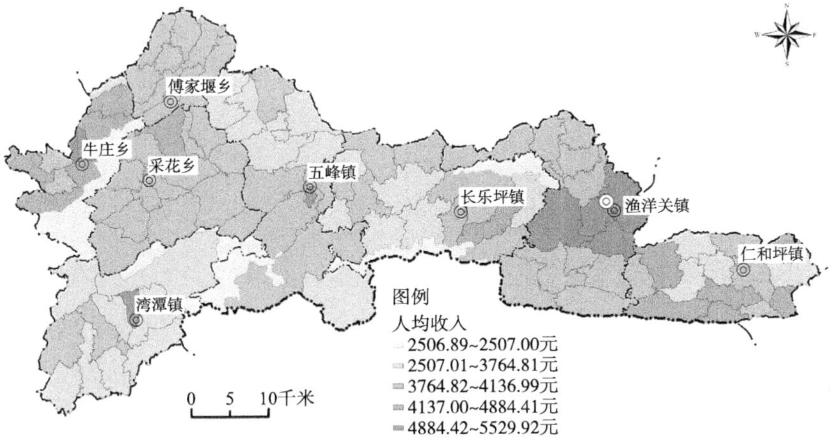

图 3.14　五峰县人均收入分布图

依据国统字〔2008〕119 号文件规定，农民总收入由四大块构成：工资性收入、家庭经营收入、财产性收入、转移性收入。农民人均纯收入是指农村住户当年从各个来源渠道得到的总收入（包括实物收入）扣除家庭经营费用、缴纳税款、生产性固定资产折旧和赠送农村外部亲友支出后的余额。

农民人均纯收入=(农村居民家庭总收入-家庭经营费用支出-税费支出-生产性固定资产折旧-赠送农村外部亲友支出)÷农村居民家庭常住人口①。

城镇居民人均可支配收入是指反映居民家庭全部现金收入能用于安排家庭日常生活的那部分收入。它是家庭总收入扣除交纳的所得税、个人交纳的社会保障费以及调查户的记账补贴后的收入。计算公式为：可支配收入=家庭总收入-交纳的所得税-个人交纳的社会保障支出-记账补贴。

（2）打工收入

打工收入作为山区县农民收入的重要来源，对于生活水平的提高和生

① 指全年经常在家或在家居住 6 个月以上，经济和生活与本户连成一体。

活环境的改善有着重要作用。数据来源于各乡镇农业基层报表，各乡镇具体评价单位值见附表。

（3）农用运输车数量

农用运输车在山区农业生产生活中发挥着重要作用，也是农民家庭财富积累的重要载体。数据来源于各乡镇农业基层报表，各乡镇具体评价单位值见附表。

3.4.1.7　交通优势度

（1）公路网密度

交通网络密度=公路通车里程÷县域面积。借助 ArcGIS 对“二调”图中的公路网进行统计，得到每个村的公路通车里程，计算得到图 3.15。

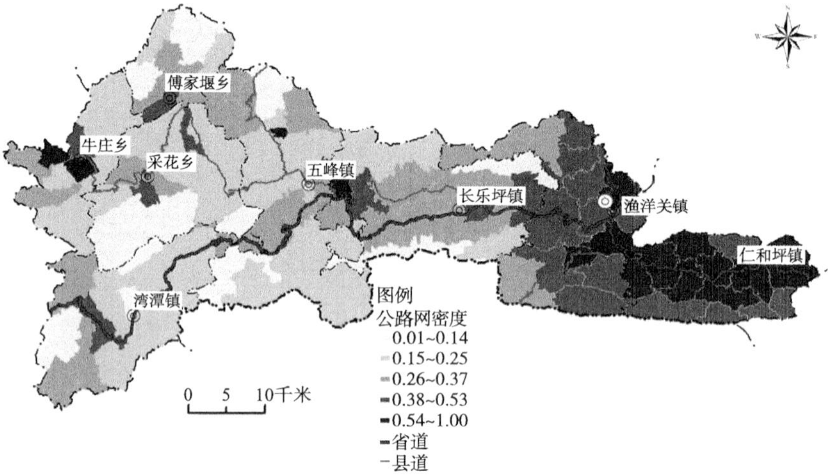

图 3.15　五峰县公路网密度图

（2）交通干线拥有性

交通干线拥有性要依据交通干线的技术—经济特征，采用分类赋值的方法，计算各村不同交通干线的技术等级赋值，拥有多条干线及接入口数量（比如省道、县道等）可以累计计算，然后进行加权汇总。具体赋值方法见表 3.10。

表 3.10 交通干线技术等级评价建议表

类型	子类型	等级	标准	权重赋值
公路类型	省道公路	1	拥有省道	1.5
		2	拥有县道	1
	县道	3	距离省县道 5 千米内	0.5
		4	距离省县道 5 千米外	0

3.4.1.8 农业投入水平

五峰县在重点生态功能区的限定下，需要在生态保护与农业生产率提高之间找到平衡点，对于农药和化肥的使用，既不能盲目排斥，又必须遵循有机生态农业的发展导向。基于此，在考察这两项指标时，对其进行标准化，采用其现有平均值进行归一化，既不冒进，追求越低越好，也不放弃通过农业技术提高，减少农药和化肥的投入量，寻求在现有化学干预的前提下逐步降低使用量。数据来源于各乡镇农业基层报表。

（1）村域农药和化肥使用量

五峰县茶叶种植已经逐步实现有机化，减少农药和化肥的使用，但在粮食、果木等种植中仍然使用农药和化肥。由于不能辨析其具体使用范围，加上五峰县后期着重专业村建设，因此以村域为单位考察农药化肥使用投入情况，各乡镇具体评价单位值见附表。

（2）农业生产用电量

农业生产用电量是指蔬菜、果树、茶、桑、花卉、苗木等农作物种植业用电量，各种畜禽产品养殖、海水产品养殖、内陆水产品养殖等养殖业用电量，农户家庭炒茶用电量。农业生产用电中还包含了农业排灌、脱粒用电及贫困县农业排灌用电量。五峰县作为产茶大县，制茶工艺不断改进，出于保护环境、减少薪柴砍伐的目的，政府不断推动“柴改电”工程，促使茶叶生产用电量不断提高，故而该指标是五峰县茶叶生产的重要侧面。数据来源于各乡镇农业基层报表，单位为万千瓦·时，各乡镇具体评价单位值见附表。

（3）在本乡镇内从业农村劳动力

指乡村人口中劳动年龄以上（16 周岁）能够参加生产经营活动的人

员。生产空间的存在和利用依赖于人的创造能力，随着外出务工人员增多，山区县的部分村庄出现凋敝现象，造成小范围的空心村和耕地撂荒的现象，同时也是人口逐渐迁移、减少重点生态功能区人口承载压力的过程。在此过程中，在本乡镇内从业的农村劳动力，是五峰县生产空间，乃至全县整个空间的直接干预者。选取该指标作为生产空间生产能力的评价依据，数据来源于各乡镇农业基层报表，单位为人，各乡镇具体评价单位值见附表。

（4）有效灌溉耕地比重

有效灌溉面积指具有一定的水源，地块比较平整，灌溉工程或设备已经配套，在一般年景下当年能够进行正常灌溉的耕地面积。在一般的情况下，有效灌溉面积应等于灌溉工程或设备已经配套，能够进行正常灌溉的水田和水浇地面积之和。五峰县范围内粮食供给主要依赖调入，耕地种植以苞谷、马铃薯、药材、蔬菜、花卉苗木等为主，是农民经济来源的重要组成部分。由于山区缺少集中连片宜耕耕地，且五峰县部分地区缺水现象明显，可灌溉耕地基本能做到旱涝保收，对于稳定本地粮食生产及经济收入有重要意义。有效灌溉耕地比重=有效灌溉面积/耕地面积。该指标同时可以反映出农田基础设施建设情况，数据来源于各乡镇农业基层报表，各乡镇具体评价单位值见附表。

3.4.1.9　生态产品供给潜力

重点生态功能区的重要作用之一是生态产品的供给，生态产品主要包括清洁的水、空气和农产品，以下从三个方面考察五峰县生态产品产出潜力。

（1）水资源保障潜力

水资源保障潜力是指一个地区在可以预见的期间内，以水资源开发利用不引起环境退化为前提，可以开发利用的潜在水资源量。采用各行政村水域及水利设施用地面积来估算其水资源供给及保障潜力，对该值进行标准化使其在［0，1］区间内，其值可见图3.16。

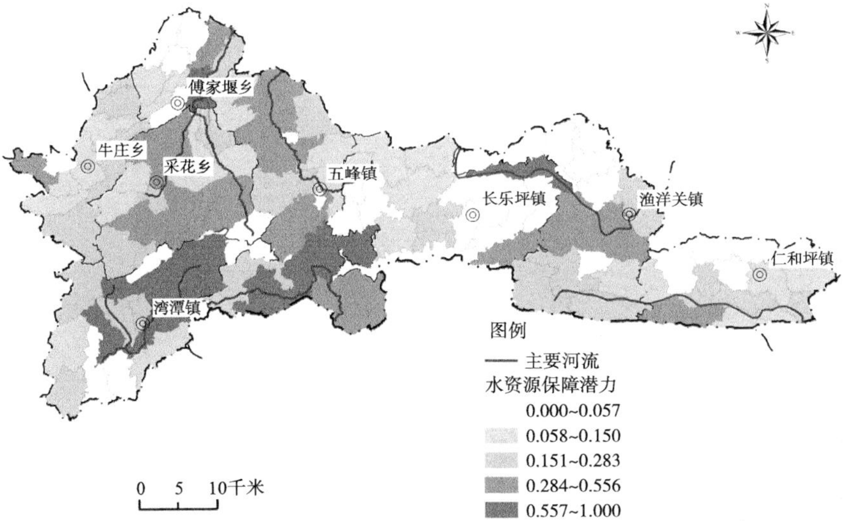

图 3.16　五峰县水资源保障潜力

（2）绿色农产品供给潜力

为了便于测度，此处的绿色农产品主要指狭义上的依赖耕种的农产品，包括粮食、蔬菜、药材、花卉苗木和茶叶等，选取各行政村耕地面积和园地面积之和来估算其潜力，各乡镇具体评价单位值见附表。

（3）生态旅游产品供给潜力

生态旅游产品作为需要游客到达当地进行消费的生态产品，有利于提高当地经济收入，盘活经济状况，促进人流、物流、信息流的运转，最终实现生产空间效益提高。虽然五峰县开始推行“全域景区化”，但更多的旅游活动仍然依托景区进行，故借助各行政村风景名胜用地面积作为估算依据，各乡镇具体评价单位值见附表。

3.4.2　空间协调度评价

协调度分为静态和动态协调度两类，其中，静态协调度主要反映某一时期经济—环境系统的协调状况，动态协调度则是表现经济—环境系统协调发展的变化趋势。囿于研究区域范围较小，难以获得连续多年数据，本书仅对五峰县空间静态协调度作出评价。

3.4.2.1 因子分析计算权重

对三类空间选取指标分别进行因子分析，得到 KMO 值判断及公共因子贡献率（见表 3.11）。

表 3.11 生产、生活、生态空间 KMO 和巴特利特球形检验

检测项		生产空间	生态空间	生活空间
KMO 抽样适合性检验		0.736	0.682	0.818
巴特利特球形检验	卡方检验值	343.493	384.189	430.404
	自由度	45	28	28
	显著性	0.000	0.000	0.000
主成分因子提取累计贡献值/%		63.662	80.777	66.309

三类空间 KMO 值均基本符合进行因子分析的要求，可进行因子分析。将指标体系数据代入 SPSS（PASW）18.0，获得因子得分系数矩阵及公共因子贡献度，计算最终得分（见表 3.12 和表 3.13）。

表 3.12 生产空间因子得分系数矩阵及公共因子贡献度

生产空间	F1	F2	F3
旋转后贡献度/%	35.102	15.15	13.41
绿色农产品供给潜力	0.878	−0.013	−0.064
在本乡镇内从业农村劳动力	0.859	−0.015	0.084
单位面积农药使用量	0.676	−0.164	−0.236
单位面积化肥施用量	0.653	0.323	−0.189
交通干线拥有性	0.548	0.439	0.276
公路网密度	0.298	0.775	−0.106
水资源保障潜力	0.391	−0.632	−0.138
生态旅游产品供给潜力	0.284	−0.015	0.715
有效灌溉耕地比重	0.494	−0.379	0.559
农业生产用电量	0.5	−0.216	−0.556

表 3.13　生活空间和生态空间因子得分矩阵及公共因子贡献度

生活空间	F1	F2	生态空间	F1	F2	F3	F4
旋转后贡献度/%	40.302	25.228	旋转后贡献度/%	34.246	16.782	15.606	14.144
人口密度	-0.259	0.623	石漠化敏感性	-0.102	0.165	0.590	0.233
人口流动强度	-0.017	0.396	水源涵养重要性	0.016	-0.095	0.061	0.800
农民人均纯收入	0.186	0.064	土壤保持重要性	-0.085	0.615	0.259	0.129
生活用电量	0.229	0.010	生物多样性维护重要性	-0.015	0.608	-0.186	-0.252
自来水受益村数	0.138	0.051	人均可利用土地资源	0.189	-0.116	0.575	-0.387
沼气池数量	0.358	-0.213	年降雨量	0.347	-0.019	0.019	0.018
农用运输车数量	0.071	0.199	坡度值	-0.307	-0.032	0.127	0.006
打工收入	0.336	-0.182	植被覆盖率	0.373	-0.117	0.121	-0.039

3.4.2.2　耦合度和协调发展度系数

将生产、生活、生态空间最终因子得分代入公式计算五峰县各个村庄的耦合度系数 C 和协调发展度系数 D。其空间布局见图 3.17、图 3.18。

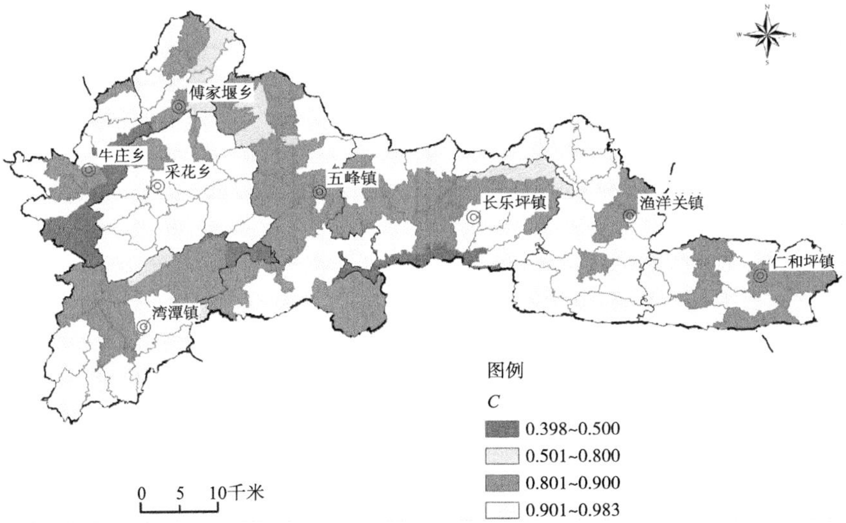

图 3.17　五峰县各村生产、生活、生态空间耦合度系数

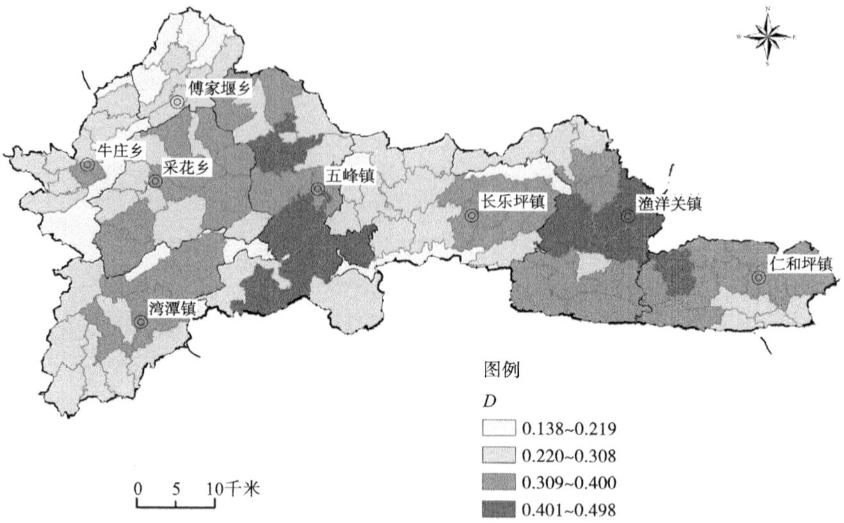

图 3.18 五峰县各村生产、生活、生态空间协调发展度系数

参考文献[160,167,168]，将 C 和 D 的取值范围及其解释界定如表 3.14。

表 3.14 五峰县生产、生活、生态空间耦合协调发展评价

耦合度系数 C	类型	协调发展度系数 D	类型
$C<0.5$	不协调	$D<0.4$	低水平发展
$0.5\leqslant C<0.8$	基本不协调	$0.4\leqslant D<0.5$	拮抗
$0.8\leqslant C<0.9$	基本协调	$0.5\leqslant D<0.8$	磨合
$C\geqslant0.9$	协调	$D\geqslant0.8$	高水平发展

从图 3.17、图 3.18 上可以看出，五峰县生产、生活、生态空间之间的耦合度普遍较高，最低值接近 0.4，协调发展度普遍较低，最高值不超过 0.5，整体处于低水平发展耦合协调的状态。二者的分布具有一定的一致性，耦合度系数和协调发展度系数最低的几个值均出现在境内的林场和良种场，主要是由于这几个评价单元主要突出生态保护功能，生产空间和生活空间的功能相对较弱，故而耦合度相对较低。这几个地区的特点为自然环境敏感度高，以保护为主，尽量减少人类活动。耦合度值普遍较高的地区主要集中在渔洋关镇、采花乡和仁和坪镇的县道和省道两侧。渔洋关

镇逐步实现新县城建设的过程中，以政策带动经济全面发展，采花乡的茶叶生产作为其主要引擎，与茶园为主的土地覆盖形成互动，表明生产发展和生态保护较为同步地区耦合度更高。协调发展度的最高值出现在渔洋关镇和五峰镇的居委会及村庄。渔洋关镇作为新县城所在地，大规模的基础设施建设对于拉动当地经济发展起到了决定性作用，可见经济发展水平和协调发展度呈明显正相关。

3.4.2.3　空间自相关分析结果

首先对全局莫兰指数分析：基于 P = 0.000012 的显著性水平，Z = 4.371504，表明存在正的空间自相关，全局莫兰指数 0.253394 大于 0，表明五峰县生产、生活、生态空间的耦合协调发展度分布呈相似的集中分布（见表 3.15）。

表 3.15　五峰县耦合协调发展类型的全局莫兰指数

莫兰指数 I	Z 值	P 值
0.253394	4.371504	0.000012

图 3.19 中可以对局部莫兰指数分析：连片的高—高值集中区分别在渔洋关镇行政驻地附近，表明三类空间的耦合协调发展度高值依赖于政治经

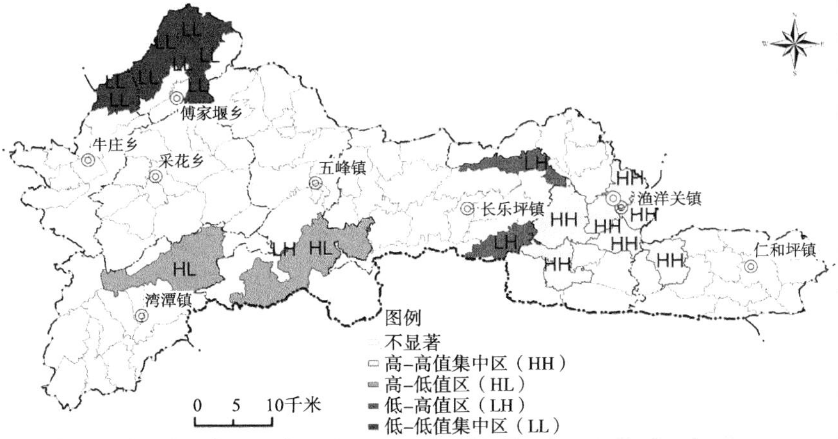

图 3.19　五峰县耦合协调发展度局部空间自相关结果

济的全面发展；而低—低值集中区在傅家堰乡的北部，由于交通状况较差，经济发展长期依赖烟叶种植，在国家对烟叶收购全面控制的大环境下，该行政区范围内的生产空间可持续发展受到了严重挑战。高—低值出现在五峰镇南部和湾潭镇的北部，位于后河自然保护区与湾潭镇、五峰镇的交界处，表明其耦合协调度较高，但被低值所包围，而赵家坪药材场、柴埠溪和后河生态区成为被高值包围的低值区，与其均受山区地形限制、以维持良好生态状况为主的发展目标、人均经济发展状况较差有较大关联。

3.5 小结与讨论

本章首先对五峰县空间利用及管治历史进行梳理，进而采用方法体系中的分区方法将五峰县以地块为单位划分为生产、生活和生态空间，借助景观分析方法对整体空间格局进行描述，并对三类子空间基于自然、经济、社会、生态等属性的耦合协调关系进行评价，以期获得五峰县空间管治历史过程及空间利用全貌，为后文进行空间管治问题解析提供现状基础。

第一，五峰县空间格局与管治的历史变化是分权化、市场化和城镇化发展的过程和结果。中华人民共和国成立后五峰县空间管治体系从封建制转变为计划制，生产力得到释放和提高，同时对生态产生较大压力。在法律制度尚未建立健全时，政策发挥了空间管治规范的作用。“文革”期间过于强调粮食核心地位，农业生产空间扩张和格局的变化以及管治体系的失调导致生态空间受到严重破坏。进入市场经济时期，管治力度不强导致空间的再次失调，在设立土家族自治县后逐步得到扭转和缓解，但多部门规划的局面同时造成管治的错位、缺位和越位。

第二，五峰县空间划分结果与地形地貌特点保持高度一致。生态、生产和生活空间比重约为 81∶17∶2，生产空间种植结构以经济作物为主体，比重最高的是海拔最低的仁和坪镇，比重最低的是海拔较高的湾潭镇。生态空间中比重湾潭镇最高而仁和坪镇最低。生产空间和生态空间绝对面积最大的都是行政区划面积最大的五峰镇。渔洋关镇生活空间面积比重最高且实际面积最大，比重最低的是湾潭镇。

第三，五峰县整体景观格局具有典型的山区农业耕作模式特点。生态空间是五峰县整体景观的基底，生产空间斑块数量和密度均最高，生活空间所占斑块比重最小，散布与并列指数最高。有林地景观丰富度最高，旱地破碎度和斑块密度最高，建制镇的 *IJI* 值最高，内陆滩涂和水库水面连接度指数最高。生态空间的支配地位较高，整体的蔓延度高于按空间类型划分结果，整体景观破碎度较小，景观集聚度较高，有利于生物多样性的保持。

第四，五峰县生态空间的指标值反映出生态功能的大小整体受地形地貌、降水分布等自然因素影响明显，局部与人类大规模、高强度或长时间段活动造成的结果相关度高；生活空间整体指标值较低，反映生活空间质量有待提升，人口相对集聚在乡镇驻地以及县城，农村居民点人口相对处于散居状态，造成基础设施及公共服务建设除在乡镇驻地分布受人口密度影响较大外，其余分布分别受不同因素影响；生产空间的指标值更多地体现了人与自然互动的结果。

第五，五峰县生产、生活、生态空间之间处于低水平发展耦合协调状态，各个行政村耦合协调水平与经济社会发展状况联系紧密。耦合度与协调发展度的分布具有一定的一致性，耦合度系数和耦合协调发展度系数最低的几个值均出现在突出生态保护功能的评价单元，最高值主要出现在新老县城行政驻地的周围。全局莫兰指数结果表明，生产、生活、生态空间的耦合协调发展度分布呈相似的集中分布。局部莫兰指数分析表明，经济发展水平低和交通等基础设施的滞后是低水平耦合的重要原因。

4　五峰县生态空间管治

对于山区而言，生态空间的问题集中在森林植被覆盖遭到破坏，进而引致土地退化、水土流失和生物多样性降低等一系列问题。针对五峰县这类以喀斯特地貌为主，石灰岩为表层覆盖的亚热带山区，石漠化是岩溶地区土地退化的极端形式。退化土地不仅无法正常产出生态产品，更容易引发地质灾害，甚至本身就成为地质灾害的组成部分，故以石漠化治理为突破口，对五峰县生态空间问题进行分析。由于生态空间涉及面较宽，在论及石漠化的同时必然涉及多个生态要素，故而也将水资源、森林资源和矿产资源利用纳入其中进行讨论。柴埠溪国家森林公园较高的生态价值已经得到官方认可，但其自身面临的石漠化问题也不容忽视。在对其进行旅游开发后，原有的资源开发利用模式发生改变，其经验可为五峰县后续进一步开展生态旅游、向特色生态经济转型提供有力借鉴。故在对五峰县石漠化整体状况进行分析的基础上，将研究对象进一步聚焦，以解剖麻雀的方式，借助重点生态功能区空间管治模型来深入分析。需要注意的是，生产、生活和生态空间三者是有机联系的，在对任何一类空间进行论述时，都不可避免地要讨论到其他空间的作用与被作用，也会涉及嵌套其中的子空间，因此在对不同空间进行讨论时，仅以主次进行区分，并不作绝对的分割。

4.1　生态空间格局评价

生态空间覆盖的地区海拔较高，其中有林地面积较大，在水土保持控制上基础较好。回转半径指数可以较为直观地表达斑块面积幅度，FRAG-

STATS 默认单位为米，通过计算回旋半径指数，得到五峰县生态空间组成斑块面积较为均匀，大部分在 509 米以上，相较于生产和生活空间，平均斑块面积较大。

生态空间中，有林地的斑块所占景观面积百分比最高，有利于能量物质在其中的流动，其次是其他草地，只占 1.4228，剩余地类比重均不足 1。斑块密度可以反映出单位面积上斑块数量，其他草地指数值最高，表明整体斑块面积较小，破碎度高。有林地的最大斑块指数与其比重相呼应，同样是生态空间地类中最高的类型，处于绝对优势地位，其余地类斑块面积均较小，不易形成适宜相应环境的生态群落。有林地的 *IJI* 指数值最大，表示有林地与其他地类的邻接概率较高，其他地类相对较低。连接度指数值与表 3.3 中各个地类的值相同，表明连通性分析在临界距离限定的条件下，部分斑块确实不产生影响。其中，内陆滩涂的连接度指数最高，主要是由于河流的天然连通属性，但相比之下，河流水面的连接度值较低，因为本书连接度指数的计算设置的临界距离为 500 米，FRAGSTATS 根据给定距离范围内某类斑块不同之间的功能性节点数来确定，由于五峰县主要河流走向差异较大，宽度较小，内陆滩涂面积较小，分布较为分散，但在临界距离值范围内，c_{ijk}值较大，而 n_i 较小，故而出现以内陆滩涂为代表的数量较少的地类连接度高于其他地类的情况（见表 4.1）。

表 4.1　五峰县生态空间类型水平指数分析值

生态空间类型	*PLAND/%*	*PD*	*LPI*	*IJI*	*CONNECT*
其他草地	1.4228	0.2270	0.0331	3.7222	0.1651
有林地	96.8987	0.1534	95.1349	65.2109	1.0055
裸地	0.1989	0.0363	0.0118	7.5136	0.3313
其他林地	0.9375	0.1824	0.0118	5.9437	0.1214
灌木林地	0.1420	0.0078	0.1018	6.3839	2.8571
河流水面	0.3622	0.0674	0.0118	7.5786	0.3816
天然牧草地	0.0284	0.0062	0.0024	7.9179	1.5152
内陆滩涂	0.0095	0.0021	0.0024	14.7405	33.3333

生态空间由8种地类组成，蔓延度高达91.7307%，表明斑块类型集聚程度相当高。香农多样性指数低于总体景观值，均匀度也低于总体景观值，考虑到斑块类型数较多，表明面积比重不均衡，主要是有林地比重较高，支配度高。生态空间的聚合度是三类空间中最高的，也高于总体景观对应值，表明生态空间斑块的聚集程度最高，有利于水土和生物多样性保持（见表4.2）。

表4.2 五峰县生态空间景观水平指数分析值

指数类型	*PR*	*CONTAG/%*	*SHDI*	*SHEI*	*AI*
分析值	8	91.7307	0.1801	0.0866	79.8434

4.2 生态空间管治问题解析

中华人民共和国成立以来，从“文革”时期的“以阶级斗争为纲”到改革开放后的“以经济建设为中心”，再到近期的“建设美丽中国”，都属于国家层面较为宏观的规范，但对五峰县的影响是全面而深刻的。五峰县在处理矿产资源开发乃至整体空间的制定规范，也在“十一五”之后，从“绿色五峰”正式转移到“生态立县”上来。2012年湖北省主体功能区规划中将五峰县划定为限制开发区和部分禁止开发区域。相应地，监管规范不断发生变化，对自然资源的开发由遍地开花到有序控制，再到严格限制，逐步将生态保护置于首位。主要行为者包括作为管治者的政府，特别是国土部门，作为管治对象和纳税人的企业，以及作为就业者和环境污染受害者的社区居民。应该说，在谈论自然资源开发问题上，更多的是管制而非管治，不仅涉及生态空间的变化，更是生产空间的重要组成部分。由于空间作为整体不是简单的相加，为避免过度分割导致研究成为“盲人摸象”，此处并不因为工矿用地等属于生产空间而将其忽略。

全国主体功能区规划中针对水土保持型区域特别提出大力推行节水灌

溉和雨水集蓄利用，发展旱作节水农业；限制陡坡垦殖和超载过牧；加强小流域综合治理，实行封山禁牧，恢复退化植被；加强对能源和矿产资源开发及建设项目的监管，加大矿山环境整治修复力度，最大限度地减少人为因素造成新的水土流失；拓宽农民增收渠道，解决农民长远生计，巩固水土流失治理、退耕还林、退牧还草成果。此外，对于生物多样性维护型区域则要求禁止对野生动植物进行滥捕滥采，保持并恢复野生动植物物种和种群的平衡，实现野生动植物资源的良性循环和永续利用；加强防御外来物种入侵的能力，防止外来有害物种对生态系统的侵害；保护自然生态系统与重要物种栖息地，防止生态建设导致栖息环境的改变。

对于五峰县为例的重点生态功能区而言，生态空间占据的绝对比重最高，但长期以来并非将其作为一种资源来看待，而是作为经济社会发展的阻碍。这样的认识下制定的政策，往往将生态保护的重要性置于生产发展之下。当生产发展的强度突破了生态自我修复能力时，一系列问题爆发出来。参考相关研究资料以及国家对土地相关规划的分配，从土地资源、水资源和林业资源空间管治三个方面进行分析。

4.2.1　土地资源空间管治

石漠化号称是中国西南最严重的生态灾难[169]。其时空演变反映了亚热带气候环境中岩溶地貌区域的生态环境变迁与整个区域的经济和社会发展之间的关系。由于五峰县地质条件中岩溶地貌面积广泛，且经历了石漠化的发生和治理过程，以石漠化为例对五峰县土地空间管治状况进行研究。整体看来，五峰县的石漠化成因类似于贵州、重庆等西南地区，与李阳兵等（2004）的研究一致，从时间尺度上说，石漠化发生在人类活动较强的历史时期，喀斯特石漠化实质是人为荒漠化[170]。

4.2.1.1　五峰县石漠化整体现状

五峰土家族自治县岩溶土地总面积 1818.72 平方千米，占全县面积的 77%。其中：石漠化土地 477.15 平方千米，占岩溶土地面积的 26.23%；

潜在石漠化土地952.84平方千米，占岩溶土地面积的52.39%；非石漠化土地388.72平方千米，占岩溶土地面积的21.61%。在石漠化面积中，轻度石漠化土地84.84平方千米，占石漠化土地面积的17.79%；中度石漠化土地318.34平方千米，占石漠化土地面积的66.73%；强度石漠化土地65.01平方千米，占石漠化土地面积的13.6%；极强度石漠化土地8.96平方千米，占石漠化土地面积的1.88%（见图4.1）。

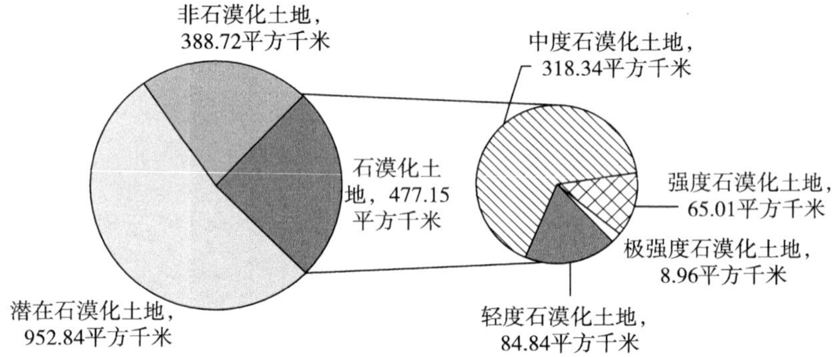

图4.1　五峰县石漠化等级分布图

从图4.2可以看出，五峰县的石漠化区域呈较为明显的区域分布，主要有4个聚集区，一是湾潭镇西南角，二是五峰镇北部河谷切割区域，三是长乐坪镇和渔洋关镇乡界交界处北部、柴埠溪河谷两岸，四是仁和坪镇的东部与宜都市接壤部分。四大片区均有河流穿过，表明河谷冲刷对石漠化的形成有一定作用。

其中强（极）度石漠化地区坡度陡，植被覆盖以低结构灌草丛为主，植被覆盖率普遍低于20%，土地农用价值几乎全部丧失。这些地区大多数在高纯度石质岩峰丛、峰林喀斯特山地丘陵上，地貌坡度陡，生态环境严重脆弱，人地关系严重失调，原生土层薄，多是人为反复的植被破坏造成的。中度石漠化以离村寨较近的山头最为突出，水土流失严重，土层变薄，肥力低下，不宜农耕，主要是因为樵采引起水土流失形成。轻度石漠化主要由于人为活动反复破坏植被、引起水土流失形成，植被分布零星、平均厚度小，土地空间异质性显著，不宜耕作，封山育林恢复植被周期长，难度大。潜在石漠化土地多出现在植被覆盖率较低的情形，由于岩石中非可溶物质较多，风化后残留形成的土层比纯碳酸盐岩石区要厚，所以陡坡开垦和过度砍伐、樵采的人类活动比较频繁，从而导致水土流失比较严重，后果是土层冲刷较快，容易发展为石漠化土地。

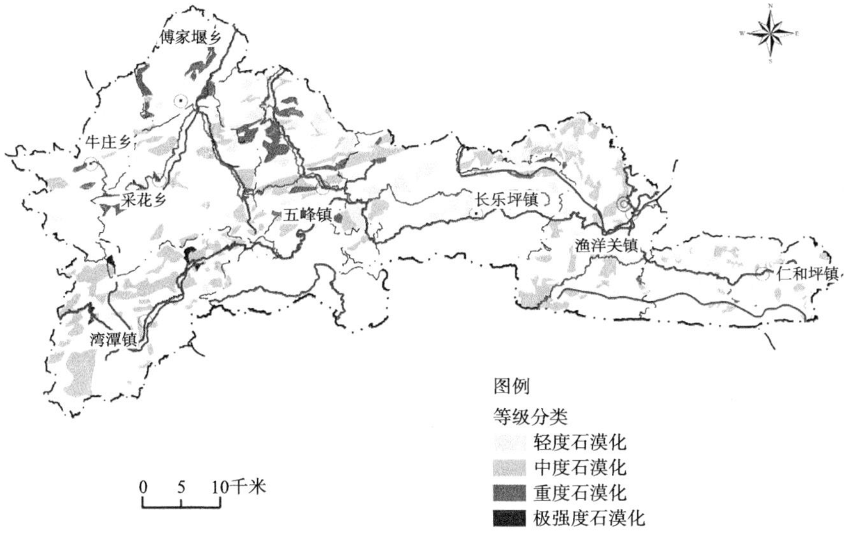

图 4.2　五峰县石漠化程度分布图（2012 年）

4.2.1.2　石漠化空间管治分析

五峰县历史上长期处于山大人稀的状态，土地利用方式粗放，一直到改土归流之前，轮耕制都是主要的耕作方式，一方面是因为采取精耕细作方式的土地面积较小，另一方面是因为耕作技术水平较低[171]。改土归流后汉民涌入，带来相对先进的耕作制度和技术，人口数量陡然增加，但从文献记载来看，整体上仍在五峰县生态承载力范围之内[172]。民国到“文革”结束这一时期，耕地管理、归属和利用方式均发生较大变化，近代以来的生态破坏主要集中在 4 个时间段：一是抗日战争和解放战争时期；二是人民公社化开始后，实行“大炼钢铁”（1958 年），一年损失 20 万立方米；三是“文革”时期（1966 年），山林权属遭到否定和破坏，山林资源在此遭受破坏，另外在“学大寨”的过程中，不顾实际地实行坡改梯，也造成了一部分土地难以恢复的植被破坏；四是在20世纪70年代末至80年代初，森林工业进一步发展，部分地区出现采伐过度现象。五峰县基本没有大型水库，矿产资源以非金属矿为主，大型基础设施建设如小水电和不同等级公路的建设、贫矿和露天矿的开采，由于资金不足和技术监督管理不到位等，也对水土流失造成影响。整体看来，五峰县石漠化发展符合大部分地区石漠化演化过程，李阳兵等（2004）概括为“人为因素→林退、草毁（陡坡开荒等）→土壤侵蚀→耕地减少→石山、半石山裸露→土壤侵蚀→完全石漠化”的逆向发展模式，即“人为过程→生物学过程→加速的地学过程”[170]。

需要指出的是，石漠化不同于石漠。石漠是喀斯特山地客观存在的一种难利用土地类型，基本上是自然作用的结果，而石漠化是喀斯特生态系统的一种生态过程，主要是人为因素导致的土地退化。也就是说，石漠地区可能从未受人类活动作用就已经处于岩石裸露状态，而石漠化则是人类对土地利用不合理造成的结果[170]。结合前文历史回溯和现状人口密度图（见图3.13）进行分析，图4.2中的四大片区部分属于近代以来人类活动较为频繁的生态脆弱区，其恢复需要采取积极措施，也有少数地区是石漠，如柴埠溪森林公园的峰林地区。同时需要注意的是，潜在石漠化土地目前虽然尚有较好的植被覆盖，但如遇不合理的人为活动干扰，极有可能变为石漠化土地[173]，所以需要对潜在石漠化土地的覆盖状况进行严格控制。由于潜在石漠化土地占五峰县比重较高，需要对全县土地利用实施整体管控，避免石漠化的蔓延和恶化。水土流失是石漠化形成的核心问题，故在下一部分对水土流失展开讨论。

4.2.2 水资源空间管治

全国主体功能区规划中提出，限制开发区域要加大水资源保护力度，适度开发利用水资源，实行全面节水，满足基本的生态用水需求，加强水土保持和生态环境修复与保护；禁止开发区域严格禁止不利于水生态环境保护的水资源开发活动，实行严格的水资源保护政策。

水资源是限制五峰县经济社会发展的重要因素。尽管地处亚热带，年均降水量达 1600 毫米/166 天，但集中度较高，5—9 月降水量占全年的 70%～90%，整体年降雨量由南向北递减，且五峰县全域基本均属于喀斯特地貌，地下暗河较多，山地谷深沟多，河流湍急，地表可作生活用水并不丰富。以下从水资源利用的多种角度对五峰县水资源空间管治状况进行分析。

4. 2. 2. 1　管治现状与问题

（1）水土流失

全县水土流失面积 742. 87 平方千米，占土地总面积的 31%。其中轻度 395. 88 平方千米，主要分布在牛庄乡、湾潭镇、仁和坪镇、五峰镇、长乐坪镇、采花乡；中度 301. 06 平方千米，主要分布在五峰镇、湾潭镇；强度 26. 6 平方千米，主要分布在渔洋关镇、五峰镇、长乐坪镇、采花乡；极强度 12. 86 平方千米，主要分布在渔洋关镇、五峰镇；剧烈 6. 47 平方千米，主要分布在傅家堰乡、牛庄乡。水土流失类型以水力侵蚀为主，伴有重力侵蚀、分离侵蚀、人为侵蚀。

有学者认为水土流失等同于土壤侵蚀[174]，也有学者认为由于侵蚀流失的主体不同，水土流失应该兼顾“水”与“土”两种因素[175]。五峰县土面由裸露岩石及薄土层组成，由于岩性不同，其上覆盖的土层厚度、肥力状况、抗冲蚀能力各异，石灰岩地质区土壤比较贫瘠，呈微碱性。而页岩区由于岩石风化不同，其土壤主要有黄壤、黄棕壤、石灰岩土、水稻土、红壤、棕壤、潮土，又分为 16 个亚类 50 个土属、169 个土种、254 个变种。大部分土壤沙质较多，耕作性较好，但不易保水、保土、保肥，抗冲蚀能力差，极易产生水土流失。水土保持是五峰县作为重点生态功能区保卫三峡库区安全的重要职责。水土流失现象的原因是多方面的，受人口、经济、技术、文化和制度等多因素共同驱动[176]。根据表 4. 3，微度水土流失占各乡镇比重最高，均在 50%以上，对于五峰县所属西南土石山区而言，微度表示水力侵蚀、重力侵蚀的强度小于 500 吨/（平方千米·年）。由于石山所覆盖土层的特点，微度的水土流失也足以造成较大的生态损失和后续的经济产出压力，故而总体来看，五峰全境水土流失现象较为严重，应引起足够重视。水土流失占全乡总面积比重最高的依次为仁和坪镇、长乐坪镇和湾潭镇，绝对面积最大的依次为长乐坪镇、五峰镇和渔洋关镇，考虑到这三个镇也是全县面积最大的三个镇，将其土地面积、水土流失面积和林地面积及森林覆盖率进行横向对比，发现难以推出森林覆盖率越高则水土流失面积越小的规律，侧面表明岩溶山区水土保持的难度，也反映出部分地区由于树种单一等，植被固土能力较差，在水土治理上需要改进。

表 4.3　五峰土家族自治县水土流失面积情况　　单位：平方千米

乡镇名称	土地总面积		河流名称	微度	水土流失总面积					所属流域
	合计	小计			合计	轻度	中度	强度	极强度	
仁和坪镇	250.90	250.90	南河（中游）	138.02	112.88	39.51	55.01	3.80	14.56	洞庭湖流域
渔洋关镇	360.56	224.59	渔洋河	137.00	87.59	30.66	36.75	10.13	10.05	清江流域
		135.97	南河（上游）	78.86	57.11	19.99	28.50	5.86	2.76	洞庭湖流域
长乐坪镇	374.70	374.70	渔洋河	209.83	164.87	54.59	90.53	15.00	4.75	清江流域
五峰镇	439.64	131.71	百溪河（上游）	77.71	54.00	20.52	30.36	3.12	—	澧水
		307.93	天池河	197.08	110.85	38.80	64.65	7.40	—	清江流域
湾潭镇	330.34	330.34	湾潭河	194.90	135.44	47.40	79.04	9.00	—	娄水
采花乡	298.85	298.85	泗洋河	182.30	116.55	45.46	58.56	12.53	—	清江流域
付家堰乡	135.87	135.87	泗洋河	88.32	47.55	18.07	20.53	8.95	—	清江流域
牛庄乡	181.14	181.14	金山河	135.85	45.29	15.85	19.44	10.00	—	清江流域
合计	2372.00	2372.00		1439.87	932.13	330.85	483.37	85.79	32.12	

资料来源：五峰县水利局《2013 年五峰县各乡镇水土流失面积情况表》。

除土壤和植被情况外，地形地貌、不合理的土地利用方式以及管控不足均是五峰县水土流失的直接推手。首先，坡耕地是水土流失的主要来源地，据统计，五峰县有坡耕地面积 12.80 万亩（25°以上坡耕地 3.42 万亩已全部退耕还林），并且坡改梯工程难度大，每亩投资在 3000~4000 元，国家补助资金投入严重不足，每年一个县国家投资十几万元，无法实现治一片、成一片的目标，很难保证工程按质、按量、按期完成。其次，随着基本建设项目和水资源的开发的增加，特别是公路建设和水电开发建设，人为造成水土流失现象增多，并且造成的水土流失更加严重，“边治理、边破坏”的现象不断发生，行政干预过多导致水保中队无法履行执法工作。最后，长期以来，乡镇水利水保管理站水保专业技术人员短缺，文化素质较低，很难适应水保工作的要求，加之工作条件较差，难以达到良好执法效果[177]。

五峰土家族自治县水土流失治理工作起步较晚，主要结合每年的农田水利基本建设进行局部坡耕地治理。近几年来，国家对水土保持工作、生态环境建设、小流域综合治理非常重视，从资金上给予大力扶持，从1980年以来才开始有计划地开展以小流域为单元的水土流失综合治理，截至2004年底，共计开展小流域治理8条。后来逐步从恢复到治理步入正轨，开展了中央财政债券重点水保治理项目，后纳入中央财政预算内专项水土保持资金计划，到目前为止，五峰县共治理面积60.73平方千米，封禁2623.3公顷，其他271公顷，同时修建了150处小型水利水保工程。五峰纳入了国家水土保持重点工程建设县，项目分五年实施，建设年度为2013—2017年，计划治理10条小流域，治理水土流失面积105平方千米。

五峰县目前出台了《水土流失治理规划》，将全县区分为水土保持重点治理区、预防保护区和重点监督区三类，对于各类水土流失的治理采取相应工程措施应对，尚未针对不同海拔、土质、植被作出细分，实施效果有待验证。对于容易造成破坏的大型基础设施建设带来的水土流失，此规划并未给出明确解决方案，低等级的管理部门难以参与到高等级的规划及其实施过程中，如公路的修建需要经过长周期的申请和批准，山区建设经费较高，修建难度大，其带来的水土流失对乡镇级别的各流域要设专职水保监督检查员来说难以应对。不同于其他类型的管治，管治行为者在政府层次有多个相互博弈，作为导致和管治水土流失的重要主体，可以进一步细分为不同类型，一类是环保、水保、林业等保护性部门，另一类是交通、矿产、水利等建设性部门。对于重点生态功能区而言，基础设施的建设必须配套相应的水土保持和植被、土层恢复工程手段，虽然现有监管规范对此有一定约束，但如何实现山区县在经费紧张的前提下进行配套安置值得探讨。

对比五峰县土壤侵蚀相关资料、海拔高程图（见图 3. 4），参考人口密度（见图 3. 13）及人均收入（见图 3. 14）数据可以看出，土壤侵蚀状况与海拔高程有着较高的关联度，西部的河谷切割地带和东部的低山地区水土流失状况较为严重，证实了五峰县水土流失成因以水力侵蚀为主，牛庄乡和湾潭镇的金山河和湾潭河流域水土流失则更多的是由于人力侵蚀。针对不同类型的水土流失，应制定相应的空间管治措施。对于人口过于密集以致人均耕地面积过小而导致过度开发，最终形成水土流失乃至贫困的状况，需要对人口分布和村镇布局进行调整。

（2）水资源的匮乏

五峰境内大小河流 30 余条，其中干流及其支流集水面积大于 30 平方千米的河流 10 条。全县主要河流有 6 条，分别是渔洋河、天池河、泗洋河、湾潭河、白溪河和南河。6 条河流分属三大水系，即渔洋河、天池河、泗洋河为清江一级支流，属清江水系；湾潭河入娄水，白溪河入溇水，属洞庭湖澧水水系；南河入渔水，属四口水系。

区域内地下水主要接受大气降水补给，受地形地貌、地层结构、地质构造等因素控制，全县地下水总量为 5. 7 亿立方米/年。碳酸岩地区含有较丰富的地下水，径流模数在 20 万立方米/（平方千米 · 年）以上，埋藏深度一般在 200 米以下。孔隙含水层，主要包括河漫滩、一级阶地的砂卵石层和山间洼地内的碎块石、土、砂卵石含水层，埋深一般 1 ~ 5 米，含水厚度在 30 米左右[178]。过去五峰是全省缺水严重的地区之一，中华人民共和国成立以来农村饮水状况有了明显的改善，全县饮水安全及基本安全人口为 4. 3 万人，农村人口饮水安全普及程度为 23%；饮水不安全人口 9. 27 万人，占农村总人口 76. 8%。所有饮水安全人口中，饮用自来水的人口 28682 人，农村自来水普及率为 15. 5%。五峰虽然水资源丰富，但经济基础薄弱，水利建设投入能力低，加上国家投资有限，广大农村缺水仍然严重，饮水设施贫乏[177]。

在不断完善水资源供给的过程中，行为者分为多种，一是水资源匮乏的承受者——社区居民，二是作为主要改进主体的村委会以及乡级和县级政府。在水资源的监管和利用上，由于原有的自然村逐水而居，人口的增加导致村庄的膨胀，水资源的利用和处理不能满足需求，过于分散的小规模自然村难以像平原地区那样实现公共基础设施建设，否则成本过高。问题从自然资源的供给不足深入人口的膨胀以及对资源的压力，问题的节点集中在人口膨胀的几个时期，以及居民活动远远超出资源承载力的时期。对于五峰县而言，人口增长主要集中在经济条件和医疗条件逐步得到改善的民国以后，而剧烈活动集中在民国以后的战争、中华人民共和国成立后“文革”时期，以及改革开放后各项规范尚未健全时期。对于当前的缺水状况，可采取深度开发岩溶泉水、大力实施集雨节灌工程[179]等措施来缓解。考虑到饮水设施的建设需要大量资金的投入，问题解决的关键再次转向生态补偿和人口布局引导调控。

（3）小水电建设

对于缺乏大型供电设施的山区县来说，利用峡谷高差进行水力发电，具有污染小、成本低的优点，可以有效减少居民对薪柴的依赖，实现“柴改电”，减少森林砍伐，有利于生态保护。“十二五”期间五峰县预计共建设小水电开发 19 处，装机 5. 47 万千瓦，在部分水电开发程度深的河流可结合水库调度进行梯级联合防洪。由于小水电的多种优点，目前政府在《五峰县水电条例》和农田水利“十二五”规划中均对其表示支持。针对资金不足的问题，鼓励民营企业进入，促进小水电快速发展。同时也要看到，水电开发对下游具有较大的负外部性，流域的生态系统被重新调整，下游用水和水电开发面临新状况。王煌等（2014）在对广东省山区小水电站减脱水河段生态需水量进行探讨后认为，此类开发会对河段里的水生生物产生影响，尤其在枯水期影响更大，需要在水电站盈利和生态需求上取得平衡[180]，这一研究对五峰县具有借鉴意义。水电站建设中的水土流失问题、使用中的生物多样性保护和下游居民用水都应纳入小水电建设的总体考虑中。

4. 2. 2. 2 水资源空间管治问题分析

在解决水土流失和水资源匮乏的实际操作上，五峰县尝试通过农田水利建设来打包解决现有问题，在农田水利“十二五”规划中，根据全县降水数量、时空分布、用水需求及工程状况，判断水资源供不应求主要集中在清江流域，归因于五峰镇和渔阳关镇作为新旧县城，人口密度较高导致需求旺盛，其余流域可利用水基本可以满足需求。整体看来，五峰县水资源可利用量为101408万立方米，现状年可供水总量为16191万立方米，水资源可利用量远大于可供水总量，则水资源供需矛盾主要为工程性缺水，应通过水源工程和节水工程来解决。

五峰县水资源空间的利用关系着石漠化治理的成败、生态贫困地区经济贫困的解决以及下游水资源利用的质量。按照管治分析模型，行为主体主要包括社区居民和政府的多个部门。整体空间元规范相同，监管规范各有细分，对于水资源而言，包括控制水土流失、水体污染、饮用水水源、水电开发的各类法律法规，但是法律法规的执行力和实际效果取决于政府相应部门的落实情况。在各类规划层出不穷的背景下，各政府部门既要完成监督执法，又要与其他部门协调。鉴于五峰县山大人稀、财力不足的客观事实，实现全面治理难度极大。每一个相关法律法规的制定都可以作为一个节点，但行为者之间的博弈多为隐性而难以直接观察。

针对目前存在的问题，主要工程措施包括灌溉排水、农村饮水和农村生态整治及水环境建设三类，现有农田水利工程管理按工程规模与效益区域分为两个管理层面。位于乡镇辖管行政区域内跨村效益的小型水利工程，由乡镇实行统一运行调度与管理，乡镇行政机关具体委托由原水利管理站转轨的水利服务中心对工程的运行调度进行管理。村组受益工程由受益村组的村民委员会管理，县水利行政主管部门及乡镇水利服务中心仅提供技术指导。根据运行管理的两个层面，其管理费用及来源亦各不相同。由乡镇管理，具体委托水利服务中心运行管理工程费用，其来源有三：一是县下拨的小农水建设资金及防汛抗旱费等，二是乡镇财政统一预算支付，三是“以钱养事”经费。由村组管理的工程的各种费用主要是以当年一事一议资金解决。不同类型的管治行为者有着不同的行为规范，相比之下，水利水电局派出的工程管理处的运行管理较为规范，有固定办公场所和人员，有运行管理规章与制度，有相对固定的资金渠道，而由乡镇及村组管理的工程，绝大多数无固定管理人员与办公场所，经费来源无保障，需要纳入生态补偿系统考虑。

五峰县降水资源丰富而生活用水匮乏，其水土流失有着独特规律[181]，故而针对不同类型的海拔、地貌、坡度、土质和植被覆盖，应结合五峰县特色经济采用不同管治措施。高海拔山地未开发区现有土层较厚，一旦进行大量陡坡开垦，容易造成严重水土流失；中海拔已开发耕地多用于茶园建设，侵蚀量相对较小；低海拔盆地自然条件较好，人口密度相对较大且开发时间较长，侵蚀量较大；峡谷地区经历早期的剧烈流失后，现阶段几近无土可流，侵蚀量极低。参考熊康宁等（2012）对喀斯特地区水土流失治理经验的研究，生态修复是石漠化治理的核心，水保林、封禁治理的生态效益好，草地畜牧业和经济林模式能带来良好经济与水土保持效益。不同等级石漠化的坡度与土被组合特征差异显著，对土壤侵蚀量有强烈的控制作用[182]。水土流失的治理依赖于土地植被的完备和多样性，故进而对林业资源空间管治进行讨论。

4.2.3 林业资源空间管治

五峰县林业资源空间不仅承担自身生态涵养的责任，也是三峡库区水土流失防治的关键，还是长江中下游防护林工程的组成部分，是提供生态产品、维持物种多样性的重要保障。林业在五峰县经济社会的生态地位高于其经济地位，在探索保护生态前提下实现生态产品经济效益，对五峰县及其下游具有重要意义。

4.2.3.1 五峰县林业资源空间概况

五峰总面积 236888.2 公顷，林业用地 198457.3 公顷，占 83.8%，森林覆盖率为 80.86%。具体类型面积见表 4.4。可以看出，目前有林地占全县林地比重最高，商品林面积约为生态公益林的 2 倍，天然林面积远高于人工林，但有林地中幼龄林和中龄林比重较高，表明整体林业资源仍处于恢复期。集体林权制度改革中，五峰县共受理申请登记集体林地 14.6 万宗，完成确权发证面积 16.86 万公顷，占应确权发证面积的 100%，发放林权证 53369 本，确权到户发证率 99.6%。在集体林公开流转中，实现交易额 711.4 万元，通过林改为林业龙头企业融资近 1000 万元。2012 年，全县森林覆盖率达到 81%，位居湖北省县市之首；森林蓄积达到 668 万立方米。特别是后河自然保护区被誉为“动植物基因库”，拥有世界上最大的珙桐原种基地，东南亚地区保存最完好、面积最大的水丝梨群落，华中地区最大的红豆杉群落，独有的巴山松群落等，其物种资源价值无法估量。后河原始森林每立方米空气中负离子含量达 7 万~10 万个，生态效益非常显著。拥有柴埠溪 1 个国家森林公园，后河国家级自然保护区，湾潭河、南河和泗洋河 3 个市级湿地保护区，大花坪、柴埠溪和渔洋关大鲵 3 个省级自然保护小区。

表 4.4 五峰县林地分类面积

类型		面积/公顷	占全县林地比重/%
全县林地划分			
按用地类型分	有林地面积	172012.1	86.67
	疏林地面积	796.3333	0.40
	灌木林地	24147.2	12.17
	未成林造林	1316.667	0.66
	无立木林地	38.4	0.02
	宜林地	113.9333	0.06
	林业辅助生产用地	13.26667	0.01
	苗圃地	19.4	0.01
按属性类型分	生态公益林	66766.67	33.64
	商品林	131690.7	66.36
按起源分	天然林	167214.7	84.26
	人工林	29741	14.99
	合计	198457.3	100.00

续表

类型		面积/公顷	占全县林地比重/%
其中有林地划分			
按树种组分	针叶林面积	13117.07	7.63
	阔叶林	121336.1	70.54
	针阔混交林	37559	21.84
按龄组分	幼龄林	97766.27	56.84
	中龄林	60921.53	35.42
	近熟林	8675.533	5.04
	成熟林	4063.533	2.36
	过熟林	585.2667	0.34

资料来源：《省林业厅关于启用森林资源规划设计调查成果（2009 年）的通知》（鄂林资〔2012〕242 号文）。

4.2.3.2　管治现状与问题

根据全国主体功能区规划要求，重点生态功能区要推进天然林资源保护、退耕还林还草、野生动植物保护、湿地保护与恢复等，增加陆地生态系统的固碳能力。有条件的地区积极发展风能、太阳能、地热能，充分利用清洁、低碳能源。五峰县重点实施了天然林资源保护工程（以下简称“天保工程”）、公益林工程和退耕还林工程等国家重点工程，这些工程均有国家或省级配套资金，是五峰县生态补偿的重要来源。通过采取对农户进行钱粮补助、生态移民等一系列措施，全县生态环境得到改善，农民收入得到增加。

（1）天保工程和公益林

天保工程旨在通过天然林禁伐和商品材减伐，有计划分流安置林区职工等措施，解决天然林的休养生息和恢复发展问题。全面停止天然林商品性采伐，完成封山育林 17.5 万亩，人工造林 1.5 万亩，实施森林管护 131 万亩等。总投资 5175 万元，其中国家投资 4140 万元，地方投资 1035 万元。预计工程实施后，新增森林面积 1.5 万亩。项目区内天然林资源得到有效保护，生态功能更趋完善和稳定，对改善生态环境、促进社会可持续发展起到重要保障作用。项目建设及管理方式包括政策支持、农户参与、由县天保办具体管理。

根据《国家级公益林管理办法》《国家级公益林区划界定办法》《湖北省生态公益林管理办法》《湖北省省级公益林区划界定办法》《国家林业局关于进一步加强天保工程区公益林管护工作的指导意见》等相关规范，五峰县已实施生态公益林补偿机制，建设任务为五峰中央财政补偿国有林管护面积25万亩，省级财政补偿国有林管护面积8.31万亩；集体生态公益林补偿区划总面积45.84万亩，其中国家级集体生态公益林33.6万亩、省级集体生态公益林12.24万亩，分布在8个乡镇。国有林管护费中央财政补助标准为每年每亩5元；集体国家级生态公益林补偿标准为每年每亩10元，其中省提0.25元/亩、公共管护支出2元/亩、直接补偿林权人7.75元/亩；集体省级生态公益林补偿标准为每年每亩10元，其中省提0.5元/亩、公共管护支出2元/亩、直接补偿林权人7.5元/亩。最终实现年总投资619.2万元，其中国有林管护费年投资160.8万元，集体生态公益林年总投资458.4万元（包括国家级公益林336万元，省级公益林122.4万元）。

从中可以看出五峰县现在的生态补偿机制概况。天保工程国家投资力度最大、补偿资金最多，2010年五峰县地方财政总收入（不含基金收入）完成1.54亿元，其中地方一般预算收入完成7988万元，生态补偿资金对于五峰县的整体运转有着重要意义。对比每亩林地用于轮伐可以为承包户带来的收益，现有生态补偿标准较低，以致偷伐现象屡禁不止。五峰县林业局2013年专门用5个月时间、分4个阶段组织实施集中开展打击破坏森林资源违法犯罪行为，整治重点包括严厉打击盗伐滥伐国有林、生态公益林以及其他林木等六大类违法犯罪行为。考虑到五峰县森林面积和执法力度的实际情况，实现在生态补偿提高的基础上增加林农收入是管治的关键。

（2）水源林保护

按照五峰县农田水利“十二五”规划，水源保护包括两个方面：一是水源区保护，严禁随意砍伐森林和开荒，扩大植被，防止水土流失，涵养水源；二是水源污染防治，限制向江河排放有毒有机物质，严禁工业废水未经处理直接排入。同时采取政策、经济和技术综合措施，健全水质监测系统，加强水资源保护的管理。对于新建、扩建项目，要由水资源水质监测部门评审后再实施，并严格控制污染排放标准和排放量。

森林资源特别是水源林的保护具有较高的正外部性，而其破坏则会导致明显的负外部性。全国主体功能区规划提出鼓励探索建立地区间横向援助机制，生态环境受益地区应采取资金补助、定向援助、对口支援等多种形式，对重点生态功能区因加强生态环境保护造成的利益损失进行补偿。虽然国家通过水源林保护的各类相关法律法规对水源地进行控制保护，但林改之后，大片水源林权属归农民承包，五峰县出台《县人民政府办公室关于切实加强饮用水水源保护工作的通知》等一系列相关文件，取得一定成效，但作为公用物品，清洁的水资源的提供不能以无偿牺牲水源地农民利益为代价。

重点生态功能区水源林建设可借鉴现有流域生态补偿办法（见表4.5），探索符合实际的上下游合作模式。相关研究已颇为丰硕，从最初对流域生态补偿概念及内涵的探讨，到对补偿机制、主客体和补偿标准的计算，已经出现了大量的案例研究成果[182,183]。五峰县现获得的财政支持主要包括国家武陵山集中连片特困地区政策，以及民族贸易政策（贷款贴息和技改改息）、民族地区转移支付政策等扶贫和民族政策。这些政策不同于横向生态补偿政策，不具有市场调节机制，故而难以体现水源林的真实价值，形成长期稳定供给。如果没有生态补偿来有效地保护居民提供公共产品的收益，最终会导致居民放弃参与提供生态产品，其公共性和外部性决定了政府必须逐步健全生态补偿体系，在现有纵向补偿基础上构建横向补偿体系。在调研过程中，当地政府积极支持这一提议，并建议采用森林覆盖率等简便易量化标准进行计算，由于生态产品的评估涉及多个方面，应纳入整体系统予以考虑。

表 4.5　我国主要流域生态补偿模式比较

参数	上下游政府间协商交易的流域生态补偿模式	上下游政府间共同出资的流域生态补偿模式	政府间财政转移支付的流域生态补偿模式	基于出境水质政府间强制性扣缴流域生态补偿模式
实践地区	浙江金华江流域	福建闽江、九龙江、晋江流域	粤赣东江流域、北京—冀北饮用水源地	辽河流域、子牙河流域、沙颍河流域、太湖流域、山东省辖淮河和小清河流域、清水河流域
主导类型	市场为主、政府为辅	政府主导型	政府主导型	政府主导型
资金来源	通过相应的市场手段获得补偿资金	政府投入，按比例分摊资金	中央及地方纵向财政转移支付	跨界出境超标断面所在地政府财政的扣缴资金
保障机制	政府协议、市场交易	政策法规	政策法规、政府协议	政策法规

资料来源：王军锋，侯超波．中国流域生态补偿机制实施框架与补偿模式研究——基于补偿资金来源的视角［J］．中国人口·资源与环境，2013（2）：23-29.

从现有文献整体来看，推动流域水环境管治中生态补偿的关键问题是，首先，各地应当确保出界水质达到考核目标，根据出入境水质状况确定横向补偿标准；其次，搭建有助于建立流域生态补偿机制的政府管理平台，推动建立流域生态保护共建共享机制；最后加强与有关各方协调，推动建立促进跨行政区的流域水环境保护的专项资金。

（3）退耕还林

退耕还林工程是将水土流失严重及粮食产量低而不稳的耕地，有计划、有步骤地停止耕种，因地制宜地造林恢复植被，以减少水土流失、改善生态环境的重大战略举措，是增加农民收入、调整农村产业结构、促进地方经济发展的有效途径。

五峰县在“十五”“十一五”期间已完成退耕还林 12. 6 万亩，其中宜林荒山荒地造林及封山育林 9. 4 万亩，退耕地造林 3. 2 万亩；“十二五”期间原规划退林还林工程总规模为 18. 4 万亩，其中退耕还林 12. 8 万亩，宜林荒山荒地造林 5. 6 万亩。根据国家投资政策的变化，“十二五”期间规划建设第二期 13. 11 万亩，其中荒山造林 3. 53 万亩，退耕地造林 9. 58 万亩。巩固退耕还林项目（林业部分）一是补植补造 12. 6 万亩，主要建设内容为对历年退耕还林工程地块进行补植、补造、抚育、管护及病虫害防治等；二是生物质能源林建设 5000 亩，主要建设内容为油茶基地造林、管护；三是建设茶叶基地 3945 亩，“十二五”期间总投资 34156. 1 万元。预期工程实施后新增森林面积 13. 11 万亩，项目区农民经济状况得到根本好转，陡坡耕地水土流失得到明显遏制。

同水源林保护等政策类似，退耕还林具有政策引导性和法律约束性，合理的生态补偿、有效的管控措施以及替代性产业的发展，是保证退耕还林得以落实的关键。根据现有政策，每亩林地退耕还林后平均补偿约 2000 元，基本符合目前农民预期。油茶基地和茶叶基地的建设虽然在一定程度上会造成植物种群单一，降低生物多样性，但同时可以提高农民收入，对比林木采伐业，具有较高可行性。

4. 2. 3. 3 林业资源空间管治问题分析

由于市场作用驱动和管治缺位，五峰县在名为《关于加强资源环境保护，推进生态文明建设》的议案中指出，部分高山地区农户逐年毁林开荒种蔬菜、种药材，导致部分林地逆转为非林地。部分国有林场以“林下间作”的名义将林地出租开垦种植蔬菜、药材。集体林权制度改革以后，部分私营业主购买集体林地所有权，继而实施过度采伐，甚至“剃光头”。国家珍稀保护植物被乱挖滥采的现象也时常发生。由于长期对林地超强度采伐，林地破坏和退化速度加快，部分地区水源地水量减少甚至枯竭，严重影响周边群众的人畜饮水。林木加工企业过多过滥，茶叶等传统产业耗柴量大，加剧了林木资源消耗。农村电气化建设推进缓慢，城镇居民以柴取食取暖用材需求量大。将民用材计划变通为木材加工企业商品材计划，使得民用材进入市场，导致林木采伐计划难以控制。

对林业资源的管治规范中，除国家颁布的森林法等外，五峰县也制定了《五峰土家族自治县森林资源管理条例》及实施办法等监管规范，对森林资源的利用进行管控。虽然从整体上看中央政府与地方政府在保护生态上的规范导向一致，但由于涉及庞大的生态补偿资金、之前对经济总量指标的过分强调、计划经济体制下森林采伐主要受国家控制，地方政府对林木采伐加工的管理较为宽松。从 1998 年起，林木价格逐步上升，到 2011 年接近 800 元/立方米，除 2009 年有大的下降外，基本上升趋势平稳，山区种树收益不低于种田。2008 年林权改革确定了农民经营林业的主体地位（见表 4.6），并通过影响成本、供给和需求，最终对木材价格产生作用[184]，同时影响林木储量和生态保护能力。

主体功能区建设要求重点生态功能区地方政府管理以生态保护为目标，如果生态补偿在资金上难以落实，在出现林木种植收益小于粮食或茶叶收益的年份，“看不见的手”容易导致林木被砍伐改种其他经济效益好的作物。考虑到林木种植的周期长，必须有完备的生态补偿机制作为补充。总体来说，一方面要建立和完善区域的生态环境质量监测、评价体系，加大区内的城乡环境综合整治力度；另一方面要开展区域生态补偿标准核算研究，建立重要生态功能区生态补偿标准体系。由于相关研究颇丰，限于本书主题，此处不再展开。在生态补偿的同时，五峰县尝试在生态保护的同时积极发展林下产业以及非木产业，现已初具规模的有五倍子、油茶、茶叶和其他干鲜果等。

表 4.6　林权制度变迁全进程

阶段	林地所有权	林木所有权	林地经营权	产品收益权	林地处分权	林木处分权
土改时期（1949—1953 年）	农民	农民	农民	农民	农民	农民
初级合作社（1953—1956 年）	农民	集体	集体	集体	集体	集体
高级合作社	集体	集体	国家	国家	国家	国家
人民公社（1956—1978 年）	国家管控	国家管控				

续表

阶段	林地所有权	林木所有权	林地经营权	产品收益权	林地处分权	林木处分权
"三定"时期（1978—1992年）	集体	自留山归农民、责任山归农民、统管山归集体	自留山归农民、责任山归农民、统管山归集体	自留山归农民、责任山二者分配、统管山归集体	集体	自留山归农民、责任山二者分配、统管山归集体
林改探索阶段（1992—2003年）	集体	农民	农民	集体收取租金、剩余收益归农民	有效期内可转让	严格采伐限额内农民可处分
林改试点及全面推行阶段（2003—2012年）	集体	农民	农民	农民	农民	农民

资料来源：石榴红，张时淼，王硕．林权改革条件下木材价格波动机制实证研究［J］．林业经济，2014（9）：61.

注："三定"为：稳定山权、林权；划定自留山；确定林业生产责任制。

在财政补偿到位的前提下，明确五峰县作为限制重点生态功能区的"可为和不可为"，在明确管治规范的同时，以法律法规形式对相关内容进行强制约束。持续抓好长江防护林、天然林保护等重点生态工程建设，加快林木加工产业产品结构调整，取缔小型木材加工企业直至关闭境内所有木材加工企业。强力推进茶叶加工以电代柴、以气代柴工程，减少林木消耗量。依法制止农民自用材进入市场，逐步减少直至取消商品材采伐计划，让现有林地有一个快速的恢复期。加快农村沼气池、太阳能等新型能源建设，减少城乡居民以柴取食取暖用量，降低林木资源消耗。严厉打击非法开垦林地种植蔬菜、药材的行为。

4.3　典型案例：柴埠溪国家森林公园生态治理过程

在自然条件相对稳定的前提下，结合土地利用历史、方式、风俗习惯、管理体制多个方面对生态问题进行分析，可以从多个侧面反映出当地人口在对应历史时期内的空间利用方式和管治状况。从石漠化分布图（见图4.4）上可以看出，柴埠溪国家森林公园范围是四个石漠化集中连片区之一，考虑到其作为国家森林公园的重要生态地位，以下将研究区域进一步缩小，以柴埠溪景区为例，分析五峰县石漠化发生、发展状况以及应对措施，以此为透镜，对五峰县生态空间管治问题进行解析。

4.3.1 管治现状

柴埠溪国家森林公园于1996年成立，地理位置处于东经110°29′~110°41′，北纬30°02′~30°08′，其保护对象为中亚热带森林生态系统，总面积6667公顷，核心区5526公顷。后于2002年在柴埠溪国家森林公园最西端成立湖北省五峰土家族自治县柴埠溪自然保护小区，保护小区总面积890公顷，保护对象分为两类，一是亚热带森林生态系统及其生物多样性，二是珍贵稀有的动植物资源及其栖息地，特别是红豆杉、珙桐、金钱豹、金雕、林麝等濒危物种及其栖息地。现用作旅游开发的区域为柴埠溪大峡谷旅游区，是一条东西长30千米、南北宽2千米左右的溪谷。东起松林坪，西至杜家堡，位于东经110°37′48″~111°01′00″，北纬30°33′10″~30°33′48″。旅游区位于森林公园的东南部，有部分重叠。考虑到旅游开发的需要和水土流失的实际程度，五峰县在“十二五”农村水利规划的农村生态建设与水环境整治中，特别提出至2015年，重点完成柴埠溪小流域综合治理，治理面积达7.5平方千米的目标。

根据主体功能区规划要求，对于自然保护区（森林公园）的生态补偿，要理顺和拓宽自然保护区投入渠道，提高自然保护区规范化建设水平；引导保护区及周边社区居民转变生产生活方式，降低周边社区对自然保护区的压力；全面评价周边地区各类建设项目对自然保护区生态环境的破坏或功能区划调整、范围调整带来的生态损失，研究建立自然保护区生态补偿标准体系。五峰县已采取多种工程治理和产业调整措施，尝试从恢复植被、改善交通环境和改变居民生活方式多个方面进行控制。在此基础上，需要对人类活动强度和方式加以约束引导，以保证工程措施最终得以发挥应有作用。

4.3.1.1 石漠化治理

石漠化治理措施包括针对植被修复的工程措施，以及对应的人口迁移和发展经济措施，以保证后续对环境的影响控制在可承受范围内，并能实现可持续发展。由于石漠化治理在地理划分上主要按照小流域进行操作，以下分析以柴埠溪小流域为研究对象进行展开。柴埠溪小流域土地总面积2426公顷，其中生产用地90公顷，占3.7%，生态用地2274公顷，占93.7%，居民及交通用地等62.0公顷，占2.6%。

根据流域内群众生产发展需求，按照土地适宜性和集约化规模经营的要求，在生产用地规划中，调整流域内粮食作物、经济林、其他多种经济作物的种植面积；其中耕地86公顷，经济林4公顷，其中大于25°的坡耕地26.7公顷。通过小流域治理和生态修复等治理措施，增加地表植被，改善生态环境。在生态用地规划中，按照土地适宜性和保土保水的要求，实施种树、封禁治理措施。其中疏幼林400公顷，灌木林地534公顷，有林地934公顷，疏林地140公顷，草地35公顷。

由于该小流域处于风景秀丽的国家柴埠溪森林公园，许多自然景点正在开发，相应的基础设施项目增多。对5°~15°的坡耕地改建梯田，并在梯田内布置坡面水系工程，对大于15°的坡耕地退耕还经济林，并配置坡面截水沟拦截地表径流。对该区山上的疏幼林地全部封禁治理，对林木郁闭度在0.3以下的稀林地补植水土保持林，并对现有荒山荒坡植树造林；对侵蚀严重的沟道布设谷坊，对淤积严重的河道进行清淤和护岸整治。对新建的5平方千米柴埠溪旅游公路实行道路硬化，沿公路做好绿化。对全流域130户农户实行沼气池、省柴灶新技术推广改造，生活垃圾集中处理。对流域内积极推广绿色、无公害技术，发展生态农业，控制和减少农业污染。

4.3.1.2 旅游业开发

2010年初，在五峰县委、县政府的支持下，湖北鄂西生态文化旅游圈投资有限公司联合武汉三特索道集团股份有限公司共同完成了对湖北柴埠溪旅游股份有限公司的收购工作，并决定对柴埠溪大峡谷旅游区重新定位、规划、推向市场，以便更好地带动当地经济的发展和周边居民的旅游扶贫工作。旅游区涉及渔洋关镇柴埠溪村、汉马池村 2 个村，7 个村民小组 141 户共 426 人。到 2010 年柴埠溪村人均收入 1920 元，在五峰土家族自治县垫底。尽管身处柴埠溪大峡谷风景区，但柴埠溪村仍然是省内最贫困的几个村落之一。村民有限的收入主要来自退耕还林每亩 230 元的国家补助和外出务工，由于实行非常严格的生态保护措施，且村庄离景区公路较远，只有少数农户可以发展农家乐等旅游配套服务，不利于景区的持续发展和生态保护政策的落实。柴埠溪村的发展状况一方面归因于其处于谷底，而景区从山顶开始开发；另一方面是由于旅游景区在发展初期，游客接待量较小，在解决当地居民就业上难以发挥实质性作用。

4.3.2 空间管治问题解析

从管治模型来看，国家、集体、市场、农民为关系不断发生变化的行为者，与空间的关系也不断发生转换。当元管治以私有制为主体时，农民按照市场调节对家庭拥有的自然财富进行处理，选择收益较高的作物进行种植，并自己承受生态环境恶化的结果；当元管治以公有制为主体后，参考表 4.6，在 1992 年之前，集体进而是国家逐步将产品收益权集中，市场调节被计划经济所取代，农民失去生产动力，这一时期林木维护遭到破坏，水土流失、石漠化等问题逐步凸显，国家和集体组织农民采用工程措施加以应对，但由于保障制度缺位，效果并不乐观；随着林权改革的逐步实现，农民获得林木和林地的经营管理权，市场作用重新得以发挥，问题转向在林业经营和生态保护之间取得平衡。

4.3.2.1 空间功能发生偏移，生活空间质量有待提升

根据旅游地承载力相关理论，人口压力超出环境承载力往往是生态破

坏的直接原因，对于环境极其脆弱的地区尤其如此，其生态恢复能力较弱，必须在实施工程措施补救的基础上加以人口控制。景区开发后，原有的以生态保护为主要功能的区域变成生产生态旅游产品的空间，资源环境承载压力增大，需要引导区内人口逐步外迁，对于难以在短期内迁出的，在生活方式上进行引导。鉴于该区域范围原有生活空间质量较低的实际，按照五峰政府与开发公司的协议，安排部分当地居民作为公司工作人员，就地解决就业问题。考虑到社区居民主要以农业耕作和外出务工为收入来源，外出务工的主体是年轻人，对于中老年人来说，在旅游公司中可直接从事的多为保洁等低等级工作，一是难以将工作与其地方认同感、文化自豪感联系起来，二是解决的就业人口有限，对于增加当地居民收入难以起到实质性的帮助，仍需要对生活空间质量进行整体提升。

4.3.2.2　生态基底脆弱，生产和生活空间协调性较差

在这样一个小流域内进行生态治理，一方面是历史原因造成大规模生态破坏，自然环境又难以恢复，必须加以整治来保证本地居民和下游用水的安全；另一方面是为了保证旅游开发可以达到预期效果。生态旅游的启动不仅是为了保护生态环境，更是为了改善当地居民的生活状况，最终使得生态保护能够实现可持续。但目前的旅游开发在造福当地居民上缺乏明显进展，柴埠溪大峡谷景区的可进入性较差，旅游收入和接待量在湖北省同质景区中并不占优势。政府继而尝试旅游地产[185]等相关发展方式，但旅游地产为当地带来的收入更多的是政府财政收入，如何将其融入社区发展仍需要进行考虑。

柴埠溪国家森林公园的生态治理和旅游业开发是生产、生活和生态空间管治的交界处的典型案例。脆弱的生态环境与原有的低水平生活空间协调耦合，当旅游业开发使原有空间附加新的生产空间属性后，打破了原有低水平平衡状态。为实现生产、生活和生态空间的耦合，根据重点生态功能区空间管治模型，需要在科学的空间规划基础上，协调行为者之间利益关系，首先对原居民生活空间进行提升和安置，在推动旅游业生产空间发

展的同时，实现企业和居民生产效率的共同提高，最终实现生态空间的保护、空间协调度提升和区域管治的良性发展。

4.4 小结与讨论

在空间管治模型的基础上，本章对五峰县面临的主要生态空间管治问题进行探讨。重点生态功能区必须为全社会提供清洁的水、空气和农产品等生态产品，故分别从土地资源、水资源和林业资源三个方面展开，发现在行为者、节点、元规范上具有较大的相似之处，并以柴埠溪流域出现的水土流失、石漠化以及旅游业的开发为案例进行分析。

主要的节点包括：①“文革”及大炼钢铁；②土地责任承包制；③林权改革；④重大规划、政策的颁布和出台。元规范演化过程为“以粮食为纲—以经济建设为中心—新型城镇化建设”。对于不同空间类型而言，监管规范的演化大致都经历了从计划经济到市场经济的转变，自然、国家、集体、个人和市场之间的关系不断发生变化，值得注意的是，对于五峰县，需要强调一个具有区域典型性的监管规范：土家族对政府保持的较为温和的民风。从节点组成的过程可以看出，五峰县生态管治在人口压力较小、生产力水平低下时期，主要受民俗约束，实行砍伐森林获取生活用材、刀耕火种的轮耕制。随着生产力水平的提高，人口数量增多，生态压力增大，在造成生态问题的同时，不断推进的城镇化、市场化和分权化导致人口集中，外出务工人口增加，元规范、制定规范和监管规范三个层次的管治规范日益精细复杂、政出多门且难以衔接。

从自然科学的角度可以解释生态空间问题链的递进关系，但其空间管治问题根源在于居民对空间利用的方式和强度以及政府的干预程度。土地资源和水资源利用中的石漠化问题与水土流失问题的成因为数次大规模植被破坏；居民生产生活中的水资源匮乏则一方面是由于水土流失，另一方面是由于相关基础设施的不健全；生态空间主要问题转向森林资源的不合理利用，归因于管治规范的变化、林权的数次变动及其导致的行为者博弈过程。柴埠溪案例中生态空间的利用可以进一步延伸到生态旅游开展和生态补偿问题。

因此，问题的解决落脚在土地权/林权的归属确定、流转和开发的方式的创新与生态补偿制度的实施上，需要在严格约束的基础上对现有规范加以调整，促使行为者改变其行为方式，生态补偿制度的完善可以系统地保障重点生态功能区规范的全面落实，是贯穿生产、生活、生态空间利用方式的一条主线。单独地从生态管治出发无法解决生态问题，需要将三个空间的管治予以协调耦合形成整体优化策略。

5　五峰县生产空间管治

将生产空间按照三次产业结构进行划分，并对应前文的土地分类进行分析，第一产业空间主要为耕地和园地，第二产业空间主要包括五峰县范围内的工矿用地，少量的划入生活空间的小型园区用地，以及五峰县外部的大型园区，第三产业空间主要为风景名胜用地。

5.1　生产空间格局分析

五峰县生产空间遍布全县中低海拔地区，在西部的高海拔山区分布较少，在东部地势相对平坦的仁和坪镇、渔洋关镇以及西部河谷地带分布较密集。一方面是因为五峰县生产空间主体组成部分为旱地、果园和茶园，另一方面是受五峰县岩溶地貌影响，地下河发育而地表水在部分地区匮乏，靠近水源是保证农业生产产量的重要前提。茶园主要分布在中山河谷地区，与茶叶种植特性有较大关联，进而形成五峰县主要的茶叶生产空间，分布在采花乡、五峰镇和渔洋关镇。

生产空间斑块面积普遍较小，总面积最大的地类为旱地，占比高达69.62%，除海拔较低的东部平原和西部山谷地带分布面积较大外，其余呈破碎斑块状分布在全县；其次为茶园，占比17.17%，主要分布在西部山谷中山地带。对应五峰县种植业结构来说，耕地由于普遍斑块面积小，除种植少量马铃薯等口粮外，主要种植药材、蔬菜和花卉苗木，以提高单位土地面积收入。茶园是五峰县绿色特色经济的主要来源之一，主要分布在采花镇、五峰镇和渔洋关镇。其余地类均不足生产空间总面积的10%，超过1%的依次为田坎、农村道路、水田和公路用地，充分表明五峰县的生产空间功能更多的是农业生产，除用于直接生产的土地面积外，则是为农业生产服务的空间。

表5.1显示结果与从“二调”图件上读取的结果一致，旱地和茶园的*PLAND*比重最高，是五峰县生产空间的主要组成部分；相应地，这两个地类斑块密度相对较高，旱地的最大斑块指数最高，其次是茶园和果园，可见对于以山地地貌为主的五峰县来说，除必需的耕地种植外，发展不同类型的园地是当前增加经济收入的主要途径之一；散布与并列指标中，水工建筑用地最高，表明其斑块的节点分布比较均衡，农业基础设施分布较为均匀，最低值为公路用地，主要是由于五峰县公路用地面积小且分布集中，其余地类的值在16%~36%，表明生产空间的各斑块类型均衡程度较低。水库水面的连接度值最高，主要是由于在给定临界距离范围内其功能性节点数量多，且斑块数量少。采矿用地、水工建筑用地、风景名胜及特殊用地三类主要呈点状分布，连接度为0，由于此处公路用地为面状公路，面积较小，连接度也为0。

生产空间共有11类斑块，对应11种地类（见表5.2）。蔓延度值介于生活空间与生态空间之间，高于整体景观对应值，主要是由于斑块密度普遍较低，而旱地和茶园的比例很高，带动整体景观蔓延度较高。香农多样性指数在三类子空间中最高，但低于整体景观，一是由于斑块类型较多，二是由于面积比重的均衡化，表明生产空间生态群落的多样性较高，有利于有机种植业和绿色产业的发展。香农均匀度指数低于生活空间相应指数，高于生态空间，与整体景观对应值相比，介于按地类划分和按空间划分之间。该指标作为支配度的补充，表明旱地等景观的支配度较高，但比有林地在生态空间中的支配度要低，比村庄在生活空间中的支配度高。生产空间的聚合度低于生态空间而高于生活空间，低于整体景观对应值，集聚程度不是很高。

表 5.1　五峰县生产空间类型水平指数分析值

生产空间类型	*PLAND*/%	*PD*	*LPI*	*IJI*	*CONNECT*
旱地	78.9936	9.3714	0.7634	32.7476	0.059
水田	1.7351	0.3039	0.0463	36.3793	0.6022
茶园	17.5246	2.2713	0.3355	20.8671	0.1715
其他园地	0.3933	0.081	0.0347	20.3099	0.4032
坑塘水面	0.081	0.0177	0.0116	16.3629	4.7619
果园	0.775	0.0988	0.1272	35.3454	3.2389
采矿用地	0.2082	0.043	0.0231	31.9477	0
水工建筑用地	0.081	0.0152	0.0231	54.5249	0
水库水面	0.1851	0.0152	0.0694	30.103	13.3333
风景名胜及特殊用地	0.0116	0.0025	0.0116	27.6435	0
公路用地	0.0116	0.0025	0.0116	0	0

表 5.2　五峰县生产空间景观水平指数分析值

指数类型	*CONTAG*/%	*PR*	*SHDI*	*SHEI*	*AI*
分析值	74.8636	11	0.6594	0.275	23.6771

5.2　第一产业空间管治问题解析

根据前文对生产空间的界定，在第一产业生产空间中将林业排除在外，仅对种植业、牧业和渔业加以考虑，其中种植业主要包括粮食、蔬菜、油料、烟叶和茶叶种植。2012 年五峰县第一产业生产总值占国民经济的 36.7%，分别高于第二和第三产业比重 11.6 个和 0.5 个百分点，是五峰县收入的重要来源。根据海拔、气候和土壤，全县农业产业主要发展茶叶、蔬菜、生猪三类。形成以采花、五峰镇、渔洋关为主的茶业专业乡镇，以长乐坪、牛庄、湾潭为重点的高山反季节蔬菜基地，以仁和坪、傅家堰为代表的生猪养殖小区，还有以长乐坪、湾潭为代表的魔芋、白肋烟和高山中药材，共形成农民专业合作社50多家。作为重点生态功能区有形生态产品生产的来源、第一产业加速发展实现增收的“题中之义”，五峰县的茶叶生产是全县农业生产的亮点和特色，2012年茶叶生产总值约占总生产的36%，故在对全县第一产业空间管治分析的基础上，对茶叶生产空间的内部结构等特点进行深入展开。

5.2.1 整体现状及管治问题

5.2.1.1 整体现状

根据《五峰土家族自治县土地利用总体规划（2006—2020年）》，五峰县耕地面积28429.62公顷，其中各项建设占用耕地71.00公顷，农业结构调整净减少耕地98.59公顷，通过土地整理复垦开发补充耕地985.00公顷。预计到2020年，全县耕地面积达27900.00公顷，相比2005年净增593.41公顷，年均增长39.56公顷，其中各项建设占用耕地227.00公顷，农业结构调整减少耕地400.00公顷，通过土地整理复垦开发补充耕地1220.41公顷。园地面积达7443.81公顷，其中建设占用园地28.00公顷，增加园地190.00公顷，土地开发增加园地705.89公顷。预计到2020年，全县园地面积达9134.00公顷，农业结构调整减少园地600.00公顷，通过开发复垦整理增加园地3002.69公顷。

从上述数据可知，五峰县农业生产空间特别是耕地和园地作为产业发展的自然承载体，受地形地貌约束，发展的后备资源有限，规模扩张的空间不大。五峰县农业发展的重要特点是随着高程的变化呈现地域分异：海拔从高到低依次种植高山蔬菜、烟叶；中高山种植茶叶；低山种植粮食作物。经过“十五”“十一五”农业大开发，五峰县农业可开垦的资源已十分有限，依靠扩大耕地面积来实现规模扩张不现实。加上城镇化进程的推进和退耕还林政策的执行，耕地资源正在减少，农业发展的空间受到限制。

5.2.1.2 管治问题

第一产业生产空间行为者包括农民、政府、以农业加工为主体的企业等。主要监管规范包括土地利用总体规划、主体功能区规划、耕地保护法、基本农田保护法等相关法律法规，从行为者的角度分别讨论管治中的问题。

（1）地方政府管治能力较低

对于五峰县级政府而言，由于县级政府财政收入不高，主要依靠国家和省级政府的转移资金投入，以项目申报的形式获取相应财政支持和补偿。长期以来，五峰县农业基础设施建设滞后，农业抗灾避灾能力不强。地质地貌的特殊性，以及近年来整体大环境气候变化加剧、极端灾害事件频发，给农业生产带来较大危害。经过近几年的建设，全县农田基础设施虽然有了很大的改善，但是还不能有效地抵御自然灾害的袭击。

在实际操作中，基本农田红线的划定导致五峰县农业发展处于尴尬局面，农业增收需要调整种植结构，除用于农户自消费的粮食外，剩余部分根据海拔等自然因素种植恰当经济作物，根据基本农田保护法，禁止任何单位和个人占用基本农田发展林果业[186]。主体功能区规划中要求，将基本农田落实到地块并在土地承包经营权登记证书上标注，严禁改变基本农田的用途和位置。如果严格执行基本农田要求，则陷入政策陷阱。受地形限制，五峰县难以进行粮食作物的机械化耕种，进而实现规模效益。现有经济作物中，蔬菜种植对交通运输和销售渠道有较高的要求，五峰县交通通达性尚处在基本完备、逐步升级完善阶段，茶叶经济虽然已经有了较好的效益，但茶叶种植对海拔高度、气候环境有着特定要求，严格而刻板的基本农田保护政策对于保护平原地区粮食基本生产有着重要意义。但对于以保护生态为主要目的的山区县而言，限制发展的反作用或许会高出原有估计。因此可以尝试从规划衔接的角度，将土地利用总体规划和主体功能区规划进行协调，使政策的执行具有更高的合理性和连贯性，同时对拮抗部分进行调整（见图 5.1）。

此外，将五峰县置于全省乃至全国和国际市场竞争范围下，更容易发现五峰县第一产业竞争中存在的问题。例如，农业保障体系不健全，抵御自然和市场风险能力弱；农业投入严重不足，农业公益性服务体制机制有待进一步完善，社会化服务体系有待进一步加强；重大动植物疫病防控体系需进一步健全，农产品质量安全体系建设滞后，应急机制不完善，农业发展面临潜在威胁。

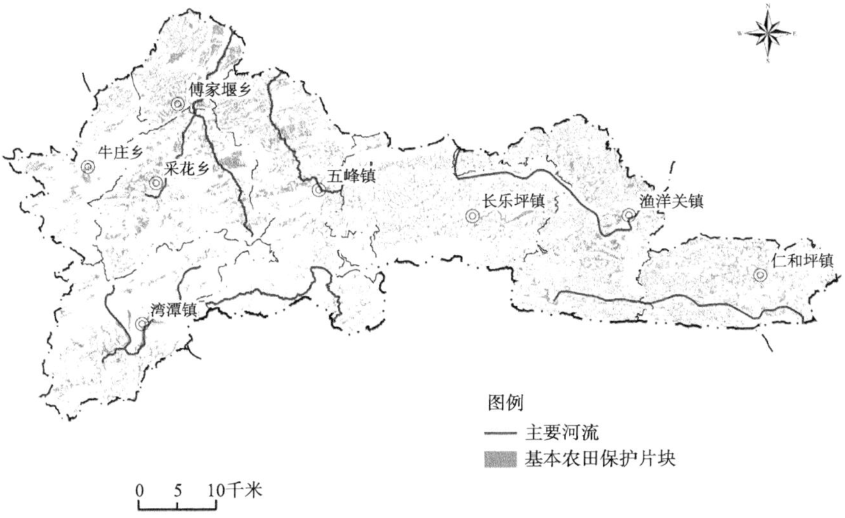

图 5.1 五峰县基本农田片块分布图

（2）农业加工企业带动作用不强

五峰县以茶叶、蔬菜和养殖产业为主，“采花牌”采花毛尖等形成品牌，以采花茶业为代表的“公司+基地+农户”的农业产业化经营模式在全县得到广泛应用，涌现出了双向服务型、价格保护型、利润分享型、合作社网络型等一批新的农企利益联结形式。按照“公司+基地+农户”的组织形式，共有网络农户 4.5 万户，直接带动农民增收过亿元。尽管采花茶叶等企业已形成品牌，但整体农产品加工业不发达，龙头企业带动作用不强。大部分农产品还是处于“卖原料”状态，加工转化能力不足。现有加工企业中，大多数企业规模偏小，产业化经营程度低，加工与技术装备落后，生产经营成本高，转化增值水平不高。龙头企业带动作用不强，农民从产业化经营中分享的利益不多。

(3) 农业劳动力流失严重

实地调研中发现，五峰县农民生活水平不低，而现有统计政策的偏颇，部分收入没有纳入统计范围，造成账面数字较低。如果将公共服务水平纳入统计范围，五峰县整体水平难以和平原地区相比。在教育公共服务水平限制下，全县整体农业生产经营者素质不高，主体作用发挥不充分。随着城镇化进程加快，农村正面临农业生产缺人手、新农村建设缺人力、农技推广缺人才的局面。今后，农业兼业化、农村空心化、农民老龄化现象将进一步凸显，将严重制约农业科技知识、农业机械的推广应用，直接影响农业增效、农民增收。

具体看来，五峰县2009年人均耕地面积约2.35亩，根据表5.1景观格局分析结果，耕地具有碎片化较为严重的特点，集中连片坡度小的耕地面积较少。全县将近1/3的劳动力外出务工，打工收入成为农民的重要收入来源。考虑到外出人员以青壮年为主，现有耕地种植难度较大，留守老人和儿童难以承担种植和管护任务，农用地流转成为部分地区的现实选择。在五峰县现有相关土地政策中，只有关于宅基地流转的相关内容，缺乏对农用地流转、促进茶叶等规模化经营的引导。现有的农业合作社经营有类似之处，考虑到种植业收入也在逐步上升，在农用地流转上可以尝试更多方法，避免因劳动力缺失造成的土地撂荒和生产效率低下（见表5.3）。

表5.3 2011—2013年五峰县农民纯收入构成 单位：万元

年份	合计	种植业	林业	牧业	工业运输建筑业	商业饮食服务业	打工收入	其他收入
2013	71399	30086.7	1612	14267.7	2666	1662	16345.3	4759
2012	62460.16	29373	1374	11907.16	2207	1581	14060	1958
2011	54795.9	25543	1387	10881.9	2184	1526	11926	1348

5.2.2 茶叶生产整体概况及管治问题

5.2.2.1 整体概况

茶叶经济是五峰县具有代表性的特色农业，不仅带来丰厚的经济收入，更是从古至今与外界商贸往来的重要载体。清道光年间，集毗邻数县之初制红茶于渔洋关，精制“宜红茶”，产品销往英美等多国。清光绪二十五年（1899 年），广东茶商在渔洋关开办茶庄，后于 1926 年停业。目前五峰县茶叶已形成一批品牌，直接影响茶园面积和茶农收入。

到 2012 年底，全县共有 88 个村产茶，有茶叶生产、经营实体 151 家，茶农 13 万人，全县茶园面积达到 1.24 万公顷，其中采摘面积 1.13 万公顷，茶叶总产量达到 17794 吨（名优茶产量 5338 吨，约占总产量的 30%，其中名茶占 10%，优质茶占 20%，中低档茶产量为 12456 吨，占总产量的 70%）；茶叶农业产值达到 6.01 亿元，茶叶综合产值 16.5 亿元；茶农收入达到 3.7 亿元（名优茶收入 2.3 亿元，占总收入 60%以上），占农民纯收入的 29%。茶叶已成为农民的主要经济来源。在茶叶品牌建设上，荣获“湖北茶叶知名品牌示范区”称号，“五峰宜红茶”已被批准认定为国家地理标志保护农产品。

5.2.2.2　管治问题

以促进地区生态经济发展、提高农民收入为出发点，借助管治模型对茶叶生产空间管治问题进行剖析，行为者包括管治主体——政府、管治对象——茶农和茶园、市场代理——茶企。如图 5.2 所示，根据五峰茶叶经济发展需要，县政府设置了茶叶局进行规范管理，并引导茶农组成茶叶合作社提高种植水平，抵御市场风险。受茶企对茶叶标准的不断提高、对茶叶品种的需求变化，茶农对茶园面积、种植结构进行调整，茶企中的大型企业如采花公司等作为纳税、提供就业岗位和拉动茶叶经济的重要依托，得到政府的大力支持。在政府引导下，企业逐步改进生产工艺、通过机械化流水加工减少对薪柴的依赖，客观上起到保护生态的作用。由于五峰县茶叶经济发展具有较长的历史，中间受社会动荡等原因一度弱化，整体受市场需求影响明显，主要节点与生态空间分析中节点类似，故以行为者相互关系为突破口展开。

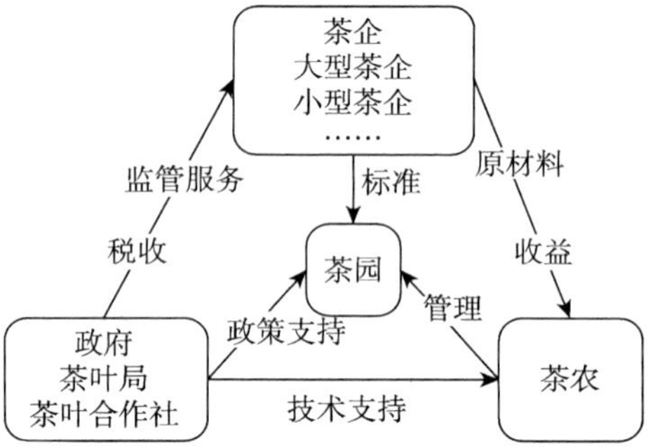

图 5.2 茶叶生产空间管治分析图

（1）茶叶生产空间提升能力弱

五峰县茶园整体具有生态优势、品种优势和品质优势三大特点。五峰县的纬度、地形地貌和降水条件，特别是丰富的森林资源形成了独特的茶叶生长气候，同时生物多样性也维持了茶园害虫与天敌（有益昆虫与鸟类）的生态平衡。五峰长期栽培下来的群体品种有 2666.67 公顷，非常适应本地的自然和气候条件，品种优势明显。五峰独特的土壤条件和自然环境非常适宜优质茶叶生长。境内成土母质多为泥质岩，pH 值大多在 4.5~6.5，土层深厚，土质结构疏松，保水、保肥性好，天然营养丰富，含有丰富的锌、硒等多种对人体有益的微量元素。①

五峰县各个乡镇均有茶园分布，但由于全县海拔限制，主要分布在以中低山为主的中部地区。近年来随着种茶效益的提高，茶园面积逐步扩大（见表 5.4）。整体来看，茶园面积变化主要受政策导向和市场调节影响。“文革”期间，“以粮为纲”的政策指令导致大量茶园转型；改革开放后劳动力的外流，对茶园种植也产生了一定影响，茶园管理的力量被削弱，但由于五峰县茶叶采摘的季节性很强，可以和外出务工形成互补。茶园面临的主要问题在于对自然环境要求较为苛刻，难以在全县全面展开，劳动力的外流和技术的缺失是茶园升级的难点。

---

① 《五峰茶叶生产现状与发展分析》。

表 5.4　五峰县茶园面积及产量

年份	茶叶产量/吨			年末茶园面积/亩			农民收入构成中茶叶收入/万元
	合计	红毛茶	绿毛茶	合计	采摘面积	本年新植	
2011	16841	6131	10710	182370	158130	5600	19183
2012	17794	5477	12317	186364	169679	2625	22426
2013	18814	5983	12831	188208	173919	2959	24311

茶园生态建设是现代茶园的发展趋势，并在此基础上开辟出多种增收渠道。以汉马池村为例，该村自 2000 年在省财政厅的帮扶下建立了标准有机生态茶园，并建有“千珠碧茶叶公司”，村级产业经济快速发展。但限于人多地少，茶叶产业难以扩大，尝试拓展茶叶旅游休闲产业，以解决当前人地矛盾和村寨后续发展问题。近年来，随着观光旅游的快速发展和良好的经济效益带动作用，五峰县试图通过发展生态茶园观光长廊、茶叶科技园生态旅游示范区等形式的项目，将生态茶园观光、现代制茶工艺参观、茶文花展示、茶产品销售集于一体，升级茶园功能，增加茶园收入。

（2）茶叶企业优化空间较大

以湖北采花茶业有限公司为代表的“公司+基地+农户”的农业产业化经营模式在全县得到广泛应用，涌现出了双向服务型、价格保护型、利润分享型、协会网络型等一批新的农企利益联结形式，原料 100%来自基地农户。全县茶叶产业订单面积近 6666.67 公顷，常年订单收购茶叶鲜叶 3 万吨左右，收购金额 1.5 亿元以上。龙头企业带动能力不断增强。全县有年销售收入 500 万元以上的茶叶加工龙头企业 10 家，其中市级以上龙头企业 5 家。湖北采花茶业有限公司是国家级重点龙头企业，公司与湖北农科院果茶所联合成立了全省第一家茶叶技术工程中心。

茶叶是鲜活农产品，需要就近收购，就近加工，否则会在运输过程中造成损伤，影响绿茶的品质。五峰县加工企业较多，但规模加工企业的加工点布局不合理，茶农采摘的鲜叶往往依靠贩运，增加了中间环节，农民收入得不到保障。同时，中小加工企业普遍实力偏弱，带动能力不强，除采花茶业以外，另外 6 家骨干企业的产值加起来不足 1 亿元，其他微型加工企业销售收入大多在 100 万～300 万元。加快发展的内在动力和外部环境都不尽如人意，缺乏市场竞争力。

（3）茶农收益区域差异明显，效益偏低

五峰县茶叶收入分布具有很强的集聚特征，农民收入中茶叶构成最多的是采花乡，其次是渔洋关镇、五峰镇和长乐坪镇，对于西部的湾潭镇、傅家堰乡和牛庄乡来说，由于海拔较高，不具备大规模种植茶叶条件，相应地缺少此项增收项目。平均来看，五峰平均每 667 平方米茶园为农民提供收入仅 2000 元。茶农效益偏低的原因是多方面的，一是春茶尾期，由于气温迅速升高，原料陡增，鲜叶供过于求，导致收购价下降，茶农采摘积极性低，采摘质量下降，造成原料严重浪费；二是夏秋茶的绿茶市场没有打开，红茶加工没有形成气候，造成夏秋茶资源利用率不到 40%；三是特殊的地理环境导致鲜叶收购同质不同价，海拔 800 米以上的鲜叶收购价要比其他地区同等质量的鲜叶低 15%以上；四是产品销价上涨幅度明显高于鲜叶涨价幅度，2006 年以来，茶叶产品价格上涨了 68%，而鲜叶价格仅增加 20%。

（4）政府基础保障作用有待增强

鉴于茶叶生产在县域经济和农民增收中的重要地位（见图 5.3），五峰县以人民代表大会决议的形式，将茶叶纳入了重点发展的第一大特色产业，成立了县茶叶工作领导小组，设立了县茶叶局，各乡镇农技站也相应配备了茶叶技术骨干。资金投入力度不断加大。近年来通过低丘茶园改造项目，每年茶叶基地建设投资超过 2000 万元。茶叶技术服务体系建设不断完善。全县现有茶园基本上是农户承包经营，虽然成立了一些茶叶专业合作社，但真正能发挥作用的社会化组织和服务体系目前还没有建立起来，大多数茶区还是一家一户独立生产，没有形成联合，导致茶园管理参差不齐，标准化生产水平低，质量安全难以控制，单位面积效益差距在 10 倍左右。

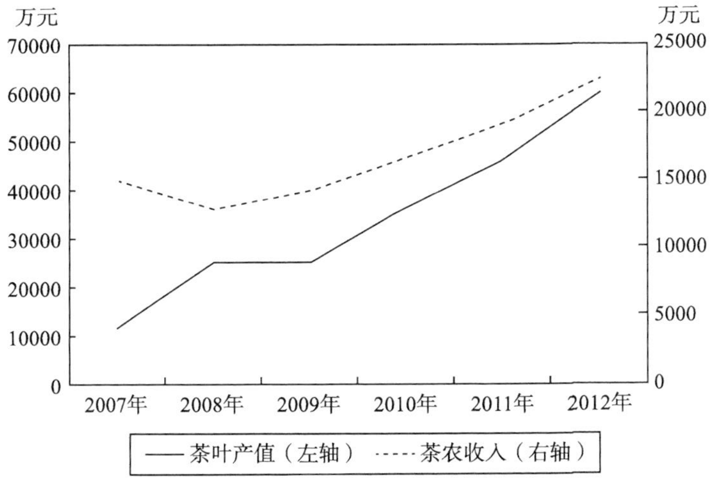

图 5.3 五峰县茶叶产值和茶农收入（2007—2012 年）

对于五峰县茶叶来说，当前取得了一定的成就，但是亩产值较低、集中度较高，只能作为一半乡镇的发展支柱，并不能全面摊开，而且要注重其他生态种植业的发展。同时，人均收入也具有极化的特点，茶叶收购对时效要求高，大企业无法及时吃进的鲜茶，中小企业作为补充跟进，但并未形成整体品牌，反而形成了一定程度的竞争，虽有利于企业的良性发展，但不利于茶叶价格稳定和茶农收入的保证。政府出台了一系列政策试图将企业进行整合，但为了做大而捏合企业是否能保证企业竞争能力有待商榷。现阶段政府的力量更应该放在茶叶合作社的建设上，并对茶农进行培训，提高有机茶园面积和管理水平，形成良性循环。

5.3 第二产业空间管治问题解析

受自然环境和交通状况的限制，五峰县第二产业发展一直相对薄弱，在重点生态功能区的新背景下，工业和矿业“要不要发展”和“怎么发展”成为五峰县第二产业发展的辩论点，在五峰县的长期探索中形成具有一定典型性的管治体系和应对措施，如飞地经济等，故借助分析框架着重对矿产资源空间和飞地工业园进行分析。

5.3.1 县域内工业生产空间整体特点

五峰县工业构成主要包括绿色产品加工业、电力工业、化工建材加工业、农业机械加工业四大产业。到 2012 年底，五峰县工业总产值实现 34.9 亿元，在 2007 年的基础上增长了 1.8 倍；规模以上工业企业完成工业总产值 27 亿元，比 2007 年增长了 1.6 倍。工业就业人数整体呈上升趋势，在 2008 年经济危机时期出现大幅度上升，随后在 2009 年出现低谷，从侧面反映出在经济危机到来时，县域工业经济成为返乡农民收入来源的“水库”，有着重要的社会意义（见图 5.4）。在市场主体培育上，通过实施中小企业成长工程、规模企业倍增工程，“十一五”期间，全县新增规模内企业 9 家，达到 23 家，实现了自身的快速发展。但横向同周边县市区比较，无论是总体规模还是发展速度都远远落后，2009 年在全省 80 个县（市、区）县域经济排名中，五峰县综合排名第 72，倒数第 9，处于非常落后的位次。

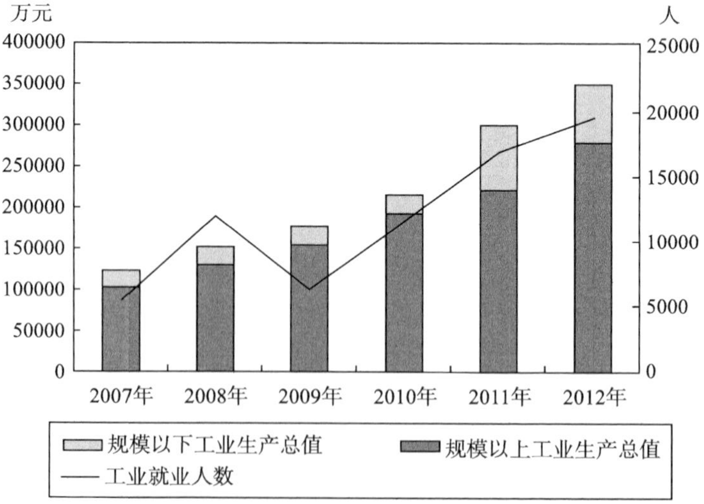

图 5.4　五峰县工业生产总值构成及就业状况（2007—2012 年）

由于整体工业规模较小，且受地形地貌限制，中华人民共和国成立后，五峰县工业布局长期处于分散状态，以茶叶加工等资源导向型企业为主。“十一五”期间，随着渔洋关工业园区基础设施的不断完善，一批企业主动迁到园区发展，工业布局逐步向园区集中。受资源空间布局约束，五峰县形成东部发展加工业、中部发展旅游业、西部发展水电业的格局。丰富的资源做基础，形成了一批具有山区特色的工业品牌，如湖北采花茶业有限公司的“采花”（及图）商标成长为“中国驰名商标”，山山地板被认定为“国家免检产品”，湖北新桥生物科技有限责任公司成为国家高新技术企业。出于保护生态、集中处理废弃物、形成产业集群的目的，五峰县引导加工业在新老县城附近的工业园区布局，主要包括渔洋关低碳工业园和五峰镇天池工业园，依托全县鲜活农产品和相关技术发展加工业，将对污染处理要求相对复杂、交通运输压力大的工业以飞地经济的形式布局在位于枝江的五峰民族工业园。

5.3.2 矿产资源空间管治问题解析

五峰土家族自治县矿产不甚丰富，已探明的矿种有20多种，其中重晶石、方解石、白云石、硫铁矿、石英石、高岭土、原煤等非金属矿都具有很大的开采价值，其中方解石储量6000多万吨，可年产30万吨以上、品质优良的稀有矿泉水。县域矿产资源具有以下特点：一是以沉积矿产为主，矿产种类较单一；二是矿床规模小，已开发利用矿产绝大多数为小矿、零散矿；三是建材等非金属矿产资源丰富，能源、有色金属矿产短缺；四是与煤共生矿产及伴生有益元素多，但综合利用难度大；五是矿产分布广泛，但主要矿产资源集中程度较高；六是铁矿资源量丰富，目前难以利用，全县宁乡式铁矿（高磷赤铁矿）累计探明储量达2亿吨以上，资源潜力大，但因含磷过高，嵌布粒度细，选冶技术尚未突破，目前难以利用。

五峰县现已开采利用的矿产有11种，占已发现矿种的61%；105处矿产地，已利用30处，正在利用38处，两者共占65%，未利用37处。其中煤、重晶石、方解石、水泥用灰岩、建筑石料灰岩、高岭土为主要开采对象，其次是制灰用石灰岩（石煤）、饰面大理岩等。矿业在本县的经济和社会发展中占有一定的地位。

5.3.2.1 管治要求

根据全国主体功能区规划（以下简称“规划”）中对限制开发区和重点生态功能区的要求，位于限制开发的重点生态功能区的能源基地和矿产资源基地建设，必须进行生态环境影响评估，尽可能减少对生态空间的占用，并同步修复生态环境。其中，在水资源严重短缺、环境容量很小、生态十分脆弱、地震和地质灾害频发的地区，要严格控制能源和矿产资源开发。据此要求，需要对五峰县全境进行生态环境容量的测算，以确定不同状况下的矿产资源能否得到开发。规划并未绝对禁止矿产资源开发，提出在不损害生态功能的前提下，在重点生态功能区内资源环境承载能力相对较强的特定区域，支持其因地制宜适度发展能源和矿产资源开发利用相关产业。资源环境承载能力弱的矿区，要在区外进行矿产资源的加工利用。

作为保障措施，规划还提出建立市场退出机制，对限制开发区域不符合主体功能定位的现有产业，要通过设备折旧补贴、设备贷款担保、迁移补贴、土地置换等手段，促进产业跨区域转移或关闭。全面落实矿山环境治理和生态恢复责任，做到“不欠新账、多还旧账”；联合有关部门科学评价矿产资源开发环境治理，与生态恢复保证金和矿山生态补偿基金的使用状况，研究制定科学的矿产资源开发生态补偿标准体系。尽快全面实行矿山环境治理恢复保证金制度，并实行较高的提取标准。这一规定又牵涉到生态补偿主体、对象、标准等问题，考虑到本章研究主题，暂不对此问题展开讨论。

5.3.2.2 管治问题

对于山区县而言，丰富的矿产资源储量可以带来直接的经济效益，甚至可以突破可进入性差等天然劣势，是成就资源依托型城市的关键要素。

但对于储量不甚丰富的地区，密集度低的人口、闭塞的交通、匮乏的资金以及不完善的监管，容易造成资源低层次、小规模开采的局面，进而出现泥石流、水土流失、水体污染等生态破坏问题。五峰县历史上的矿产资源开发由于生产能力低下，造成的破坏相对较弱。近代以来，特别是“大炼钢铁”和市场经济放开之初，由于监管力度不够，造成了一定规模的破坏。在确定“生态立县”的目标后，如何对待矿产资源开发成为一个难题，一方面矿产资源开发占工业总产值比重较高，另一方面五峰被划定为“重点生态功能区”，矿区能不能采、能不能批，都在下一阶段的空间管治决策中占有重要地位。

根据空间管治模型进行分析（见图 5.5），五峰县矿产资源开发中的主要问题可以归纳为矿产资源开发利用与环境保护之间的矛盾。行为主体主要包括矿产开发企业、政府以及当地居民，在一定程度上三方均受益于矿区的开发，企业可以盈利，政府得到税收，居民实现就业。同时，不恰当和缺乏相关处理设施的开发导致的生态退化乃至恶化，会使企业生产难以为继，居民失业同时丧失原有生活空间本底环境，政府失去税收且要支付高额环境治理费用。

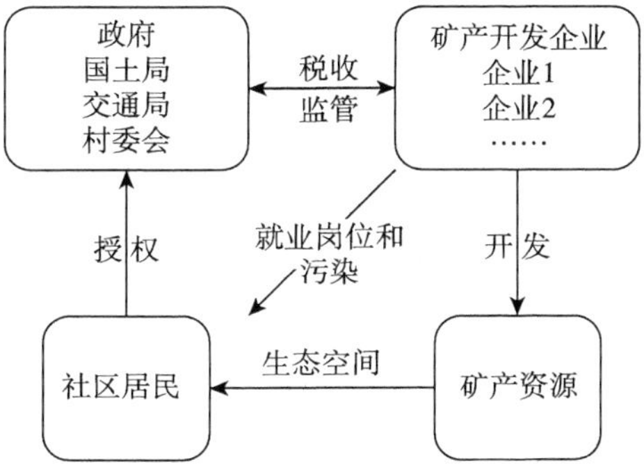

图 5.5　矿产资源开发管治分析图

选择“十一五”期间的矿产资源利用为节点，由于五峰县的第二轮矿产资源规划在 2008 年已经出台，将这一时期矿产资源的监管规范视为该规划。由于这一时期对目前矿产资源利用状况的影响最为深远，以此为节点对矿产资源开发利用状况进行分析。2013 年，五峰县在五峰土家族自治县第八届人民代表大会第三次会议上提出议案，认为“近几年来，我县境内非法开采铁矿行为十分严重，森林资源保护形势严峻，严重影响了生态文明建设，主要表现在：西部乡镇铁矿资源遭受疯狂开采，已超出了资源环境承载能力，严重毁坏交通基础设施，严重破坏生态环境，严重危及人民群众生命财产安全，严重影响社会稳定，人民群众怨声载道”。

（1）矿产生产空间效益、效率低下，违法行为多

在矿产企业对矿产资源的开发过程中，存在以下较为突出的问题：

一是矿产资源开发利用布局不尽合理，结构有待调整。已探明矿产资源储量大多被小型矿山占用，全县矿山开采量年均 1.9 万吨，其中煤矿年均产量仅 3 万吨，大矿小开、一矿多开、无序抢占和分割现象较为严重，矿业纠纷时有发生。

二是矿产资源利用方式粗放，造成资源的严重浪费。重晶石“采富弃贫、采易弃难”，盲目开矿加剧了资源消耗。重晶石、方解石等矿产品深加工比例低，以出卖原矿或初加工产品为主，矿产品的延伸加工业少，高科技、高附加值的产品少。矿山“三率”指标低。小矿山过多过滥，设备落后、技术薄弱，多数矿山采矿率、选矿率未达到设计要求，经济效益差。

三是非金属矿产资源开发利用程度低。除石灰岩、硅石外，全县资源储量大且具有较大开发利用前景的非金属，其产量和产值仅占全县已开发矿产资源的 0.01%和 0.03%；有的矿产品如白云石、硫铁矿目前尚未开发利用。后备优势矿产及潜在优势矿产的开发利用尚无明确思路，未制定利用规划。

四是矿产资源开发利用水平不高。矿山企业对矿产资源的开发利用方式粗放，资源开采的回采率、选矿回收率和共伴生矿资源综合利用率低，资源没能得到有效开发和合理利用。五峰县矿山绝大多数为小矿、零散矿，实现规模开采存在诸多困难，缺乏资金和技术。在矿产资源开发的利润刺激下小块开发现象严重。

五是借用开采非金属矿的名义开采铁矿。上述议案提出，西部乡镇境内水泥配料用砂岩矿产企业激增，但企业实际开采的并非水泥配料用砂岩，全是高磷铁矿石，含铁量均在40%以上，有的达到60%以上。所谓的“水泥配料用砂岩矿”均销售到钢铁企业，没有一家销售给骏王和其他水泥厂。

（2）地方政府约束力度不强，空间管治效果差

从中华人民共和国成立到1986年10月1日矿产资源法的生效，我国对矿产资源实行的是无偿开采的制度，这一制度事实上结束于1994年4月1日《矿产资源补偿费征收管理规定》的施行[187]。在这一监管规范缺失的前提下，大量小矿出现在山区。我国的矿产资源法第三条规定，矿产资源属于国家所有，由国务院行使国家对矿产资源的所有权。地表或者地下的矿产资源的国家所有权，不因其所依附的土地的所有权或者使用权的不同而改变。矿产资源所依附土地的权属则分为国有和集体两种，在实际操作中，由于土地权属不同，加上山区县交通不便，出于“靠山吃山”的发展需求，村委会层级的管理是微弱的，政府对小规模的矿山开发难以进行有效管理。

相关法律法规颁布后，五峰县矿产资源开发秩序仍不够规范。由于以往地质工作程度低，大部分资源级别在普查阶段，矿权设置存在许多不合理。在矿产资源管理的过程中，部门监管责任落实力度还存在差距，基层部门特别是乡镇在矿产资源管理工作中有责无权，执法队伍力量薄弱，违法违规开采现象屡禁不止。

此外，寻租现象较为严重，主要表现在两个方面。一是项目准入标准缺失，执法监督不力。县内矿业项目核准缺少具体、明确、规范的准入条件和标准，准入许可随意性大，境内铁矿、方解石等矿权设置过多过滥，布局严重不合理，呈现“见矿就挖、遍地开花”的局面，浪费和破坏资源严重。大量原矿外销，产品附加值低，税收征管难度大，偷税漏税突出。矿山企业多数是边申报、边开采、边卖矿、边补办手续，没有严格按程序审批，审批管理不规范。同时，在矿山企业的前置审批和监督上，少数职

能部门存在一审了之、一批了之的现象，巡查不及时，执法不严格，企业违法行为得不到及时制止。打击非法开采成为“拉锯战”，屡打屡犯，屡禁不止。二是违规变相越权审批矿业权，整改不力。目前，全县共有水泥配料（含铁）砂岩采矿企业 11 家，实为铁矿企业。近年来，境内新增 6 家高岭土采矿企业，实际都是在违法开采煤炭资源。同时，部分企业非法倒卖采矿权，严重扰乱矿产开采管理秩序。《湖北省人民政府关于进一步加强磷矿高磷铁矿开发管理的意见》（鄂政发〔2011〕41 号）出台后，省国土资源厅于 2012 年 12 月 6 日下发的《关于加强高磷铁矿开发利用管理的通知》明确规定：“在《湖北省鄂西高磷铁矿矿业权设置方案》编制范围内，原以水泥配料砂页岩、含铁砂岩、高岭土矿等为名越权审批或变相越权审批的高磷铁矿采矿权，由原发证机关注销采矿权。其中《湖北省鄂西高磷铁矿矿业权设置方案》中规定不可再新设的高磷铁矿探矿权、采矿权区域内的矿山，应当无条件予以关闭，做到不留人员、不留采矿设备、不留建筑物，毁闭井口。”实际情况中，由于多种矛盾交织等多方面原因和困难，整改工作难度大、推进力度小。

（3）生态、生活空间遭到破坏，居民寻求利益共享

企业业主在矿山开发、建设过程中，土地山林、道路交通、饮水安全以及环境保护等方面的矛盾比较突出，信访、治安案件增多，损害了村集体和农民合法权益，影响了社会和谐稳定。

一是矿区环境破坏严重，生态环境保护及治理力度不够。五峰县矿山生态环境脆弱，大多数矿山企业“重开采、轻治理”，部分矿山企业对废水废渣的排放不能严格按照环保要求进行处理，尾矿及矿渣堆积、地表塌陷等导致环境破坏、水体污染、诱发地质灾害的隐患较多。多数矿山企业基本没有按照林地保护、环境影响评价、水土保持设计方案落实相关地质环境恢复治理措施。废弃矿山、老矿区未及时恢复治理，安全隐患突出。境内一级路、322 省道、325 省道沿线部分路段可视范围内存在违规开山炸石现象，山体自然面貌和植被毁坏严重。五峰镇、渔洋关城镇规划区内设有砂石场，加工设施简陋，粉尘污染严重，居民反应强烈。

二是矿区运矿车辆超载超限，严重损毁交通道路，环境问题诱发社会不稳定因素增多。矿产资源的开发极大地依赖于交通运输状况，当开发一处大型矿区时，获得的丰厚利润会促使企业连同政府部门一起修筑专门的交通干道，客观上为当地居民生产生活提供便利。但小矿的交通运输更多的是借助已有公路，与当地居民争夺这一生产空间，超载现象的客观存在又对公路的使用寿命造成损害，在调研中矿区附近村庄居民代表也提到这个问题。西部县乡公路设计荷载为 15 吨，乡村公路设计荷载为 10 吨。铁矿运输车辆载重达 50 吨左右，严重超载超限，造成境内公路、桥梁严重损毁。部分地方群众由于桥梁损坏不得不绕道通行，给当地人民群众生产生活造成严重影响。交通部门反映，正在改造的五巴公路设计标准为荷载 20 吨，如果运矿车辆继续超载超限运行，公路仍然会被毁坏。

由于五峰县主要是小型矿产企业，而且主要是开采型的，可以提供的就业岗位有限，且存在一定的安全隐患。但一定程度上可以用于满足部分矿产资源的当地需求，如五峰县的水泥加工，除大矿外，一些小矿也参与其中。部分煤层比较浅，储量比较少，不适合大矿开采；还有一些边角存煤也需要小煤矿进行开采。将小矿开采规范化，使之在发挥优势的同时减轻对环境的破坏会比“一刀切”的关闭更有意义。

对于矿产资源开发这一现象，当地居民更多的是投机的态度。当有足够的利益驱动时，更多的居民选择与政府不合作。例如，2008 年在五峰镇、牛庄乡及湾潭镇等不同地段均出现不同程度的盗采铁矿石现象。由于矿层较浅，采掘难度低且运输便利，盗采现象屡禁不止，很大程度上就是由于当地居民与盗采分子配合，从中分享利润[188]，政府对此无可奈何。但当矿产开发导致环境问题时，政府又成为农民对抗矿产企业的主要依靠，当文本制度落实不足且执法力度不够时，当地居民更容易受利益驱动而纵容矿产资源的滥采，甚至主动参与到这个过程中。

5.3.3 工业生产拓展空间管治问题解析

“飞地”原本是地理概念，后引申到政治和经济领域，其经济含义指在区域经济发展的过程中形成的与原来区域在空间上相分离、内容上相互联系的地区[189]。目前关于“飞地经济”的相关研究较多。飞地经济的核心在于推动资源在更大范围内的重新配置[190]。李冰等（2011）将其概括为“不求所有，但求所在；不求所在，但求所用”[191]。飞地经济是跨界合作的一种形式，对于重点生态功能区而言，通过跨界合作，将自身政策和生态优势与其他地区较为优越的区位、交通优势相结合，可以最大限度地在保护绿水青山的同时，保证经济发展的基本动力。从空间管治角度看，飞地经济是工业生产空间的拓展，是为了提高现有空间价值，利用原有空间资本的溢出而再造的新空间。

五峰民族工业园是宜昌市沿江经济产业带的组成部分，是五峰土家族自治县经济发展的重要增长点，是以优先发展装备制造、新材料、新能源、环保产业为主兼有综合服务功能的工业园区。2011 年五峰县与枝江市正式签订了《枝江市人民政府五峰土家族自治县人民政府合作共建五峰民族工业园区协议书》，规划总用地 8.71 平方千米，建设用地 7.72 平方千米。目前，园区道路、供电、供水等基础设施建设日趋完善，已经入驻的项目包括红旗中益线缆项目、三峡国际珠宝博艺园和铝塑板项目。参考许和木（2013）对飞地经济模式的划分，民族工业园发展模式接近于“产业引办发展型”[192]。与其所归纳特点略有不同的是：一是飞出地经济较为落后，且缺乏工业发展条件，飞入地为土地资源较为丰富、具备工业发展条件的邻近园区或区域；二是经济发展水平相差较大。共同点是两地同属宜昌市管辖，可在出现纷争时由地级市政府统筹协调。

由于五峰县民族工业园实施时间较短，五峰县作为飞出地，先期园区建设投入的资金成本较大，还要担负招商引资和园区管理成本，而飞入地枝江市只需提供园区土地，相对投入较少。从五峰县角度来看，空间管治的问题集中在民族工业园区对全县经济效益的提高的水平上；行为者包括飞入地政府、飞出地政府、企业和园区；监管规范主要为《五峰民族工业园总体规划》等；节点起于民族工业园创立。由于民族工业园在管理体系上尚未发生重大转变，且开园时间较短，处于发展初期，故仅对现状中行为者之间的关系及管治要求进行比照，以探求现有空间管治中存在问题。

5.3.3.1 飞出地与飞入地政府博弈激烈，争夺新生产空间效益

根据区域经济发展比较优势理论，飞入地与飞出地合作的基础是共同的利益及双方存在比较优势。按照双方协议形成的监管规范，枝江市作为飞入地政府，一是提供相关基础设施建设和服务；二是为园区提供枝江其他工业园同等政策和高效服务。五峰县作为飞出地政府，则对园区的整体运营起主体作用，一是组建园区管理委员会，负责日常管理、规划、招商引资和项目建设等工作；二是依托民族工业园作为飞地经济开发建设单位和融资平台，争取各项政策支持和项目投入，多渠道筹集建设资金，大力推进开发建设；三是将五峰县自身所具有的国家支持武陵山片区区域产业发展等优惠政策应用到园区。

利益分配作为双方博弈的焦点，直接影响管治对象的发展运营。根据现有规范，园区实行单独核算，园区企业实现的增值税、营业税和企业所得税，按现行财税管理体制返回五峰县。在实际操作中，由于入驻公司的注册和税收管理属于枝江直接管辖，五峰县相对处于被动局面。鉴于此，五峰县有关部门提出要将园区入驻公司从注册环节起进行控制，统一注册在五峰县税务部门，税收管理上掌握主动权，以租金形式每年支付枝江市分成，但与现行税收制度要求有差异，需要宜昌市等上级政府予以调节、双方政府进行协调（见图5.6）。税收征管和分成仅仅是飞地经济这一区域合作中的一个问题，在企业融资、市场准入等方面均需要打破常规进行探索。从一般意义上说，在各种飞地经济模式中，任何一个飞地参与者的潜在目的都是从飞地经济中获得本身无法获得或获得机会成本太高的其他特有资源。因飞出地与飞入地投入资源重要程度不同，其面临风险也不同。由此，资源共享机制就成了两地协调的一个关键因素。也就是说，资源共享机制实际上就是在飞地经济活动中建立一个多主体共生共存的协调系

统。在一个缺乏协调的飞地系统中，就会出现“个体理性与集体非理性恶性共生”的现象。因此，资源共享机制要求飞地经济中的各利益主体之间通过激励性契约来约束各方的市场行为，最终实现正和博弈。

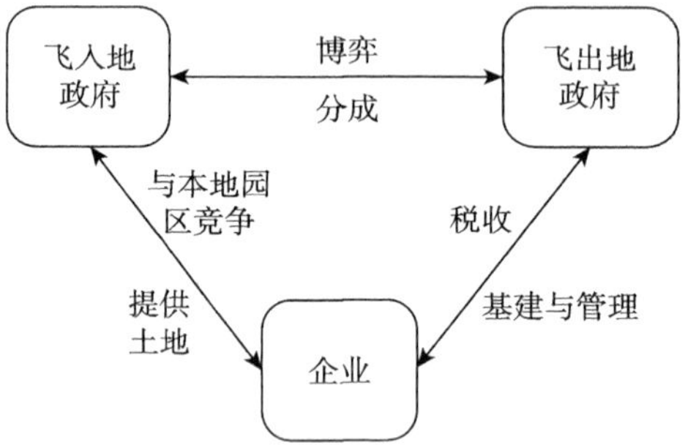

图 5.6　飞地经济管治分析图

飞地经济引发了资本、劳动和技术等要素的区域流动并形成内在的区域联系，意味着产业的重新布局，是实现资源空间优化配置的过程。通过实施飞地战略，五峰县一方面为自身发展更生态的产业留下了空间和资源，另一方面通过向飞入地转移产业也创造了利用较低成本土地、劳动力等资源获取超额利润的机会，进而增加本地的价值盈余，促进产业结构升级。与此同时，枝江市也会获得一定量价值盈余，推动本地产业结构的转换和工业化的步伐。最后，新的产业布局还会引发一系列的技术效应、就业效应和价格区域传导效应。

5.3.3.2　飞出地企业融入飞入地生产空间，与母体联系不紧密

飞入地政府提供园区土地和基础建设，飞出地政府进行招商引资和园区管理，最终目标是通过园区企业盈利获得税收，提升财政收入。五峰县成立了五峰民族工业园区管理委员会对园区进行管理，并组建经济发展局、招商局、国土分局和住建分局与枝江市协调各类需求。园区各类项目建设由园区自主招商、自主决策、自筹资金、自我建设；项目审批、注册、管理与服务由枝江市各部门按照本市同类开发区对待，由园区安排专人实行全程代办服务。目前园区发展主体是三峡国际珠宝博艺园、宜化集

团铝型材、红旗中益线缆项目，与五峰县母体现有产业发展类型差别较大。民族工业园虽然是飞地，在适度引入具有较高经济效益产业的同时，必须坚持经济内部联系与五峰县保持一致，鲜明定位为生态经济加工园区、绿色生态产品产业链核心节点，利用良好的区位优势和交通条件，弥补五峰县相应短板。从 2013 年相关数据来看，工业园整体趋势利好，成为五峰县工业经济收入的重要来源。

从图 5.7 可以看出，五峰民族工业园地处枝江市白洋工业园内部，以该园区为圆心、30 千米为半径的范围内还分布着 5 个工业园，正在形成汽车及零部件制造、磷精细化工、生物医药、新材料、船舶制造、机电一体化等产业集群。民族工业园处于建设初期，在项目选择上余地较小，仍应形成差异化定位，依托五峰县生态产品优势，将工业园作为自身城镇体系的一部分，打造成为五峰对外新窗口，不能亦步亦趋，盲目争取东南沿海落后产能转移。

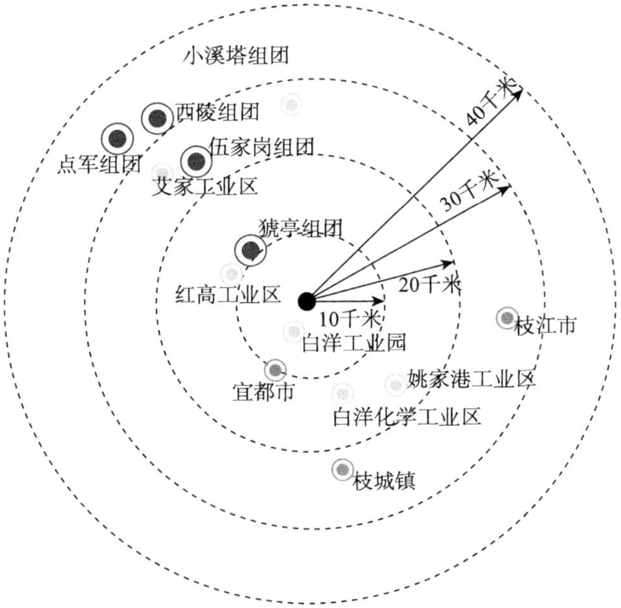

图 5.7　五峰民族工业园区位示意图

飞地经济模式为欠发达地区解决资本、人才和技术短缺问题开辟了一种新的扶贫模式，同时成为不同发展水平的城市或区域之间经济关系的重要传导机制。五峰县对飞地经济的尝试，可以为造血式扶贫作出一定探索。需要注意的是，跨越行政边界后的空间管治具有多方协调难度大的特点，如何将县内经济发展短板与飞地优势相结合，并切实将飞地经济收益转换为县域经济增长动力，是下一步管治的重点和难点。

5.4 第三产业空间管治问题解析

五峰县第三产业对整体经济贡献逐步增大（见图 5.8），在国家提出建设“美丽中国”、湖北省提出建设“鄂西生态文化旅游圈”的大背景下，五峰县确定在“十二五”期间以旅游业为龙头，突破性、超常规发展以旅游服务业为龙头的第三产业，使之成为五峰县域经济支柱产业。故本书在对五峰县第三产业进行分析时主要以旅游业和交通运输业为对象。2013 年在以旅游为重点的第三产业发展方面，五峰县全年实现增加值 19.5 亿元，同比增长 26.6%。商贸流通领域发展得到加强，市场消费繁荣，全年实现社会消费商品零售总额 15.2 亿元，同比增长 16%。

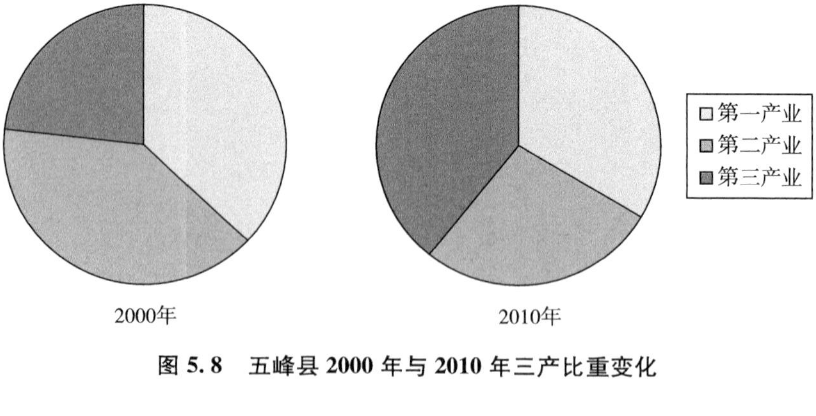

图 5.8　五峰县 2000 年与 2010 年三产比重变化

5.4.1　旅游业空间发展现状

旅游业因其对贫困地区经济拉动的巨大作用和快速效应受到广泛赞誉。一方面，贫困地区交通不便等客观因素限制了现代化进程，保留了较为原始的自然风貌和民风民俗，为旅游业的发展提供了具有吸引力的旅游资源；另一方面，旅游者的到来在增加社区居民收入、改善交通可进入性以及促进当地开放的同时带来不少负面影响。在当下中国，旅游业客观起到的增收效应，引起地方政府，尤其是山区贫困地区政府对旅游业的追捧，特别是一些地区受政府主导模式（焦作模式、栾川效应等）激励，忽视旅游业发展的必备要素，试图再造一个新样本。本章借助旅游业相关理论对五峰县旅游业（生态旅游）空间管治状况进行考察，结合五峰县实际，狭义的旅游业空间为已划定景区，考虑到“全域景区化”的目标，以及旅游资源的多样性，将广义的旅游业空间定义为全县范围。

5.4.1.1　旅游资源赋存

五峰县森林覆盖率位居湖北省县市第一，发展旅游业具有良好的自然资源和生态资源基础。已进行开发规划的景区主要有三个，集中体现了五峰县旅游资源特色：一是国家AAAA级旅游区——柴埠溪大峡谷风景区，以“幽峡百里、奇峰三千”著称；二是国家级自然保护区——后河原始森林生态旅游区；三是白溢古寨暑天冰穴，被誉为“神州九奇”“世界自然之谜”。其他旅游资源主要为具有典型地方特色且已进行初步开发整理的：一是洞穴旅游和地质旅游资源。五峰以长生洞景区为代表的地下溶洞群，全县已成为省级地质公园，国家级地质公园已报待批。二是生态农业观光资源。以柴埠溪茶叶公园、香东茶叶公园、采花茶园为代表的茶山茶园景观、白岩坪现代农业展示园、高山无公害蔬菜产业园等。三是土家风情浓郁的民族民间文化、茶文化等文化旅游资源。此外还有“渔洋关市苏维埃政府旧址”“江南游击纵队会师纪念碑”“中共湘鄂边区五县党代会旧址”等红色旅游资源。根据《旅游资源分类、调查与评价》（GB/T 18972—

2003）可将五峰县旅游资源分为5个主类，23个基本类型（见表5.5）。主要特点为森林覆盖率高、生物物种丰富、岩溶地貌发育形成多种景观、茶叶种植加工历史悠久、具有以土家族为主的民族风情。

表5.5　五峰旅游资源基本类型实体统计

类	基本类型	基本类型实体	数量/处
地文景观类	凸峰与名山	独岭等	6
	蚀余景观	柴埠溪峰林等	3
	奇特与象形山石	柴埠溪“将军岩”等	108
	洞穴	五峰镇、长乐坪镇、渔洋关镇、仁和坪镇、傅家堰乡、采花乡	303
水域风光类	风景河段	老虎口—千丈岩峡谷河段	6
	漂流河段	天池河漂流河段	1
	潭池	后河无底潭等	4
	瀑布	后河“碧潭生花”瀑布等	7
	泉	柴埠溪清水泉等	6
生物景观类	树木	柴埠溪森林、后河原始天然林	2
	古树名木	银杏、檀、杉等	24
	草原	北风垭等	3
	奇花异草	珙桐	1
	野生动物栖息地	后河自然保护区	1
古迹与建筑类	古代社会经济文化遗址	白溢寨“帅府”遗址	1
	古城遗址	五峰镇残存城墙、水浕司土司遗址	2
	塔	五峰镇兴文塔、长乐坪多三塔	2
	碑碣	汉土疆界碑等	4
	桥	五峰镇城河桥等	3
	农林渔牧场	北风垭林场等	4
	特色城镇与村落	五峰镇等	2
	纪念地与纪念性建筑	中共湘鄂边区五县党代会旧址等	3
购物类	地方产品	茶叶为主	10
基本类型实体数量统计			504

从空间上看，五峰县域呈东西条状延伸，全县8个乡镇均有旅游资源

分布（见图5.9），而且海拔高度差异大（海拔300~2300米），资源垂直分异明显。再加上交通设施条件落后，五峰县城回迁渔洋关，行政中心往东部转移等外部条件的影响，旅游景区（点）相互之间的线路串联难度大，资源联动性差，致使县域东部旅游资源开发过度依赖柴埠溪景区，而西部旅游资源开发又严重滞后。五峰旅游资源开发作为全域产业引擎的带动作用并不明显。

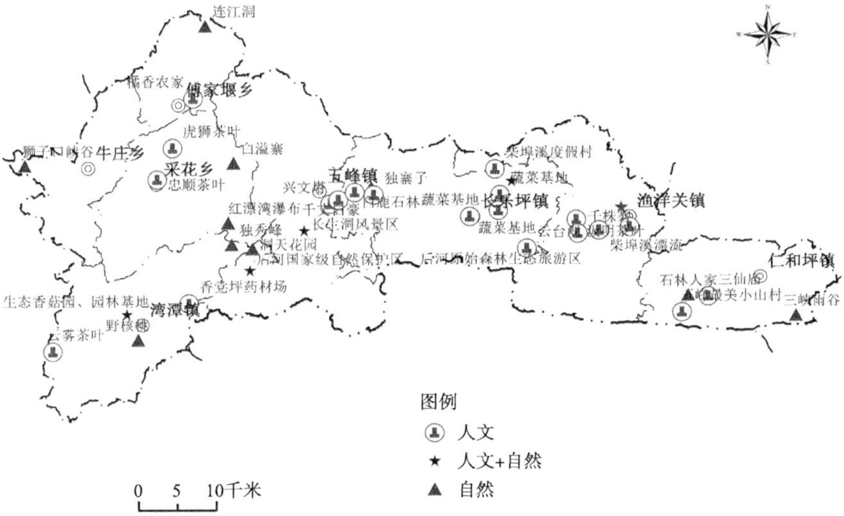

图5.9 五峰县旅游资源空间分布图

5.4.1.2 旅游资源开发现状

“十一五”期间，五峰引进各方资金4000余万元，加强旅游基础设施建设，重点建设柴埠溪大峡谷风景区，旅游产业初具规模。截至2012年底，共有景区3个，旅行社2家，星级宾馆1座，20多家规模以上民营酒店，农家乐481家，旅游商品主要有“采花毛尖”及林特产品，旅游购物空间成规模的有白岩坪村民族风情一条街等旅游小集镇。从旅游六要素“食住行游购娱”来看，相对于宜昌周边其他区县，五峰旅游资源的开发力度不强，尚处于起步阶段，景区产品体系较单一，吸引的游客规模总体偏小，旅游景区经营收入较少，区域旅游发展必备的游客集散中心建设至今仍未启动。旅游酒店及住宿业、旅游购物商店、旅游交通等未形成一定的产业规模，旅游产业集聚度低，对县域经济的拉动效应不明显。从旅游业接待和收入情况（见图 5.10）来看，2004—2011 年，五峰县旅游业处于初创期，发展较为缓慢，2012 年成为拐点，开始出现大幅度上升迹象。

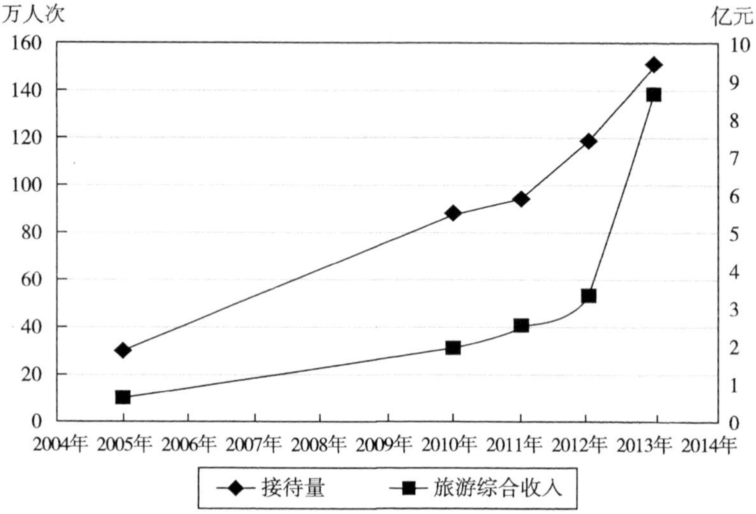

图 5.10 五峰县旅游业发展状况

5.4.1.3 交通状况及特征

交通是制约五峰旅游发展的最大“瓶颈”，目前五峰县是湖北省内仅有的两个无国道、无高速公路、无水运航道、无铁路、无航空的“五无”县之一（见图 5.11），在武汉三小时经济圈和宜昌一小时经济圈之外，景区可进入性差（见图 1.2）。在大旅游交通上，五峰旅游景点受交通制约，难以和长江三峡、张家界等景区形成客源互动和区域联合。近年来，五峰县内交通条件虽然有较大改善，但串联县境内重点景区的旅游交通网络没有形成，交通与旅游资源分布不匹配，景区间公路等级低，路况差，连通性不强，精品旅游线路的构建受到制约。

（1）发展极不平衡

一是公路建设等级不平衡。农村公路进展快，一、二级公路及客运站建设进展较慢。二是公路骨架网络尚不完善，东西发展不平衡。西部缺少与县城的快速通道，乡镇之间缺少循环通道，交通压力大，急需扩容和新增；县乡公路技术等级低，主干发达，环道不足，网状联系不够，部分乡镇间交通联系不畅。三是综合交通网络不健全。只有公路，没有物流基地，水上交通没有充分发挥，没有真正形成大进大出、快进快出的现代运输体系，公路、城市公交、水路等交通方式之间的衔接不够紧密，综合交通网络远未形成。

（2）政府财政无力导致资金缺口较大

上级部门在安排交通基础设施建设项目投资计划时，都要求本地财政配套。由于五峰县财政自给率低，只能保“吃饭”，根本无力配套，很大程度上制约了交通基础设施建设的发展。“十一五”以来，需要县级财政配套的资金达 1. 3 亿元，交通已背负 2. 8 亿元的债务，交通建设举步维艰。“十一五”期间的省干线重点项目，如 325 省道宋左连接线、五巴公路受国家宏观调控，建设资金在“十二五”期间才逐步下达，影响了项目进展；在集中力量确保“十一五”时期重点项目结硬账的同时，也影响了“十二五”期间的省干线项目建设进展。

（3）生态保护需求导致建设成本增加

由于地理地质条件十分恶劣。施工过程中地质灾害频发，造成工程量艰巨，施工难度极大，影响建设工期，增加建设投资。如已完工的 325 省道宋左连接线，施工过程中滑山不断，有的地方塌方高达 10 多次，其间增加建设投资 800 余万元。类似项目多次出现，“十一五”时期以来，因地质灾害增加的公路建设投资已达 4000 多万元，原本十分紧张的建设资金更是雪上加霜。此外，大量乡村公路需要改扩建，山林土地占用量越来越多，补偿标准逐年提高，公路建设与土地供给矛盾日益突出。为了实现“设计时最大限度地保护生态，建设中最小限度地破坏生态”的目标，坚持把生态保护与交通发展并重放在首位，在参考兴山县等地的实践方法后，五峰县交通部门尝试项目建设尽量考虑桥梁、隧道作为主体建设成分，降低林木砍伐面积，相应地，建设成本上升，需要相应的生态补偿资金予以支持。

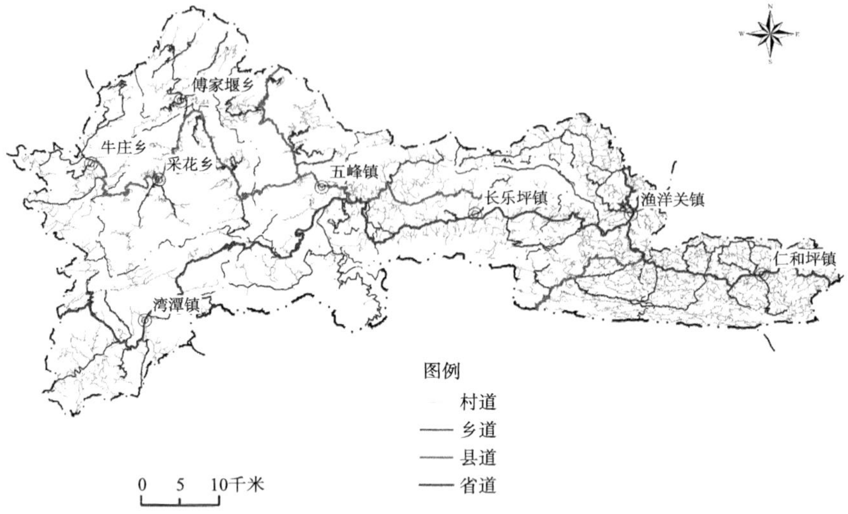

图 5.11　五峰县交通现状图

5.4.2　旅游空间管治问题解析

结合本书所采用分析框架以及对行为主体的划分，各级主体功能区规划对重点生态功能区内发展旅游业均有较为明确的规范：

一是针对县级政府，要严格控制旅游活动的开发强度，只能在不损害生态系统功能的前提下，因地制宜地适度发展旅游、农林牧产品生产和加工、观光休闲农业等产业，积极发展服务业。需要严格按照保护对象强化对自然文化资源原真性和完整性的保护。只能在试验区开展符合规划的旅游、种植业和畜牧业等活动。此外，上级政府会考核依法管理的情况、污染物“零排放”情况、保护对象完好程度以及保护目标实现情况等内容，重点仍然放在生态保护上，旅游收入等经济指标并不作为考核对象。

二是要求旅游企业在对柴埠溪森林公园进行开发时，需要严格按照监管规范即相关规划安排旅游设施及其他基础设施，并逐步拆除违反规划建设的设施；根据资源状况和环境容量对旅游规模进行有效控制，不得对森林及其他野生动植物资源等造成损害。禁止开发区域的旅游资源开发，要同步建立完善的污水垃圾收集处理设施。

三是柴埠溪和后河两大景区的核心区同属于禁止开发区域，属于我国保护水丝梨等珍稀动植物基因资源保护地，需要在旅游业开发中禁止进行超出规定强度的建设并给予足够保护。

基于五峰县旅游业空间利用状况，发展问题可拆分为以下几个方面：一是旅游业发展快速，但不足以成为地区发展支柱，主要景区开发程度较低，如柴埠溪仅开发 20%，地方政府迫切需要旅游业增加财政收入；缺乏资金建设配套接待设施，短期内旅游可进入性较差，旅游接待能力严重不足，游客停留时间短，旅游消费低，拉动作用相对微弱；在缺乏资金的前提下进行旅游开发，必然是低水平开发，对生态景观造成的恶劣影响，需要政府权衡利弊。二是各景区景点的连接不紧密，配套产业发展不够，与文化的融合、旅游与流通的互动、旅游与产品的关联比较欠缺，旅游资源的整体优势没有得到充分体现，知名度和美誉度主要在省内，品牌效应不强，旅游业的季节性导致旅游收入的不稳定，如何应对这一现实，政府尚未考虑。三是对于单个景区而言，如何实现社区居民从旅游业中受益的同时，保持其原有风貌，有一定难度；五峰周围同质资源较多，竞争激烈，在缺乏可进入性和美誉度的前提下，客源市场的定位和选择，如何进行差异化竞争，旅游企业需要考虑。

规范包括全县旅游规划、“十二五”旅游规划、各个景区规划、各个镇规划；行为者可分为四大主体（见图 5. 12）；将每一个景区的出现看作

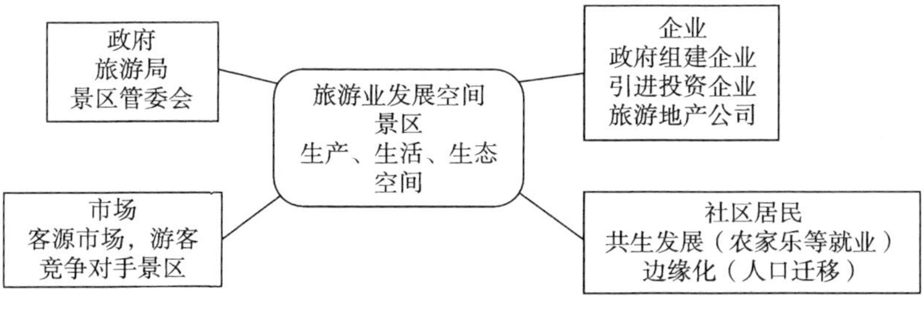

图 5. 12　五峰县旅游业空间管治分析图

一个新节点，全县旅游资源的不断开发构成节点链，进而形成旅游空间利用的过程。

5.4.2.1 政府积极推动旅游业发展

地方政府对欠发达旅游业后发地区发展起着至关重要的作用，对于重点生态功能区而言，关键在于平衡旅游开发强度与生态保护的需求，借助旅游业促进区域经济良性发展进而促进生态保护，通过提高旅游可进入性改善区域交通状况，通过提高区域知名度和美誉度吸引外来投资，通过促进当地居民与游客的沟通提高区域社会文化流动性和外向性。通过与周边地市旅游业发展条件进行比较分析（见表5.6），明确自身旅游发展优缺点，形成差异化发展路线。相比之下，五峰县最大的劣势在于交通可达性较差，最大的优势在于较好的生态环境，作为重点生态功能区，打破僵局的关键在于提升交通条件的同时形成有较高知名度和美誉度的差异化旅游产品。

（1）制定专项规划及支持

五峰县于2002年委托中国科学院地理科学与资源研究所编制五峰县首轮旅游总体规划——《湖北省五峰土家族自治县旅游发展总体规划（2002—2020）》，对县域旅游资源进行了较为全面的普查，其中对洞穴地质资源的考察尤为深入。2012年委托中南财经大学对上述规划进行修编，规划期为2013—2025年，以规划作为全县旅游发展的引领和指导；柴埠溪景区和后河自然保护区也分别编制各自规划；旅游局编制旅游业可持续发展规划、旅游“十二五”规划等相关规划，根据国家政策调整对五峰县旅游发展进行滚动式指导。为了尽快发现旅游业中存在的问题，除根据规划进行指导外，2013年五峰县第五十次县委常委（扩大）会议决定与湖北大学开展旅游开发战略合作，在渔洋关挂牌设立湖北大学五峰旅游研究中心；并成立县旅游研究中心，为县旅游委办下设二级事业单位，安排全额拨款事业编制。

表 5.6 五峰县旅游业发展状况与周边县市对比

项目	五峰	利川	石柱
生态环境	森林覆盖率 81%	森林覆盖率 58.9%	森林覆盖率 52.8%
气候条件	亚热带季风气候，年平均气温 12.1℃，无霜期 240 天，年均降水量 1600 毫米，年均日照 1533 小时	亚热带季风气候，年平均气温 12.3℃，无霜期 232 天，年均降水量 1200～1400 毫米，年均日照 1299 小时	亚热带季风气候，年平均气温 16.5℃，无霜期 277 天；年均降水量 1103 毫米，年均日照 1316 小时
交通条件（含在建）	距宜昌约 100 千米、武汉约 440 千米。陆渔一级公路，宜张高速，三峡机场	距万州约 100 千米、重庆约 330 千米。宜万铁路、渝利铁路，沪渝高速、利万高速，恩施、万州机场	距万州约 110 千米、重庆约 220 千米。沪渝、丰石、沿江、梁黔四条高速，渝利铁路
客源市场	近：宜昌，中：荆州、荆门、常德、张家界，远：武汉、长沙	万州、重庆	万州、重庆
旅游资源	柴埠溪国家森林公园、后河国家级自然保护区、国家地质公园	“一洞一寨一树一井一首歌”：腾龙洞、鱼木寨、水杉王、大水井、龙船调	“一园一场一人一街”：黄水国家森林公园、千野草场、巾帼英雄秦良玉、西沱云梯街
文化资源	土家文化、茶文化	土家文化	土家文化、历史名人

由于“政府主导”是后发旅游目的地开发的重要模式，可充分发挥政府支持作用，促进旅游业短期内快速发展。在确定“生态立县”原则后，五峰县政府在产业选择上严格限制，基于生态优势将旅游业作为支柱产业进行打造，并全力推进“全域景区化”。在机制运行上，五峰县政府对旅游空间的管理主要通过旅游局来执行，柴埠溪景区和后河景区两大已运行景区还成立了景区管理委员会进行管理，与所在乡镇平级，具体负责景区内部设施维护及营销宣传，此外还注册成立了宜昌长乐旅游投资开发有限公司。受五峰县政府“全域景区化”影响，各乡镇在制定“十二五”规划时，基本上对旅游板块都有所讨论。弊端是导致景区前期准备遍地开花，在缺乏可行性论证以及必备的可进入性、客源和资金的前提下，不当的开发容易对生态环境造成破坏。

可以看到，五峰县政府对于发展旅游业具有相当的热情，在大量的文件和报告中提到“以生态旅游促进县域经济发展”的说法。实际上，国际上严格意义上的生态旅游不仅对旅游资源的开发利用有着严苛的保护要求，对旅游者的素质和管理者的行为方式均有近乎不利于大众观光旅游业发展的标准。对于把握旅游业发展与生态保护的平衡点这一难题，只是在概念上保持平衡可能会难以有效控制实际操作中带来的破坏，应在机制运行上做好设置。

（2）多渠道筹集发展资金

对于五峰县来说，旅游资源开发所需资金是旅游业发展的瓶颈。以后河旅游区为例，根据该景区旅游资源环境特点以及开发项目较多、投资规模较大的实际情况，五峰县采取超常规措施，通过多种形式、多条渠道，广集社会资金。采取“国家、地方、林场、集体、个人一起上”的方针，对于生态旅游区的交通道路、给排水工程和环境保护工程等基础设施经费，向国家、省旅游有关部门申请专项资金，列入年度计划。景区、游乐服务设施等项目投资，由旅游区办公室制定投资优惠政策，通过招商引资，吸引国内外的资金投入。

针对旅游配套条件不足的问题，引资建设的五峰国际大酒店主体工程全部完工，招商引进宜昌景新置业有限公司投资旅游产业，总投资 1.8 亿元的柴埠溪旅游休闲度假区养老公寓及配套项目现已全面启动前期工作。旅游地产作为借助外来资金进行开发的有效手段，以探索的形式进入五峰县旅游发展范围。2013 年 10 月 25 日，五峰柴埠溪旅游休闲度假区养老公寓项目成功签约。这标志着柴埠溪旅游休闲度假区实质性开发正式启动，五峰县宣布五峰旅游产业发展将进入又一个新时期，将在政策上给予支持，并落实有关协议责任。

5.4.2.2　旅游配套企业发展滞后

为推动旅游资源按照市场需求进行运营，2009 年，五峰县政府在对柴埠溪景区完成基础建设后，引入鄂西生态文化旅游圈投资公司和武汉三特索道集团股份有限公司组建了湖北柴埠溪旅游股份有限公司并投入运作。2011 年，湖北采花茶业公司投资 2000 万元，在五峰建成湖北茶博馆。此外，五峰县旅游相关企业还有少量的旅行社、酒店、旅游衍生行业如旅游地产公司等，整体体量较小，占县域经济比重低。2013 年，为切实解决柴埠溪旅游度假区建设投融资问题，五峰县第四十二次县委常委（扩大）会议同意成立长乐集团柴埠溪旅游投资有限公司，负责度假区的开发建设，用土地收益实现滚动发展。要求柴埠溪旅游度假区要积极开展旅游招商工作，实现借力发展、快速推进，重点是大力发展旅游服务业，积极支持本地餐饮企业发展，大力引进外地知名餐饮企业落户五峰，不断提升全县旅游接待能力和水平。五峰县在旅游企业类别上基本齐全，除表 5.7 所示大型旅游企业外，还有少量小型旅行社、餐饮、住宿设施，购物企业相对薄弱，共同构成五峰县旅游企业体系。整体看来，五峰县旅游业以接待为主，仍处于初级阶段。

旅游购物是旅游业的重要构成，也是观光旅游业中容易忽视的部分，五峰境内独具特色的农副产品种类繁多，知名的有茶叶、核桃、板栗、蜂蜜、药材、腊肉、苞谷酒、空心李子、高山蔬菜等，部分农产品已经拥有一定品牌，可以旅游购物的形式进行适当开发，带动区域农产品知名度，提高农业附加值，同时为以加工业为主的第二产业提供契机。

表 5.7　五峰县主要旅游企业列表

序号	企业名称	投资/管理对象
1	鄂西生态文化旅游圈投资公司	柴埠溪大峡谷景区
2	武汉三特索道集团股份有限公司	
3	湖北柴埠溪旅游股份有限公司	
4	长乐集团柴埠溪旅游投资有限公司	柴埠溪旅游度假区
5	湖北采花茶业公司	湖北茶博馆
6	宜昌市景新置业有限公司	柴埠溪旅游休闲度假区养老公寓项目

资料来源：五峰县旅游局提供资料及网络资料。

此外，需要注意的是，由于全县处于旅游生命周期的初级阶段，对旅游业整体持支持态度，但也应看到旅游业不当开发带来的负面效应，超负荷运行的基础设施以及受到冲击的地方文化都可能出现。旅游业生产空间的本质是五峰县独特的生产空间、生活空间和生态空间，尤其是生态空间具有典型的公共物品的特点。在重点生态功能区的大背景下，生态保护和生产发展的重点非常鲜明，应按照规划和实际生态状况对旅游企业行为进行动态约束，避免对生态环境造成损害，消耗税收、财政收入和生态补偿资金进行长期修复。

5.4.2.3 市场竞争力有待提升

作为行为者的市场主要有两个层次：一是为旅游业空间发展提供客源，形成该空间利用的主要对象，二是处于其他行政区的旅游业空间构成五峰县旅游发展的竞争与合作对手。以下从游客和竞争者两个方面进行展开。

（1）客源市场空间分析

根据五峰县旅游总体规划修编对旅游客源市场所作的问卷调查，2012年来五峰县旅游的游客中，50%为周边本地客源市场，25%为荆州，15%为武汉等地的省内中程客源市场，还有部分是专程赴长江三峡旅游的省外远程客源市场。在出游方式上，旅游者来五峰的主要方式是自驾游和团队旅游，家庭和企业事业单位组织的出行比例较高，背包自助的探险旅游者占到一定的比例。

五峰县位于湘鄂两省交界地带，可以共享多地客源市场。五峰旅游市场定位应以本地客源市场为主，延伸客源市场和机会客源市场为辅。未来随着宜来、宜张高速公路的建成，五峰县旅游客源来源将更加多元化，可分享宜昌、神农架和张家界等知名景区的旅游客流，形成辐射全国各地乃至部分海外客源网络。

（2）旅游空间竞合分析

五峰县独特的区位为其旅游业大环境创造了特殊的空间竞合关系。作为宜昌市的下辖县，在一定程度上可以分享三峡旅游客源；但除去三峡周边开发的互补景区，同属于鄂西生态文化旅游圈和武陵山区的同质资源较多，也对五峰县后起造成较大压力。分别对五峰县在《宜昌市旅游业发展总体规划（2006—2020）》《鄂西文化生态旅游圈旅游文化专项规划》以及武陵山区的空间位置进行分析，辨析其在全市、全省以及片区范围内空间地位，刻画其旅游空间竞合状况。

《宜昌市旅游业发展总体规划（2006—2020）》确立了以长江三峡观

光休闲旅游、清江土家民俗体验旅游、三国文化旅游、宜昌都市观光旅游等四大主题为基本开发方向，五峰县在宜昌市旅游业发展中正处于被边缘化的境地。与宜昌众多稀缺旅游资源相比，五峰旅游资源缺乏唯一性、独特性，与相邻的长阳土家族县，在区位、民俗、景观上有一定的相似性；和宜昌已成功运营的旅游景区相比，五峰旅游景区的吸引力较弱。此外，宜昌市已建成6个国家级森林公园和3个省级森林公园，整体生态环境优良的三峡旅游区给五峰文化生态旅游的未来发展带来了一定的形象遮蔽。

鄂西生态文化旅游圈是湖北省委、省政府在2008年作出的重大战略决策，五峰县在圈内主要劣势为：一是同质度较高且知名度低；二是交通进入性相对较差，利川等县市均有铁路或高速公路与主要客源地相连，五峰县处于交通网的漏洞处，给发展旅游业造成天然劣势。

武陵山片区集革命老区、民族地区、贫困地区于一体，是跨省交界面积大、少数民族聚集多、贫困人口分布广的连片特困地区。区内发展最成功的旅游景区为以张家界森林公园为首的武陵源自然风景区，此外还有六七处AAAAA级景区，主要集中在重庆市和湖南省。从地理区位上看，五峰县位于宜昌与张家界之间，规划建设中的宜张高速、宜来高速、宜昌至常德快速客运铁路横穿五峰县，将成为五峰贯通东西两区的快速通道，也将成为五峰联系武陵山区其他区域的交通大通道。随着宜昌—张家界—怀化—柳州这条轴线的发展，它们将与湖北省内的神农架—武当山—襄阳等旅游轴线对接，为五峰旅游寻找到旅游客源市场的突破口，为其今后发展提供更为广阔的空间。

5.4.2.4 社区文化和居民尚未融入旅游业发展

在旅游资源得到开发之前，社区居民是利用该空间的主体；当进行旅游开发后，空间功能发生转变，居民原有开发权利受到严格限制，往往为了保护生态环境而必须放弃原有的樵采、耕作、打猎等利用方式，用柴埠溪景区农户的话说，“连一根烧火棍都不能捡”，转向外出务工或依托到访旅游者发展第三产业。实际上，这一转变过程较为漫长，部分情况下会造成居民陷入贫困而难以与旅游业和谐共存。

五峰县大量青壮年劳动力外出务工，留守儿童和留守老人社会情况严重，景区内农户生计难以延续原有生活方式，甚至带来不少社会问题。政府引导解决这一问题的途径主要是以下几个方面：一是针对老弱为主的农户，逐步实行生态移民，将景区内的农户有序地迁出，在区外集中安置，与旅游业发展空间相脱离；二是针对具有一定劳动管理能力的农户，帮助农民就地转业，参与到景区的维护、管理中，以换取基本生活保障；三是对于交通位置较好、劳动力较多的农户，鼓励发展农家乐等乡村旅游业，以接待餐饮住宿等参与全县旅游业建设。

社区居民对旅游空间的另一重大作用，是提供宝贵的乡村文化旅游资源。对于五峰县而言，土家文化虽然与长阳县、鹤峰县、恩施土家自治州难以形成鲜明差异，但对于土家文化区以外的地区游客仍然具有相当的吸引力。社区居民作为这一文化的主要载体，在适当的引导下可以丰富实体旅游空间。五峰县已经开展对南曲、土家打溜子、薅草锣鼓 3 个国家级和土家撒叶儿荷、采花毛尖制作技艺等 7 个省级非物质文化遗产名目的抢救与保护工作，但仅仅把这些遗产放到博物馆里仍然缺乏其生命力，只有与旅游业结合起来，以原生环境为土壤，以原有民族载体为依托，才可以真正形成有继承性、创造力和吸引力的旅游产品（见图 5. 13）。

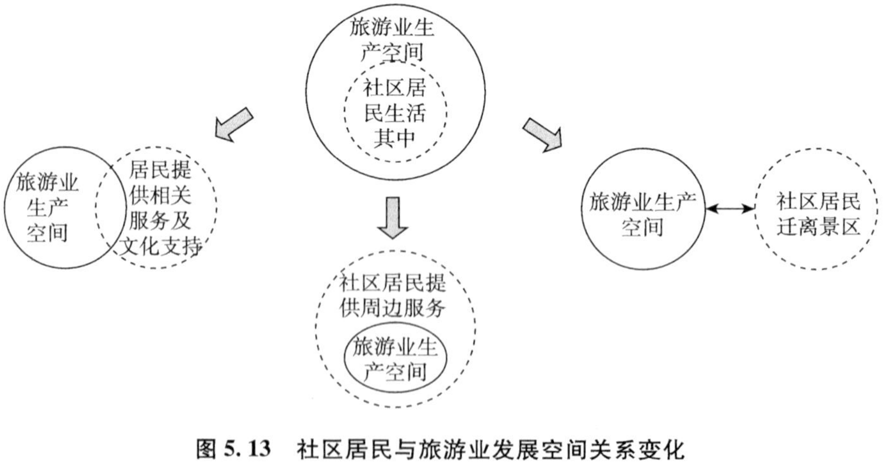

图 5. 13　社区居民与旅游业发展空间关系变化

5.5 小结与讨论

本章以改进后的分析框架为研究手段，按照第一、第二、第三产业的分类法分别对五峰县生产空间进行局部分析，得出以下结论：

5.5.1 农业生产空间保护压力大，收入较低导致农民动力不足

五峰县在之前的基本农田划定中承载了较大压力，在新政策主体功能区规划背景下，退耕还林、发展林特产业均可能减少基本农田面积。同时不断外流的农村劳动力也导致对基本农田的维护难度提高，只有当农民在农村的收入基本等同于在城市打工收入时，农村人口才会停止外出务工，对农业生产空间进行长期经营。一是应当从政策上对重点生态功能区的基本农田保护任务进行调整，山区在不破坏耕作层的前提下，作物选择执行标准上应享受更大的弹性；二是顺应新型城镇化发展趋势，引导农村人口逐步减少；三是在林权改革的基础上，尝试推动山区土地流转、合作社和承包经营机制与现代企业经营相匹配。在山区特色经济发展的基础上，提高农业经营水平，解决农民长远生计，最终实现巩固水土流失治理、退耕还林成果、维护生态安全的目标。

5.5.2 工业生产空间布局趋于集中，矿产资源管治规范不健全

五峰县在工业发展向工业园集中的思路较为明确，逐步将全县农业加工企业集中在两大工业园，综合考虑工业发展需求对工业园进行布局。飞地工业园的设计在一定程度上突破了生态红线的限制，可以在工业增加值上有所贡献，但现有园区引入企业与县域母体经济的联系较弱，尚未形成有效互动。加工业占据县域第二产业的重要地位，除茶叶加工业外，全县内外产业经济链条不明显，以初级农产品生产和销售为主。矿产资源经济

效益的客观存在与生态环境保护的低收益，加上行政管治力度的薄弱，造成这一难点无法突破，只有在提高生态补偿标准、严格生态安全控制的基础上，提高农业综合收益，设计符合重点生态区的矿产资源开发模式才有可能真正实现其有效管控。

5.5.3 旅游业生产行为主体间博弈激烈，交通运输发展成瓶颈

五峰县旅游资源丰富，但尚未转化为有效旅游吸引物。现有主要景区兼备禁止开发区的属性，不同层次间规范存在不协调，不仅要在开发时控制强度，还要兼顾各方利益。旅游企业的建设应当立足当地生态、文化，从机制上确保生态友好，有效应对旅游业的周期性和波动性。由于五峰县现有景区企业具有较强的政府属性，其空间管治效果要兼顾政绩与企业效益，应在完善规范和机制的前提下，重视居民作为弱势群体在旅游业开发中的利益，发挥旅游业对城镇化的带动作用，提高空间附加值，拓宽农民增收渠道，充分发挥农家乐等小型接待设施的作用，同时配套公用服务以平衡多方利益。旅游业发展空间最大的短板在于交通可进入性较差，归因于财政收入薄弱。交通基础设施建设的大规模投入和对生态环境的不可逆影响，对重点生态功能区来说是一把双刃剑，需要对管治过程进行全控制。

6 五峰县生活空间管治

尽管马尔萨斯及其《人口原理》对于人类发展的悲观论调饱受批判，但他所指出的人口发展对生产资料增加的大量需求是不容忽视的客观事实。对于重点生态功能区而言，为了达到人与自然的平衡态，将人类活动控制在自然承载力范围内，最有效的途径是控制脆弱生态区的人口数量及其活动。为了保证这一区域内的居民可以共享文明成果，则需要发展适合的公共服务模式，采用不同于其他类型地区的城镇化推进方法。由于现有生活空间研究多偏重于城市生活空间，对重点生态功能区的生活空间研究较少，故借鉴相关规划和前人研究成果，尝试从人口结构、聚落体系和公共服务三个方面展开。由于生活空间面积比重占行政区总面积较小，故在对整体概述的基础上，选取管治问题突出的交界地带，以县城搬迁这一节点为案例进行分析。

6.1 生活空间格局分析

五峰县生活空间格局的主要特点是生活空间斑块幅度较小且较为松散。建制镇斑块除新老县城有较大面积的连片斑块外，只有在乡镇单位行政所在地呈小片聚集，且与主要河流距离较近。村庄斑块分布在海拔相对较低的地区，东部海拔较低地区的村庄密度高于西部。

生活空间中村庄的斑块面积比重远高于建制镇，呈典型的核心—外围态势，一个乡/镇政府驻地沿道路服务周围圈层中的村庄，其中，新老县城的斑块面积相对较大，形成两个明显的中心地。对应地，村庄的斑块密度高于建制镇，建制镇的最大斑块面积值高于村庄。建制镇的连接度指数大于村庄，表明建制镇组成斑块之间连通度高于村庄（见表 6.1）。

表 6.1　五峰县生活空间类型水平指数分析值

生活空间类型	*PLAND/%*	*PD*	*LPI*	*IJI*	*CONNECT*
村庄	90.2413	17.8704	0.4197	N/A	0.0529
建制镇	9.7587	0.735	4.1973	N/A	3.629

为了充分体现山区县限制开发区对人口数量扩张和环境影响的限制，生活空间控制到村庄和建制镇两种斑块类型。生活空间蔓延度指数低于整体景观按地类划分分析值，高于按空间类型划分分析值，低于生态和生活空间对应值，表明生活空间组成斑块破碎度较高，集聚度较低。香农多样性指数仅高于生态空间，均匀度指数仅低于按空间类型划分的整体景观对应值，聚合度指数为所有空间类型计算值的最低值，充分表明了生活空间斑块类型数和面积比重的均衡度较低，斑块分布聚合度低，是山大人稀、平坦地形较少且分布零散造成的。交通等基础设施的建设需要耗费高昂的成本，这样的人地关系势必为其空间管治带来独特的影响（见表 6.2）。

表 6.2　五峰县生活空间景观水平指数分析值

指数类型	*CONTAG/%*	*PR*	*SHDI*	*SHEI*	*AI*
分析值	52.0455	2	0.3197	0.4613	8.9816

6.2　人口结构与聚落体系管治问题解析

五峰县人口和聚落分布状况可用“山大人稀”来形容。全国主体功能区规划中对重点生态功能区的管治要求主要包括三个方面：一是人口总量下降，人口质量提高，将部分人口转移到城市化地区以减轻对生态环境的压力；二是严禁改变重点生态功能区生态用地用途，严禁自然文化资源保护区土地的开发建设；三是引导超载人口逐步有序转移。

6.2.1 人口结构管治问题解析

2012 年五峰县共有人口约 20.33 万人，近十年来人口数量和结构基本稳定，人口数量略有下降，约减少 1 万人。2012 年农业人口占总人口比重约 87%，非农人口约占 13%，其中非农人口主要集中在五峰镇和渔洋关镇，两镇合计比例约 75%。男性约占总人口的 52%，女性约占 48%，各乡镇比重均接近该比例（见图 6.1）。根据五峰县人口密度图（见图 3.13），密度高值均处于各乡镇行政驻地。从全县 2007—2012 年数据看，渔洋关镇人口始终最多，其次是五峰镇和采花乡，牛庄乡人口最少。

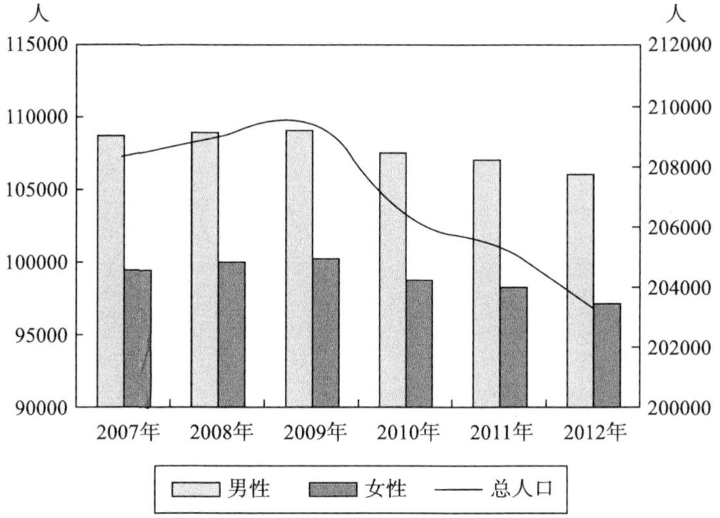

图 6.1 人口性别结构图

2012 年全县人口出生率为 9.77‰，死亡率 12.15‰，人口自然增长率为 -2.38‰，自 2010 年起该值连续三年为负值，全县人口呈持续走低态势。当年湖北省人口出生率为 11‰，死亡率为 6.12‰，人口自然增长率为 4.88‰，与湖北省整体相比，五峰县出生率较低且死亡率较高，人口自然增长率较低。但考虑到宜昌市整体水平偏低的情况，人口从经济水平较低的西部向收入水平较高的东部迁移乃大势所趋。这一事实与2009年的《重塑世界经济地理》报告结论是一致的，故应顺应这一趋势从提高西部人均收入入手，稳步推进人口迁移，促进重点生态功能区保护生态目标的实现。

五峰土家族自治县执行的是“二孩半”民族自治生育政策，即：凡属户籍在本地的农业户口居民、除开夫妻双方均属汉族以外的城镇户口居民外，均可生育两个孩子；属再婚的或者特殊家庭经过审批还可再生育一个孩子；除外地家庭迁入本地居住的居民生育期需要达到4年以上外，均取消了生育期间隔的规定。据此可以推测，青壮年人口外流、老龄化严重是五峰县人口死亡率较高、人口减少的主要原因。

五峰县计生部门在“十二五”期间的总体方针是：控制人口数量、提高人口素质、改善人口结构，促进人口长期均衡发展。“十二五”期间全县人口自然增长率控制在4‰以内，人口出生率稳定在10.59‰左右。到2015年，总人口规模为212200人，年递增0.76%，符合政策生育率稳定在95%以上。根据主体功能区规划的要求，鼓励超载人口从重点生态功能区迁出，减少这一区域人口数量，提高人口质量，减轻人口对环境的压力。五峰县对人口增长持支持态度，适度人口对于增加地方经济活力、拉动区域经济增长有着重要作用，但从减少环境压力的角度来看，与宏观管治规范在数量控制上相悖。

6.2.2 聚落体系管治问题解析

聚落体系是生活空间存在的重要形式，按照本书对生活空间的划分方式，可以按照聚落体系将其划分为城镇生活空间和农村生活空间两大类。县城搬迁到渔洋关镇后，该镇部分土地类型转换为城市用地，改变了五峰县只有建制镇用地和村庄用地的结构。将建制镇用地和城市用地归为城镇生活空间，村庄用地归为农村生活空间。生活空间也是生产空间发展的起点，居民从事的生产类型对生活空间结构、布局、风貌等形成起着重要作用，相应的空间管治措施也会对其进行指导。

在发展旅游业的思想指导下，五峰县提出发展生态城镇的思路，着力打造特色“三镇”，即以大众观光休闲旅游集散中心为主题的旅游名镇渔洋关、以避暑养生为主题的绿色生态走廊长乐坪、以区域旅游集散和休闲度假为主题的特色城镇五峰镇。结合推进县城新区渔洋关的城镇建设，高起点规划建设柴埠溪土家风情小镇，着力打造鄂西南最具民族特色的土家村落；同时加强县城新区渔洋关生态城镇规划设计，要把渔洋关建成鄂西最美的“土家名城”，构建“山在城中、城在水中、水在绿中、绿在人中、人在画中”的美好图景。

聚落体系的相关规范相对比较完整，县级、乡级、行政村级基本上都有可参照的空间规划，包括住建部门编制的城镇总体规划、国土部门编制的土地利用总体规划和旅游部门编制的旅游业总体规划等。这部分的研究重点是立足生态保护与生活空间发展平衡点，探究现实与规划之间，以及城镇规划、土地规划与主体功能区规划之间在生活空间管治方面的矛盾。全国主体功能区规划提出，要在现有城镇布局基础上进一步集约开发、集中建设，重点规划和建设资源环境承载能力相对较强的县城和中心镇，提高综合承载能力。引导一部分人口向城市化地区转移，另一部分人口向区域内的县城和中心镇转移。生态移民点应尽量集中布局到县城和中心镇，避免新建孤立的村落式移民社区。在县级主体功能区方案中，五峰县的生活空间范围大致包括城镇建设空间和农村发展空间，分别给出其发展导向和优化措施。以下根据主体功能区和新型城镇化发展要求分别对城镇和农村两类生活空间管治问题进行解析。

6.2.2.1 城镇生活空间

城镇生活空间主要分布在新县城和老县城所在地以及几个乡镇镇区范围，是五峰县经济发展、城镇化建设的主要承载区，也是未来生态移民的重要迁入区。主体功能区规划中提出五峰县后期将呈现“一主、一副、六特”的三级城镇体系结构，即以渔洋关镇镇区为中心城区，五峰镇为副中心，其余6个乡镇驻地为一般发展乡镇的三级城镇体系。五峰县土地利用总体规划中提出：建设以渔洋关镇镇区为中心城区，五峰镇、长乐坪镇2个镇为重点镇，其余5个乡镇为一般发展乡镇的三级城镇体系。而五峰县总体规划中提出将渔洋关镇发展为县域东部的中心，五峰镇为西部的中心，其他城镇为一般建制镇。以鸦来公路为发展轴线，以五峰镇、渔洋关镇为中心城镇相对均衡布局县域城镇。抛开个别乡镇具体定位，整体确立了渔洋关镇新县城的领头地位，以及五峰镇的次中心地位，其余乡镇驻地作为生活服务中心，分别发挥其公共服务节点功能。值得注意的是，人口仅次于新老县城的、拥有独特茶叶经济的采花乡，以及拥有柴埠溪景区的长乐坪镇，均有各自的依托产业，有成长为未来经济中心的趋势。

除新老县城以外的乡镇驻地均可视为该乡镇的生活服务中心，作为县城与农户之间的沟通节点和承接主要生态移民的载体。生态移民根据移民经济实力和安置情况可以分为多种类型。一是对于积累财富到相当数量的居民，出于改善生活便利度、提高子女教育水平等多种因素考虑，倾向于直接搬迁到宜昌市等层次的区域就业安家。二是对于以县内收入为主要来源的居民，在县城搬迁计划出台后，除原有县政府工作人员及家属搬迁到新县城，还有大批第三产业小型服务商也选择搬迁，加上渔洋关镇宜居面积相对较大，人口数量自 2007 年起就高于五峰镇，直接到新县城寻找就业机会。三是对于不少西部居民来说，搬迁后的五峰老县城是其改善自身公共服务供给水平的契机，通过购置二手房等形式，获得在老县城定居的机会，可以相对较低的成本获得相对较好的集中安置，且距离原有山林等生产资料较近，对生产生活影响可控。

对于大部分普通居民而言，难以承受远距离搬迁的经济负担，欠缺在本乡镇或行政村内进行集中安置的土地，是否要集中安置以及如何进行安置都是需要针对不同类型和实际情况进行分类考虑的。此外，能否实现集中安置与社区居民获取生产资料的方式息息相关。在完全依靠土地生存且生活水平低下的前提下，强制居民搬迁到较远的集中安置点不现实。故农村生活空间的布局和安置需要结合生态空间的保护政策，以及生产空间的土地流转政策进行判断。当农业基础生产实现较少的劳动力投入即可达到较大产出，即其边际收益大到与农村居民到城市打工的边际收益相接近时，农村人口数量可以达到基本稳定，相应的生活质量和公共服务水平也可以实现均等化的内涵。

6.2.2.2　农村生活空间

一是农村居民点分布较为分散，建设用地集约利用水平不高。大部分农村居民点沿着五峰县境内六大水系分布，其中渔洋关镇区周围、五峰镇中北部、采花乡的居民点分布尤为密集，且居民点规模较大，全县3000人以上的居民点基本都分布在这三大区域。流经这三大区域的渔洋河、天池河及泗洋河是五峰县流域面积最广、年径流量最大的三条河流，说明河流对县域居民点具有重要影响。目前，农村居民点用地面积为3680.31公顷，约占土地总面积的1.55%，主要分布在升子坪、汉马池、白岩坪、茅坪等地势平坦的自然村落。农村居民点人均用地面积208.21平方米，是我国农村居民点用地标准（150平方米/人）的1.38倍。农村居民点建设布局散乱，特别是沿交通线无序建设低层建筑和院落式居民点现象比较普遍，集约利用程度较差。

二是海拔高度越高，居民点分布越稀，规模越小。傅家堰西部、牛庄、湾潭、五峰镇南部以及长乐坪镇是五峰县海拔相对最高的区域，在海拔1000米以上，居民点分布相对稀疏，大多规模不超过2000人，尤其是湾潭东北部五峰镇南部基本没有居民点。渔洋关全县平均海拔最低，核心区域海拔不超过500米，这一区域的居民点规模最大，分布密集。五峰县内存在两个居民点密集区，一个位于距离城区20千米圈层内，该范围内分布有36个居民点，占总居民点的33%；另一个位于距离城区50~70千米的县域西部，分布有40个居民点，占总居民点的37%。渔洋关镇区对50千米范围内的居民点分布有一定影响，对半径在20千米以内的居民点影响尤其显著。以渔洋关城区为圆心，居民点区位熵先降后升再降。

6.3　基本公共服务管治问题解析

公共服务是生活空间的重要组成部分，其均等化状况是对生活空间水平的重要考察，按照包含内容的多少，可区分为基本和一般公共服务。根据国家和学术讨论，有学者提出基本公共服务应该是指与民生密切相关的纯公共服务[192]。现有研究中对公共服务均等化多从文化、教育、医疗卫生及其财政问题几个方面展开[193]。五峰县作为山区县，与湖北省整体水平相比，公共服务水平偏低，结合五峰县实际情况和数据可获性，从医疗和义务教育两个方面展开评价和讨论。全国主体功能区规划分别对教育、医疗等方面提出要求，并提出改革户籍管理制度，逐步将公共服务领域各项法律法规和政策与现行户口性质相剥离，针对少数民族聚居区，提出优先安排与生产生活密切相关的项目，增加就业机会，扩大收入来源。对于当前政策中提及较多的“公共服务均等化”，多从机会均等和结果均等两个方面展开，就五峰县实际而言，现阶段人口整体数量较少、居住较为分散（见图 6.1）、交通不便，参照其他地区所提出的评价体系进行计算会导致公共服务均等化水平明显低于其他地区，故从五峰县境内基本公共服务状况空间分布状况出发，分析本县范围内的基本状况及管治问题。

6.3.1 研究方法

山区由于独特的地形特点，在推进公共服务时与平原地区差异较大。以“山区”和“公共服务均等化”为关键词在中国知网中检索，得到的期刊和硕博论文合计不超过 50 篇。五峰县提供的相关资料也相对较少，故依托五峰县官方网站提供的医疗和义务教育公共服务资料，将这些点作为公共服务的提供者。参考前人相关研究成果及五峰县实际，在多次行政村调整后，很多自然村被并入行政村成为村民小组，村民小组往往不具备足够条件成为供给者[194]，且随着城镇化进程推进和空心村增多，难以保持稳定且集中的需求，故以行政村驻地集中表示需求者。在医疗供给方面，由于获取行政村级别卫生室难度较大，以县级医院、乡镇级卫生站和县镇级医院等共同构成的医疗公共服务体系为供给者；在教育供给方面，由于五峰县迁建新县城后只有一所高中，故以中小学构成的义务教育体系为供给者进行简略分析评价。以下对具体研究方法及其原理进行简要介绍。考虑到采用直线距离或交通距离只能反映上学的便捷程度，忽略了学校的规模和教学质量等因素，在进行管治分析时，根据五峰县提供相关材料进行适当定性补充。

6.3.1.1 均匀度分析——缓冲区分析

均匀度分析是对公共服务分布公平与效率程度的一种考察。缓冲区分析可以通过在某一地理实体建立一定宽度的多边形区域，来识别对周围地物的影响，可以确定不同地理要素的空间邻近或接近程度。其使用范围非常广泛，常常用于分析矢量实体的某种属性对周围的影响。本书借助该分析工具，对小学、中学和医疗服务机构分别以 2 千米为等级，建立 5 级多环缓冲区，判断各类供给者所能影响的空间范围。虽然对于山区而言，缓冲区分析结果不如平原地区效果好，但可以较为直观地展现公共服务覆盖的空间均匀度，使得分布密集区和未覆盖需求者呈现出来。为弥补缓冲区分析不能将交通考虑进来的缺陷，后续进行网络分析。

6.3.1.2 成本分析——最近设施点分析和 OD 成本矩阵分析

最近设施点分析是通过计算网络中设施点和可预测时间点之间的运行成本，选取成本最小的行程。OD 成本矩阵分析用于计算网络中多个起始点和目的地点之间的成本，可完成类似多个配货仓库到商店的配货之类的任务。OD 成本矩阵分析和最近设施点分析相似，它们之间的区别主要在于输出和计算时间方面，将前者分析结果进行反距离权重插值呈现全局分析结果，采用后者表示更详细的供给—需求时间耗费状况。

将线状的省道、县道和农村公路，点状的村落和医疗与教育场所一起构建网络数据集，在 ArcGIS 中进行网络分析。其中根据《公路工程技术标准》《交通部关于印发农村公路建设指导意见的通知》及相关论文，将 325 省道限速确定为 40 千米/小时，由于县道一般采用三级、四级公路标准，乡道采用四级公路或等外路标准，将县道限速确定为 20 千米/小时，乡道为 15 千米/小时，农村公路为 10 千米/小时。根据五峰县交通局提供的

《五峰县交通现状图》，在与“二调”底图配准的基础上，对交通网络、行政村驻地进行矢量化，为分析做好数据准备。五峰县共有97个行政村、11个居民委员会，由于部分居委会驻地距离较近，适当进行缩并处理，共设置105个村级需求点。对自然村数据进行矢量化，共878个，并分别将高程值赋给村庄图层，将其纳入网络分析。

6.3.2 教育服务

根据五峰县提供数据，全县适龄儿童入学率、巩固率均为100%。结合表6.3可以看出，五峰县小学到初中流失人数较多，除部分外出务工外，还有部分学生追求更高的教育质量，选择到外地求学；初中升高中的流失数量相对较少，有超过30%的高中生选择职业高中教育，与山区经济发展需求较为一致。由于将基础公共服务作为研究对象，教育领域选择义务教育范畴中的中小学作为供给点。

表6.3 五峰县2010年教育机构概况

指标	学前		小学			中学			合计
	幼儿园	小计	小学	特殊教育	小计	初中	高中	职业高中	
学校数量/所	—	26	25	1	15	13	1	1	41
学生人数/人	3251	7789	7747	42	9416	5273	2729	1414	17205
班级数量/个	—	249	245	4	211	113	48	50	460
占地面积/平方米	—	194410	—	—	272959	—	—	—	467369
建筑面积/平方米	—	66200	—	—	114628	—	—	—	180828

资料来源：五峰县政府及教育局网站资料。

6.3.2.1 均匀度分析

五峰县小学与初中分布整体均衡，与人口分布整体结构较为一致，人口最多的渔洋关镇、五峰镇和采花乡均有4~5所小学，其余乡镇一般为2~3所，集中在行政村驻地附近，这与2000年后的中小学布局调整有一定关系。分别对五峰县小学和初中执行多环缓冲区分析，如图 6.2 和图 6.3 所示，小学的缓冲区沿省道和县道展开，初中分布在各个乡镇驻地。小学在 5000 米缓冲区较容易形成重叠，7000 米的缓冲区基本覆盖全县，只有湾潭镇山区、五峰县西南山区、后河自然保护区和长乐坪镇北部山区出现空白，需要提供适当的交通条件予以弥补。相比之下，对初中进行的 9000 米多环缓冲区分析结果显得更为均匀，重叠区范围更小，覆盖面积也相对较小，在两乡镇交界处或边缘处多出现空白区。中小学布局调整后，不少小学生也开始走读和寄宿，初中生寄宿更为普遍，在中小学分布均质的基础上，交通的便利程度更有利于学生选择教育质量相对较好的学校就读。

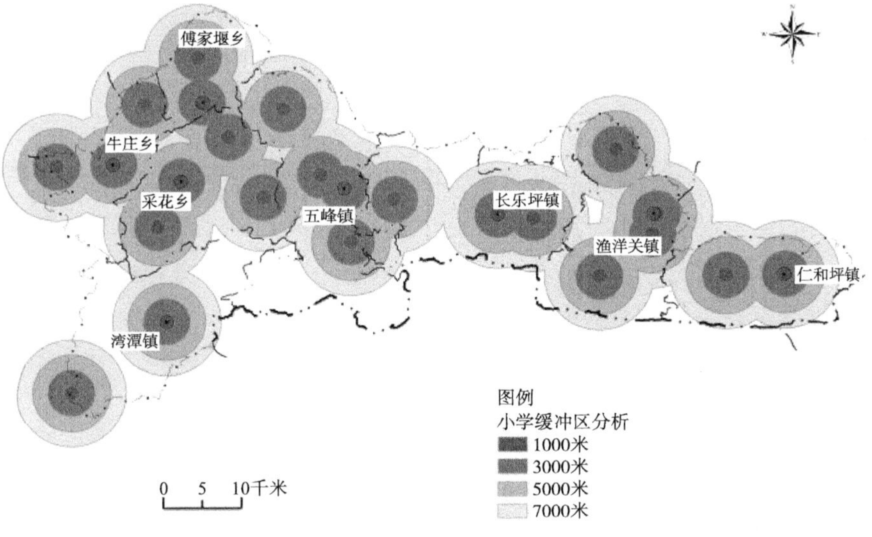

图 6.2　五峰县小学服务缓冲区分析

6.3.2.2　最近设施点分析

分别以行政村和自然村为事件点，分析到达最近小学和初中的时间花费，结合人口密度和山形地貌，在现状分析的基础上，为基础设施布局优化提供参考。

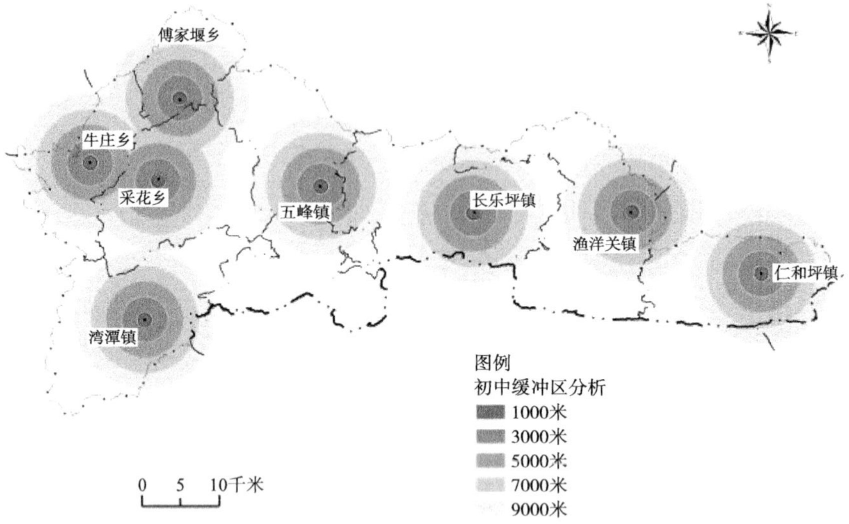

图 6.3　五峰县初中服务缓冲区分析

（1）小学

以 15 分钟、30 分钟、60 分钟、90 分钟为分割点将最近设施点分析结果分为五类，可以看出，行政村到达最近的小学在 117 分钟以内，自然村在 126 分钟以内，乡镇驻地附近部分村庄基本上 30 分钟内就可到达，只有后河自然保护区的最南部、牛庄乡的西北部两个村庄以及长乐坪镇西北部高海拔区的一个村庄在 200 分钟左右（见图 6.4）。对自然村的分析结果（见图 6.5）则显示出整体所需时间增加的态势，自然村分析结果中 31~60 分钟面积最大，而行政村分析结果中 16~30 分钟面积最大，表明行政村的通达性和资源拥有性水平较高，但在校车或寄宿制度完备的前提下，现有小学分布可以满足大部分自然村居民的小学入学需求。

（2）初中

从图 6.6 中可以看出，初中 30 分钟可服务的范围集中于乡镇周围的自然村，并沿省道或县道延伸，31~60 分钟的服务范围基本上达到全县的 50%，两个小时基本上可覆盖全县，为学生根据学校质量选择学校提供更多选择范围。行政村到初中的最近设施点分析结果（见图 6.7）显示，渔洋关镇在15分钟内服务的范围最大，表明其交通通达性最好，服务能力强，行政村与自然村分析结果基本一致。在一定程度上可归因于初中主要分布在乡镇驻地，一般有省道或县道经过，且分布较为均衡。

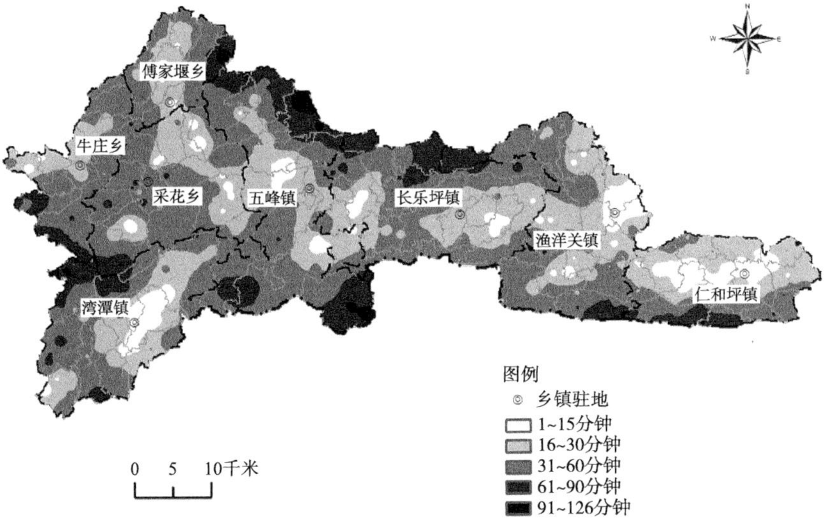

图6.4　自然村到小学最近设施点分析结果

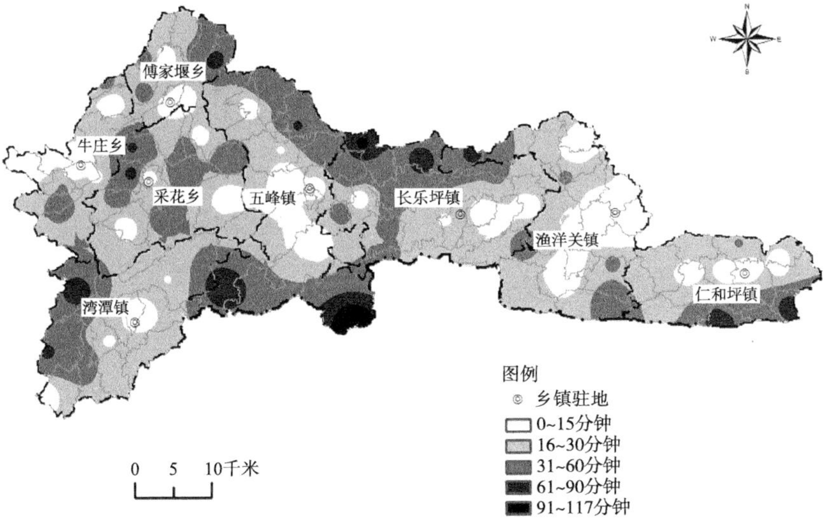

图6.5　行政村到小学最近设施点分析结果

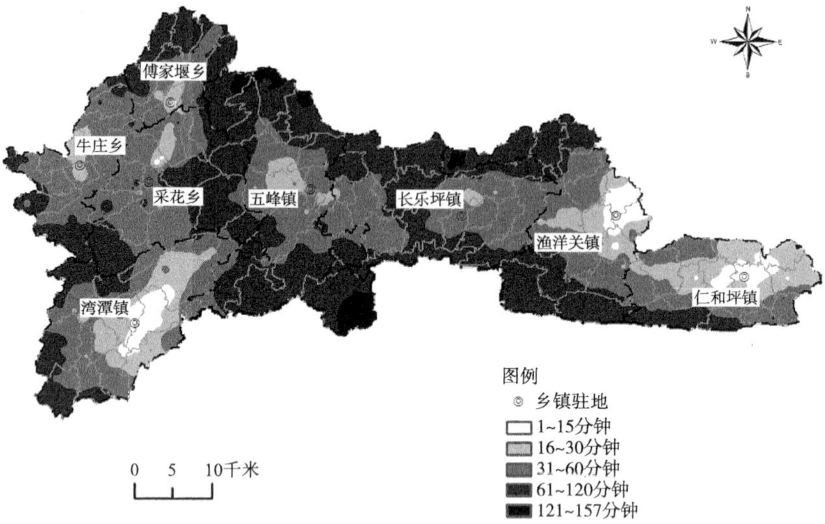

图 6.6　自然村到初中最近设施点分析结果

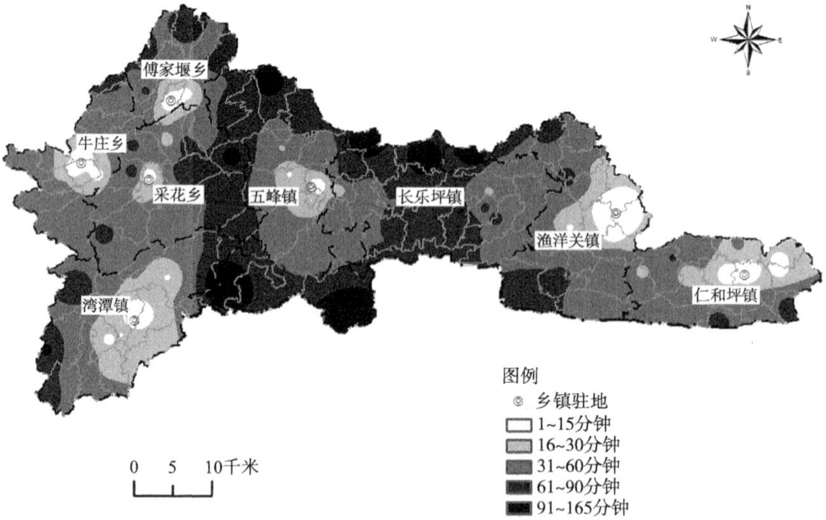

图 6.7　行政村到初中最近设施点分析结果

整体看来，由于小学数量约为初中的 3 倍，其最近设施点分析结果优于初中，一方面表明其布局较为合理，另一方面显示五峰县行政村之间的道路优于自然村。村道作为毛细血管，建设水平有待提高，对于到达最近小学单程在 31~60 分钟的自然村，考虑到低年级学生的能力，只能随着寄宿和走读来减少其弊端。而处于极偏僻地区如后河自然保护区中的行政村，随着旅游业的发展、保护区内的交通道路逐步完善以及区内人口的逐步迁移，耗费时间也将降低。现有初中布局较为均衡，最近设施点通行时间基本上在初中学生承受范围内，但对于到达县城初中而言，部分在 3~4 小时，对于追求教育质量的需求而言时间成本较高。

6.3.3 医疗服务

2012 年，五峰县有卫生机构 188 个，其中医院 2 所、卫生院 8 所（每个乡镇驻地 1 所），卫生防疫防治机构和妇幼保健机构各 1 个；卫生从业人员 767 人，卫生技术人员 685 人，其中执业医师 313 人，注册护士 263 人；卫生机构有床位 578 张。到 2013 年，乡镇级和村级全部实施国家基本药物制度，新农合参保率达 98%，为农村居民提供日常医疗服务和保障。

6.3.3.1 均匀度分析

为村级和县乡级的服务点设定不同的缓冲范围，从图 6.8、图 6.9 中可以看出，由于村级医疗服务设施基本上每个行政村都有 1 个，覆盖面积较大。而县级与乡镇级的医疗服务设施点的覆盖范围与初中有一定的相似性，很大程度上是由于两类基础服务供给方都坐落在行政村，人口集中程度决定了服务设施提供的效率高低。五峰镇和渔洋关镇的已有设施点分布较为集中，形成的缓冲区重叠较多，但由于低等级设施服务距离有限，其服务范围难以继续扩大。从数量和质量上看，新老县城所拥有的医疗资源均优于乡镇驻地，从县级和乡镇级医疗设施 9000 米的缓冲范围来看，边缘地区处于明显劣势，3 个层级的缓冲区叠加仍有部分区域空缺。

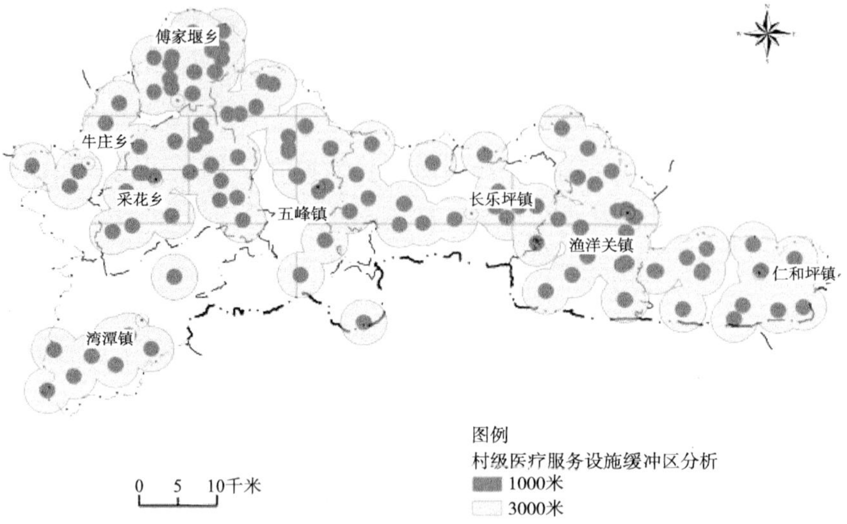

图 6.8　村级医疗服务设施缓冲区分析

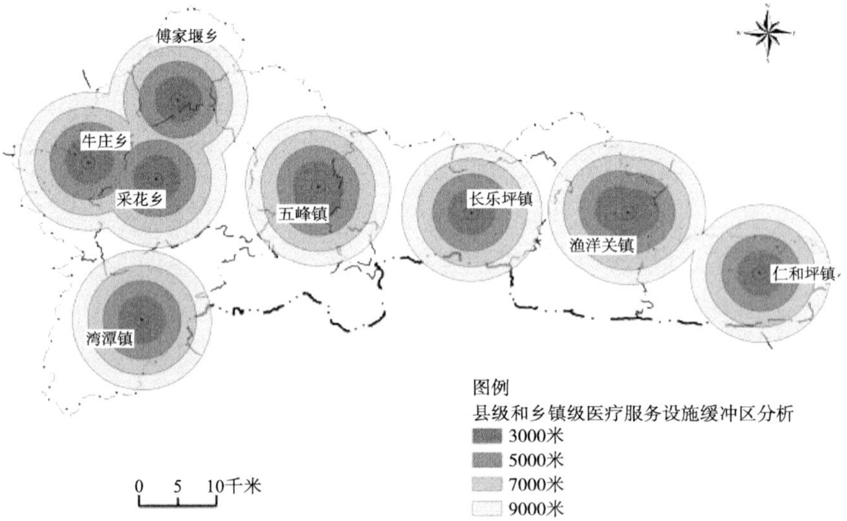

图 6.9　县级和乡镇级医疗服务设施缓冲区分析

6.3.3.2　最近设施点分析和 OD 成本矩阵分析

医疗领域分布选取县级医院、镇级卫生站、药房和村级卫生室作为设施点，主要是考虑到农村居民普遍有“小病吃点药，大病去大医院”的心理，村级诊所相对便利但配备等级较低，新农合可供选择药品较少，新老县城和乡镇级卫生站所具备的医疗卫生设施条件相对完善但距离较远，选择五峰县公布的2013—2014年度全县新型农村合作医疗定点服务机构[195]作为分析对象，将网络分析搜索容差设置为1000米。对于山区而言，医疗服务的供给很难像平原地区那样快捷便利，由于急诊对时效性的要求更高，本书暂只对日常基本服务功能进行分析。参考罗震东等（2012）对基本公共服务设施均等化的研究结果[196]，除以15分钟为主要分界点外，以30分钟、60分钟和120分钟为节点，以180分钟为上限进行分析。借助最近设施点分析检查全县行政村和自然村获得医疗服务的最短时间，借助OD成本矩阵分析着重分析自然村在15分钟和行政村在30分钟内可得到医疗服务的状况，考察其便利程度。

（1）最近设施点分析

根据图6.10，村级医疗15分钟覆盖面积约30%，便利度较高。除湾潭镇和牛庄乡西部外，全县村级医疗服务整体基本处于60分钟服务范围内，40%左右的行政村居民在半小时内可获得村级医疗设施服务。虽然新老县城拥有医疗设施点数量较多，但图6.11中展示的五峰镇所提供服务的半小时范围区面积较小，渔洋关镇所提供同时间段服务范围面积较大，一方面与县城搬迁有一定关系，另一方面也表明五峰镇周围的道路放射网不够完善，受地形地貌限制较大。值得注意的是，东部的长乐坪镇和渔洋关镇的半小时服务区形成连片区，其余乡镇半小时服务区形成较为单独的服务区。此外，在从长乐坪镇到五峰镇中间，形成了较为明显的2小时服务区，参考海拔高程图（见图3.4）可知该地区是东部低山向西部中山过渡地区，河流峡谷较多，故而道路修建限制较大。

（2）OD成本矩阵分析

与最近设施点分析相比，OD成本矩阵分析可以更加清晰地看到每个设施点在不同时间范围内可以服务的行政村对象，以帮助有效改进路网和公共服务布局，但其不足在于过于注重点对点的分析。图6.12将可享受

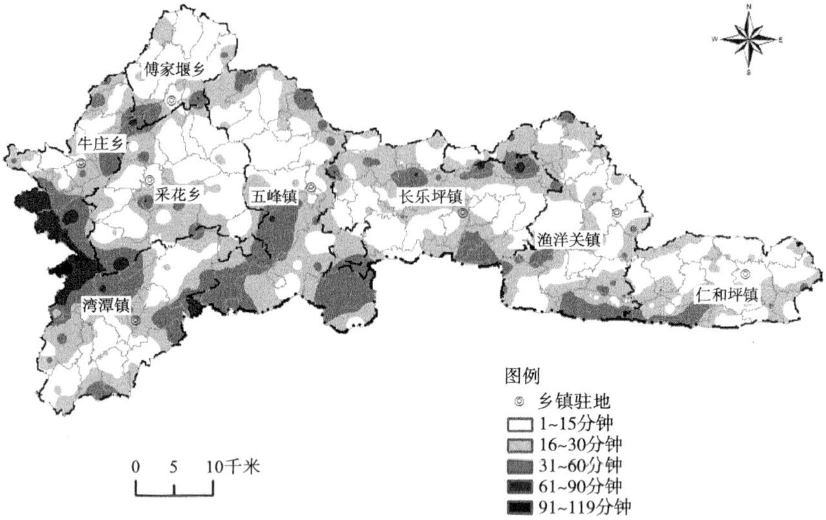

图 6.10　村级医疗服务最近设施点分析结果

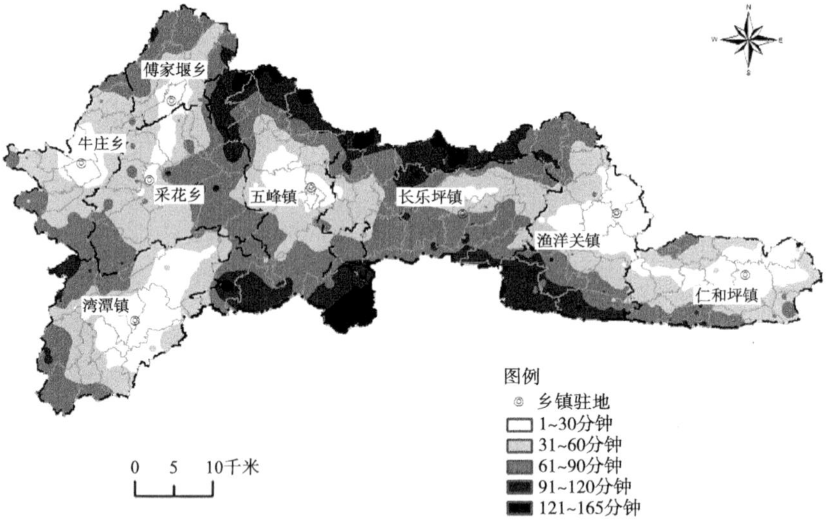

图 6.11　县级和乡镇级医疗服务最近设施点分析结果

15 分钟以内村级医疗服务的自然村筛选出来，西部一个卫生室服务多个自然村现象明显，东部则呈现出多个卫生室服务一个自然村的情况，表现出不同的供需格局。由于村级卫生室多分布在行政村驻地，故只分析行政村到县级和乡级医疗服务设施的耗费时间，图 6.13 反映出可到达行政村数量较少，分布较为集中。因而对于山区县而言，医疗紧急救治的不完备依靠改善交通环境是不够的，随着乡镇级卫生院逐步配备救护车[197]等设施，服务能力提高，会进一步吸引人口往医疗供给条件较好的县城、乡镇或行

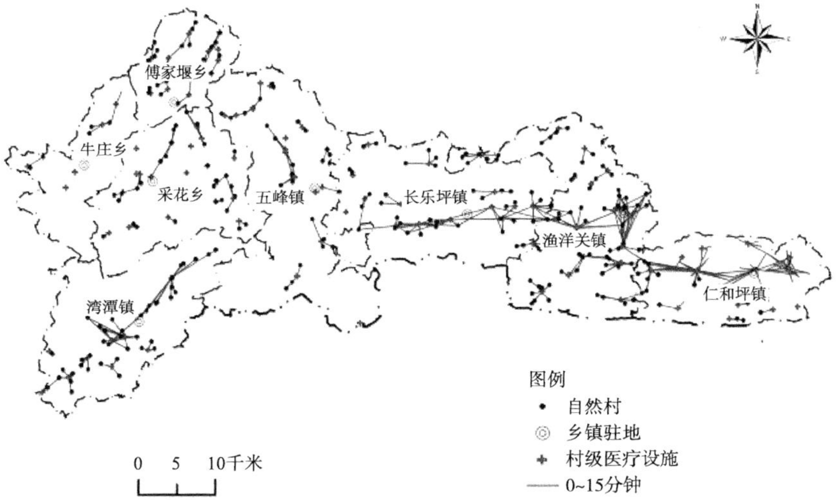

图 6.12　自然村到村级医疗设施 OD 矩阵分析结果

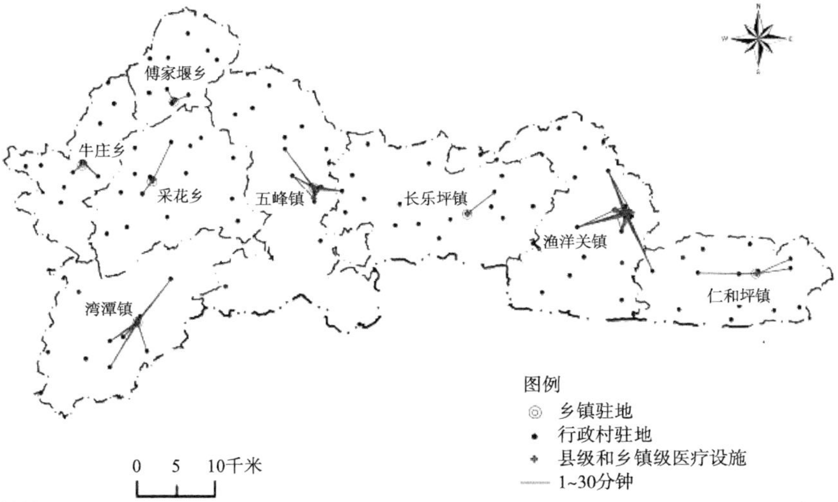

图 6.13　行政村到县级和乡镇级医疗设施 OD 矩阵分析结果

政村集聚。现有村级卫生室建设主要设立在行政村驻地，也有利于过于分散的自然村在村级进一步合并、迁移。

值得讨论的是，由于景区属于特殊区域，虽然不在生活空间基础设施考虑范畴内，但景区内部医疗设施的建设也应纳入规划范畴，同时作为未迁出景区的社区居民，其公共服务的提供与游客的供给的协调在对整体布局时一同考虑。

6.3.4 管治问题分析

6.3.4.1 过于注重效率导致公平水平下降

结合前文对教育医疗公共服务供给的历史梳理，五峰县在供给数量上已经有了明显改善，各个乡镇均有相应的服务供给。但从空间分析结果来看，由于公共服务效率受人口空间布局和自然环境约束，向极其偏僻的地区提供均等服务会造成不经济，或耗费时间较长。高成本交通会给居民造成新的经济压力，在山区很容易造成低龄儿童入学困难以及老人就医困难，反映出以行政级别为主要单位的布局方式存在一定的欠缺，其快速供给能力不足也是弊端。随着农村老龄化和空心化现象的日益显现，对医疗供给的及时性要求提高；中小学布局调整看似导致对最近教育设施的时间要求降低，但由于客观上相对优质的教育资源存在于高等级的行政单位，新县城建设配套的教育设施会吸引全县更多学生就读，会在全县范围内形成新的需求。从历史的角度看，全县基本公共服务从整体数量不足走向局部供给不均。

6.3.4.2 现有交通网络难以满足公共服务均等化要求

五峰县现有交通网络骨架已经搭建起来，规划中的高速公路和国道也将逐步落实，通村公路已达到80%，但现有道路中断头路较多，连通性不强；高等级公路数量较少，两点间通行距离较长，受地形限制，盘山公路较多，延长通行时间。新县城搬迁后，相对优质资源东移，或将改变现有低水平分散态势，与新路网一起形成新的县域公共服务等级供给体系，偏僻地区借此可以缩短得到服务的相对时间距离。虽然近期内应对交通网络进行改进，长期看来应该在提高全县基础公共服务供给质量、改善供需布局平衡上实现整体提升。

基础公共服务资源的分配同人口分布、村镇等级有着直接联系，这种制度的长期实行会在一定程度上造成“好的越好，差的越差”的马太效应。只有随着交通设施的逐步完善，教育、医疗水平及教师、基层医护人员待遇的普遍提高，才有可能在公共服务机会均等的前提下，逐步实现质量的相对均等。应该看到，区域经济水平和城镇化进程也是基础公共服务发展的重要影响因素，随着人口迁移和外出务工人员子女外迁就读，县域范围内适龄儿童数量下降，老龄化人口数量上升，中小学布局出于提高效率的目的进行调整，但应该看到现有交通网络水平带来过于长距离通勤和寄宿等弊端，需要将基础公共服务资源的分配连同人口聚落的整体布局形成整体予以考虑，在现有基础上逐步调整。

6.4　典型案例：五峰县城搬迁空间管治问题解析

如前所述，五峰土家族自治县属鄂西南地质灾害极易发区，尤以五峰县城最为严重。2004—2005 年，经湖北省水文地质工程地质勘察院勘察认定，五峰县城存在特大型地质灾害险情。五峰县城区人类活动频繁，不断改造着区内表层地质地貌环境，对斜坡稳定性产生了一定的影响。受自然地形条件限制，区内可直接利用的建筑场地极少，随着县城建设发展，人类工程活动将逐渐加强，对原有地质环境将产生较大的影响与破坏，进一步加剧地质灾害变形发展。渔洋关镇是五峰的东大门，地处江汉平原与鄂西南山区的过渡地带，地势相对平坦，地质灾害发育程度较弱。镇中心区域可供开发建设的连片用地超过 10 平方千米，是全县成片平地中面积最大的地区。2005 年，湖北省水文地质工程地质勘察院和湖北省地震安全性评定委员会对避险搬迁重建点渔洋关镇的地质状况进行了评估，形成了《湖北省五峰土家族自治县渔洋关镇地质灾害危险性评估报告》，结论为适宜作为县级城市选址。

6.4.1 新县城生活空间变化

参考五峰避险迁建规划，分析新县城建设在空间格局上、土地利用方面发生的直接变化，结合前文对整体景观等分析，判断生活空间变动状况。

按照节约集约利用土地的原则，根据渔洋关镇的环境承载力，合理确定新县城的人口规模和建设规模，提高人民群众生活品质，避免造成新的地质灾害隐患。根据地质灾害治理及避险搬迁重建前期工作研究，渔洋关镇现有居民 2.5 万人，由五峰镇城区搬迁人口 2.19 万人，再加上新县城的人口集聚作用及三年搬迁重建期间的人口自然增长，规划新县城城镇人口规模近期（2015 年）为 5 万人、远期（2020 年）为 6 万人。土地利用规模控制在 713.12 公顷内。其中，允许建设区 696.58 公顷，新增建设用地总规模控制在 338 公顷。配套有 4 万吨自来水厂 1 座，还有污水及垃圾处理、给排水管网、升级道路等基础设施。

6.4.2 管治问题分析

县城搬迁是政治权力重塑空间形态的典型表现，是五峰县生活空间管治的重要节点，行为者可以概括为政府和居民两类，其中，居民可以进一步划分为政府工作人员、普通居民，针对不同行为者产生的管治效用不同。对于政府工作人员而言，搬迁会得到政府的购房补贴，基本可以安置，而普通搬迁居民则面临着购房和再就业的双重压力，普通渔洋关原住民则在这次搬迁中面临拆迁和就业竞争问题，主要规范则为渔洋关作为建制镇时编制的城镇规划和土地规划。

6.4.2.1 重建生产、生活和生态空间之间的关系

表 6.4 是对县城搬迁这一节点中迁出地和迁入地空间管治变化的提炼。

五峰镇城区一方面存在重大安全隐患，另一方面发展空间匮乏，无法容纳更多人口，县城经济主要依靠县直机关工作人员，除少量企业和服务业外，经济拉动能力较弱，对于人口向县城进一步集中的引导力不强。只有通过集聚，才能降低公共服务均等化的成本，推动县域经济发展。首先，人口集聚的基础是产业集聚，渔洋关城区规划到2020年城镇人口6万人，新县城配套的低碳产业园和相关加工业是否能保障6万人的生产生活，是县城搬迁的关键。其次，五峰镇城区地处五峰县中心位置，可进入性较差，对于五峰县西部山区来说，发展以茶叶为主的特色生态经济，可以有效保护其极为敏感的生态环境，同时将五峰县西部整体作为面上保护的主体部分，寻求限制开发区特色生态经济发展道路，东进西退，有效提升生态空间质量。最后，对于同类地区而言，即使没有搬迁，同样需要一定的人口集聚，力争县城创造足够多的就业机会，吸引“山大人稀”地区居民向城镇集中，以此改善公共服务，同时降低了公共服务均等化成本。

表6.4　五峰县县城搬迁管治分析

迁出地	→	迁入地
人口数量下降	居民流动	人口数量上升
生活空间规模缩小、行政级别降低	县政府搬迁	生活空间规模扩大、行政级别上升
人居环境质量改善	人均基础设施投入增大	人居环境质量改善
公共服务均等化水平提高	人均公共服务水平提高	公共服务均等化水平升高

6.4.2.2　重构城镇体系结构

县城搬迁将重塑五峰县生活空间体系，进而对整体空间产生影响。中华人民共和国成立后五峰县土地利用方式中城乡建设用地只包括建制镇和村庄，新县城的出现增加了城市用地属性，再造了一个不同于以往的城市生活空间，按照其规划目标，将实现全县将近1/3人口的集中居住，改变了全县的人口分布状况，直接降低了对县域其他范围生态空间的压力，相应地带来这些人口的生产和生活空间需求。就生产空间再造而言，五峰县现有规划主要是通过工业园来解决这一问题，但从现有工业园引进的产业和企业来看，是否足够解决新迁入劳动力就业，需要时间考验。值得肯定的是，通过人口集中安置，配套相关生活基础设施，有利于生态空间和生活空间质量提升，但生产空间现有水平是短板。

新县城的建设一是直接改变了全县城镇体系，五峰镇的地位降低，经济社会政治发展中心集中到县域东部，中西部地区的定位和发展契机需要重新规划；二是改变了公共服务的整体质量，渔洋关新县城建设中，配套了相应的文化、医疗、教育设施；三是对基础设施建设产生影响，随着新县城建设，渔洋关成为县域交通网络的中心，同时也是与外界联系的最大节点。

6.4.2.3 重塑县城空间结构

通过对整体布局和交通骨架的改造，新县城的空间结构发生转变。其一，伴随城区基本骨架的全面拉开，沿路沿线建设的特征明显，纵深方向土地开发利用率低，土地集约化的程度不高；其二，生产用地偏高，且城区仍分布较多小而分散的工业用地，部分与居住用地混杂；其三，公共服务设施和市政基础设施数量较少、规模普遍较小、服务水平低、辐射能力弱，这与五峰打造“和谐新城”的目标极不相称。需要提高新城综合服务功能，营造宜居生活环境，实现城镇的结构重组与功能再造。

6.5 小结与讨论

本章从人口结构、聚落体系、生活环境状况、公共服务均等化四个方面对五峰县生活空间管治状况进行分析，并以五峰县县城搬迁这一重大事件为节点，对其问题进行解析，整体看来，目前生活空间的问题均有相应的技术措施可以应对，难点在于管治过程中将其以长效机制的形式落实。主要结论如下：

一是生活水平对生活空间人口规模和聚落分布影响较大。当农村居民在农村的收入基本等同于其外出务工收入时，且人居环境质量和公用服务水平可维持基本生活，人口规模和聚落容易稳定下来，五峰县全县人口增长停滞、空心村的出现和蔓延以及人口集聚在经济相对发达乡镇的事实充分证明这一点。

二是五峰县基础公共服务均处于低水平，需要通过生态移民、聚落调整等方式减少散居居民数量，优化布局，依靠多种形式的生态补偿进行技术和资金支持，改善服务水平。小学教育和村级医疗基础服务基本上可以覆盖全县，但初中教育在 60 分钟、县级和乡镇级医疗在 15 分钟服务范围均小于需求，表明五峰县基础公共服务可以满足最基础的需求，但整体服务水平仍较低，行政村在教育和医疗方面优于自然村状况，可以在行政村资源环境承载力范围内，将区内人口予以集中，平衡基本公共服务的公平与效率。

三是县城搬迁将通过改变全县人口聚落分布和城镇体系的方式改变生活空间。县城搬迁是权力资本对空间的再塑造，通过政府先对处于首位的生活空间进行调整，市场随之跟进参与新县城生产空间的塑造，带动全县人口和要素流动和布局调整加速，最终影响生态空间保护效果。由于生活空间的持续利用和发展极大地依赖于生产空间的兴盛和生态空间的安全，其全面实现是一个长期过程，需要采取恰当的管治措施，辅之以完善的生态补偿制度，提高县城作为县域经济中心的发展水平，促进县域整体生活空间质量提升。

7　五峰县国土空间管治及优化策略

本章通过对五峰县空间利用历史进行梳理，对现有空间格局进行定量刻画，并借用空间管治模型对五峰县生产、生活和生态空间管治问题进行系统分析，对其共性问题进行提炼，并分别为后期对应空间管治策略提供建议。由于三类空间的管治状况和结果相互交织，故进而对三者之间如何协调提出本书观点。

7.1　空间管治问题提炼

重点生态功能区作为以生态保护为主要目的的区域，管治问题的落脚点在生态保护，但核心在于人地关系和谐和区域可持续发展。从前文对五峰县空间管治历史、空间格局现状及问题形成以及治理过程的分析来看，三类子空间的问题有其内在关联，难以区分主要和次要矛盾。当将县域空间置于重点生态功能区建设的目标下时，必须放弃部分发展权来保证生态安全，本书对管治问题的解析、提炼和优化策略均基于此基调展开。

7.1.1　生态本底脆弱亟待治理，补偿机制偏重生态修复和维护

从对生态空间现状和管治问题分析结果来看，土地利用方面存在潜在石漠化面积大，轻微水土流失面积大，有林地面积大但树种单一等问题，在重点生态功能区政策实施前已通过退耕还林、天然林保护、公益林建设、小流域石漠化和水土流失治理等多种形式开展修复工作，经过恢复已经取得一定成绩，石漠化面积逐步缩小，森林覆盖率提高。但应该看到脆

弱的本底难以抵御高强度自然灾害和人类干扰，现有管治措施、手段、力度及保障更多地侧重于自然生态破坏后的修复和维护，通过休养生息的方式逐步使自然恢复原有生态平衡，并以生态补偿方式投入大量资金和工程实现该目标。随着现代化、工业化、城镇化推进，人类活动对山区生态环境的影响无可避免且强度逐步增大，空间管治的目标是在资源利用与保护之间取得平衡，因而在对生态进行保护的同时应当对居民生产生活予以同等关注。据此应对重点生态功能区空间管治分析模型进行调整，三类空间的生态补偿应同步进行，并给予生态空间以侧重。通过对人口数量、布局和生活方式等方面进行管治减少资源环境压力，基于对现状空间利用方式的清醒认识，只有综合运用横向和纵向生态补偿，发挥政府和市场双重力量，构建通力合作的生态、生活和生产补偿制度，才能避免“只保护生态，无视居民生产生活”带来的后果。

7.1.2　特色生态经济竞争力薄弱，城镇化进程缓慢欠均衡

五峰县全县人口数量的逐步减少有利于环境压力的减轻，也从侧面反映出经济活力不足。在重点生态功能区和生态立县政策导向下，矿产资源开采受到限制，产业选择空间进一步压缩。特色生态经济的发展目前仍停留在初级农产品生产和加工上，除采花毛尖等少数品牌外，大部分农产品附加值较低，有待于进一步培育和提升，鲜活农产品受限于交通条件劣势发展缓慢，导致部分高山蔬菜种植逐步转向中草药种植，部分品种经济效益好却生态消耗大，良好的气候条件难以弥补种植技术不足的缺陷，陷入生态贫困循环圈而难以自拔。交通条件的改善将打破现有旅游业发展竞合状况，形成新的经济拉动力，但现有的接待能力难以应对大规模高强度游客流，相关的旅游业发展规范中尚未规划和形成当地居民的旅游业分享机制，不利于特色经济的快速平稳发展。

中华人民共和国成立后五峰县城镇化进程与湖北省大部分县域空间相比发展缓慢。随着近几年人口增速放缓，外出务工和迁移人口增多，空心村增加，村庄迁建合并的推进，聚落分散度降低，有利于缓解部分地区公

共服务近乎空白的现状，扩大公共服务覆盖面。新县城的迁建导致相对优质公共服务资源的进一步集中，需要在生态补偿和自我造血的基础上，加大公共服务的资金支持，保证在公平与效率平衡的基础上，实现县域生活空间质量提升。

7.1.3 政府主导的管治过程考核导向明显，规划衔接度低

五峰县空间管治极大地依赖于政府权威，是整个管治过程的主导行为者。通观政府决策和制定的规范，具有鲜明的政绩考核倾向。随着国家元规范的变动，政绩考核标准的变化和资金投放的比例、国土空间利用和管治方式不断发生相应调整变化，也导致在一定程度上出现管治手段的多样化、不连续、政出多门和衔接困难。目前符合重点生态功能区发展内涵要求的规划众多，从土地利用指标到各类红线划定不一而足，但在实际操作中由于部门之间的操作协调困难，甚至在一定程度上导致各类空间管治措施之间出现拮抗，难以达到预期效果。随着主体功能区规划的推进，对重点生态功能区政府考核标准逐步转移到生态指标上来，在一定程度上有利于此类地区政府的集体转型和规划目标的一致，但在具体节点的协调耦合尚未形成有效机制，需要根据实际情况进行设计。

7.1.4 法律依据模糊导致主体定位不清，居民和社区参与被动

由于重点生态功能区中人数最多的行为者是普通居民，林权改革后大片山林划归山民，他们既是生态空间的保护者和相关规范的执行者，也是生态灾害出现后的承受者。现有生态补偿主要是针对林业资源砍伐限制而给予的补偿，如天然林和公益林保护等，但当地居民所丧失的权力不仅限于此。例如，矿产资源开发受限，土地表层附着的植被和深埋的矿藏权属不同，不法分子以土地承包的形式获得矿藏所在地，将浅层煤矿或铁矿开采获利，导致植被破坏却鲜有惩罚，而转让期满后原有居民则要承受生态恶果。应以土地发展权取代原有的承包权和林权，作为重点生态功能区主

体定位和生态补偿的主要依据，提高生态空间补偿标准和约束强度，以此避免土地转让带来的不利因素，同时避免居民受短期利益影响放弃管治主体地位，转而成为主要破坏者，最终减少相关规范的执行和落实的阻力。

7.2　空间管治优化策略

正如同就农村谈农村问题无法真正解决问题，需要从城镇角度出发来解决一样，单纯治理生态空间难以实现生态质量的全面持续提升，只有同时分析生产和生活空间问题，将其置于区域整体发展的大背景之下才能实现有效优化。

7.2.1　生态空间保护策略

前文对五峰县生态空间管治问题进行了详细论述，生态空间中人类活动相对频率较低，由于五峰县地形地貌特征和自然属性，人类活动造成的影响较难以恢复。在对石漠化、水土流失和林业资源利用三个问题进行分析后，认为五峰县生态问题主要是中华人民共和国成立前的战争时期、“文革”时期和市场经济开放初期三个时间节点上大规模无序破坏造成的，现阶段的无序状况有所缓解，但局部仍有破坏现象持续发生，加之森林抚育等工作不足以恢复破坏，生态问题虽得到缓解但有待进一步完善。结合主体功能区前期成果，可从以下四个方面进行优化：

7.2.1.1　划定空间管治界线，明确主体功能分区

五峰县已经编制主体功能区规划，采用“自上而下与自下而上相结合”的方法，在科学定量划定不同等级限制开发区边界的前提下，尝试与土地利用总体规划、全县旅游发展规划等规划充分衔接，广泛征求基层意见，划定生产、生活、生态空间管治界线，进一步细化到城镇、农村、交通水利等点、线、面域空间要素，按照“点上开发、面上保护”的要求，

明确各个功能分区的管治要求，确保生态基底得到充分保护。

7.2.1.2 提高生态产品收入，增加生态价值补偿

生态产品的概念提出时间并不长，但对于生态环境保护有着重要意义，当生态产品的价值得到合理评估，生态空间保护则进入市场运作，在一定程度上可以作为现有生态补偿措施的补充，帮助吸纳社会资金投入生态建设，缓解地方政府财政压力。前文对生态产品供给潜力从水资源、绿色农产品和生态旅游产品供给潜力三个方面对全县空间进行评估，认为全县水资源供给潜力主要集中在河谷地带，绿色农产品供给潜力普遍较大，旅游产品供给潜力集中在柴埠溪和后河景区，综合来看，全县生态产品较为丰富，其经济价值的转化是下一步工作重点。就生态补偿来说，目前五峰县接收的主要是来自上级政府和中央政府的财政转移支付，由于体制不健全，并没有下游的横向转移支付，一方面要通过提高生态质量得到更多财政支持，另一方面要开拓横向生态补偿体制机制。国家主体功能区规划中将政府投资按照主体功能区和按领域两种方式安排，实行二者相结合的投资政策，对重点生态功能区而言，包括生态修复和环境保护、农业综合生产能力建设、公共服务设施建设、生态移民、促进就业、基础设施建设以及支持适宜产业发展等，实施国家重点生态功能区保护修复工程；并在按领域计划投资中，明确提出对重点生态功能区内国家支持的建设项目，适当提高中央政府补助或贴息比例。

7.2.1.3 加速偿还生态欠账，逐步推动生态移民

鉴于五峰县自然恢复能力较弱，必须采取大量生态恢复措施对自然环境问题进行修复。现有工程措施较多，如针对石漠化和水土流失问题开展的小流域综合治理等，耗费资金量大，对于单个农户或集体乃至五峰县自身而言都有较大难度，需要渐进式地采用项目申请的方式缓解已发生环境问题，避免继续恶化。同时需要降低人口对环境产生压力，避免边治理边破坏，对县域范围内呈点状分布、零散布局的人口居住点，加快实施人口外迁和生态移民。积极推动生态移民搬迁扶贫工作，通过土地流转、生产资料置换、政府

补贴扶持、迁入地就业帮扶等多种途径相结合的方式，解决外迁人口的生产和生活问题，促进水土保持和水源涵养此类生态脆弱区域的保护和恢复。

7.2.1.4 严格生态友好规范，巩固已有建设成果

从现有生态保护规范来看，包括林业、水利、国土、发改、农业、旅游、环保和扶贫多个部门均出台相应规范进行约束。五峰县土地面积较大，单个部门的执法力度是微弱的，而多个部门执法容易造成越位和错位现象。就五峰县实际情况而言，加大各部门执法力度，制定严格规范更有利于巩固已有生态建设成果，防止破坏发生和蔓延。如五峰县民间习俗中在扫墓时多会点火焚烧，由于墓地多位于山上，多次造成山火蔓延，大量林木损失，给天然林抚育和人工林经济效益均造成恶劣后果，必须通过多个部门进行联合教育、治理和禁止。

7.2.2 生产空间发展策略

根据垂直地带性，为不同海拔、气候带选择最适宜的作物，将茶叶、蔬菜、药材、花卉苗木按照适宜性和市场需求合理安排，突出有机生态作物优势，打造有机产业链和品牌。五峰县在茶叶上已经形成了较强的品牌效应和带动力，但其他农产品的附加值相对降低，应在突出茶叶优势的同时，加快其他农产品品牌化步伐。

7.2.2.1 扬长避短，形成生态经济良性循环

山地生态系统具有固有的脆弱性和不稳定性。人口增加、人地矛盾尖锐和不合理的经济行为，会导致“生态脆弱—贫困—掠夺资源—生态退化—愈加贫困”的恶性循环。要实现五峰县的可持续发展必须以生态安全为保障，要保障生态安全则必须以经济社会的发展为基础和支撑。最典型的是五峰茶叶与当地气候的关系。典型的高山云雾气候，北纬30°的气候加上当地特有的土壤，成为茶叶内含物出色的客观条件。而“林中有茶，茶中有林”的模式，使山林成为自然的隔离带，病虫害不容易影响茶园，基本不用农药，只需要少量植物源或矿物源农药。纬度、海拔、坡度、土

壤、气候、优良的森林覆盖率和种植模式共同造就五峰茶叶的优良品质。由于种茶收入远高于粮食作物，在地形气候适宜的村庄，将田地改为茶园的农户越来越多，采花等茶叶公司也逐步壮大，逐步形成“生态良好—茶农富裕—高培高管—公司盈利—生态保持”的局面。但相对于“西湖龙井”等知名农产品，五峰茶叶的管理和文化都有待进一步发展，应当抓住楚茶新机遇，将生态经济循环提升到更高档次。

7.2.2.2 因地制宜，优化土地利用空间配置

对现有土地利用类型在空间上进行调整，以实现土地利用类型的空间优化组合，从而形成新的符合生态学要求的土地利用空间格局。主要体现在以下三个方面：一是符合生态规律，按照土地的生态适宜性进行各类用地布局，实现“人类与自然共生”，保证土地持续利用，根据垂直地带性和茶叶生长最优需求，林茶间作，配合高山蔬菜和药材，低山花卉苗木；二是符合生态经济规律，实现生态、经济与社会三大效益有机统一的最佳综合效益，提高天保工程覆盖面和生态补偿范围，合理搭配经济林，改良荒坡，在尽可能的范围内增加生态产品供给，改善山区居民收入；三是符合景观生态学原理，维持和发展景观异质性与多样性，五峰县作为维护三峡库区水土保持和生物多样性范围，同时具有发展生态旅游、建设“全县景区化”的诉求，发展旅游业是较为适宜的产业选择。

7.2.2.3 政府主导，约束引导市场主体行为

与发达地区相比，贫困是欠发达县域经济社会发展中的主要问题，同时贫困人口由于经济落后、受教育程度低，更加注重短期效益，这就更加要求发挥政府的主导作用，通过对各微观主体的行为进行约束和引导，使其符合生态经济发展的要求。首先，五峰县积极发挥政府在产业生态化发展的引导、激励、组织、管理和监督的主导作用，通过鼓励茶叶品牌做大、建设低碳产业园、转关停污染性企业和矿山、控制小水电发展等政策措施，在基地（园区）建设、产业链打造、组织模式创新、产品品牌创建、保障体系建设方面等提供必要引导，和财政、税收、金融、投资、技

术、土地相关政策一同形成激励约束机制。其次，发挥政府在完善生态产业发展基础设施（平台）方面的主导作用，生态产业发展基础设施（平台）的建设投入高而投资回报率低，因而各级政府应当是基础设施建设的主导力量。最后，促进有关制度和政策创新。一方面，基础设施（平台）建设，对于五峰县类型的欠发达县域，政府每年财政赤字巨大，需要制度和政策创新，运用市场的办法引导社会资金参与，突破资金瓶颈；另一方面，限制开发区发展生态经济会面临使用环境友好型投入品、产品质量控制、产品认证等因素造成生产成本上升问题。现有生态转移支付在一定程度上缓解了政府财政压力，为公共设施服务投入提供了保障，需要进一步在坚持“谁受益谁补偿”原则的基础上，加快建立生态产业发展补偿机制，这既可增强当地人民积极发展生态经济的主动性和自觉性，又可确保这些地区人民能够分享生态经济发展的成果，建立发展生态经济的广泛社会基础，从而保持生态经济持续发展的动力。

7.2.2.4 以点带面，培育引进核心龙头企业

规模经济有效促进生态经济的发展，其关键是核心与龙头企业培育与引进。采花等各大茶企都通过革新加工工艺、升级加工设备，依托各自的茶叶基地，引导茶农采摘夏芽茶、夏毛尖茶，激起茶农的采摘热情。仅采花乡 2013 年就有 0.9 万千克左右的高档宜红茶投放市场，带动茶农增收 1000 万元以上。五峰 2013 年度现代农业高效标准茶园项目集中在茶叶主产区渔洋关镇和采花乡的 7 个村，建设资金超过 3000 万元，带动新建和改建茶园 8000 亩、1600 吨茶叶专用肥供应以及 625 万株茶苗的采购。欠发达地区县域经济发展中普遍存在经营规模小的特征，使生态经济发展缺乏规模支撑，直接影响到资源利用率以及废弃物的资源化程度，推高生态经济发展成本。核心与龙头企业培育与引进，可以形成带动、辐射和关联效应，是破解欠发达县域生态经济发展中规模支撑障碍的有效途径，也是欠发达县域生态经济发展关键。在核心与龙头企业培育与引进过程中，一是要注重立足主导产业和本地特色产业；二是要充分对接、利用和创新国家、省等上层对欠发达地区发展的优惠支持政策。

7.2.3 生活空间提升策略

生活空间是直接影响居民幸福感的空间，对于以生态为优势的山区县而言，地形地貌限制了城镇村的宜居规模、人口数量，进而影响交通网络建设和基本公共服务水平。山区生活空间与平原地区或城市相比具有典型特点和问题，由于经济水平的客观差异，其鸿沟在短期内难以逾越，只能基于山区县现实，在逐步落实国家政策的基础上，本着公平与效率相结合的原则，逐步实现区内资源的优化配置。

7.2.3.1 优化人口聚落布局，稳步推进生态城镇化建设

人口布局是生活空间优化调整的基础，过度分散居民点的存在是导致政策资金分散化、公共服务成本加大或可及性不足的重要原因，正所谓“山区不合理的人口分布状况，既是贫穷落后之果，又是贫穷落后之源”。五峰县现有人口增速放缓，同时新县城的建设将在近期有机会吸纳将近两万人，成为县域人口空间布局与城镇体系重构的契机。一是可以将县域范围内人口压力较大的村庄人口部分迁出，适当减轻压力；二是有利于西部高海拔人口低密度区散户、小型自然村的迁出。政府有义务进行引导，将人口以小范围滚动方式，在较长的时间段内缓慢而有序地实现逐级迁移（见图 7.1），按照城镇体系和村镇体系建设规划进行。城镇化所需资金除部分来自国家支持专项资金外，应建立生产空间与生活空间之间资金的流动渠道，生态移民应该得到相应的安置和补偿，原有生产资料应通过流转等方式实现生态效应最大化。

7.2.3.2 优化资金投入比例，改善聚集区人居生活环境

随着居民以外出务工等形式与外界沟通增多，山区住区人居环境的改善[198]在以家庭为单位的层次上逐步凸显，但在村庄层次仍较为落后。针对前文对生活空间分析后提出的问题，建议从以下几个方面进行改进。首先，增加资金投入。改善人居环境所需要的大量基础设施均具有公共物品的性质，此类物品的经济学属性决定了其主要费用需由国家承担，同时地

方政府负责按照实际情况将资金用于集聚人口生活环境改善。其次，就山区类型的重点生态功能区而言，一是具有地质灾害多发的特点，除将人口尽量从极易发区迁出外，可参考日本等发达且地质灾害多发地区居民应对灾害方法，在区内进行适应性改造和推广，提高防灾能力，降低损失水平；二是集聚区生活基础设施一方面可以减少人口对环境产生的压力和破坏，另一方面可以吸引散居农户到集聚区安置，从另一个侧面降低环境压力；三是改善饮水条件，喀斯特地貌山区漏斗众多，饮水困难是地形外导致集中区居住规模难以扩大的重要原因，通过国家投资对集中区饮水问题专项解决，可以有效集聚人口，以此减少分散居住带来的新建设资金，实现人居环境质量整体提升。

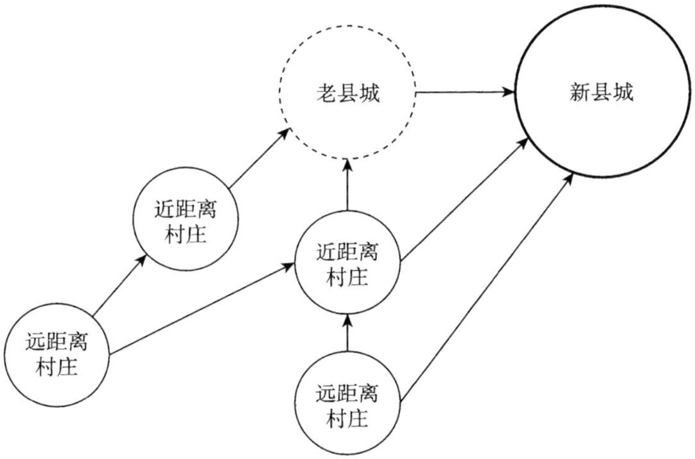

图 7.1　重点生态功能区人口滚动迁移示意图

注：箭头指向的地区是限制等级更低的地区。

7.2.3.3　提升公共服务水平，兼顾空间公平与生态效益

鉴于山区县山大人稀的分布状况、复杂的地形和必须以生态保护为重点的事实，脱离人口和聚落布局调整谈论基础公共服务水平没有意义。应采用分类处理的方式结合生产空间进行整体安排。一是对于现有三小时服务区以外且人口数量较少的地区，以效率优先，逐步适合搬迁的进行生态

移民；对于人口数量较多的以公平优先，在进一步集中安置的基础上，给予相应的配套公共服务，原有生产资料应通过流转、置换等方式逐步解决收益问题。其中，人口数量分类标准同时要参考村庄人口年龄结构等，偏僻小规模村庄的养老问题也是山区生活空间存在的重大难题。二是对于因外出务工等原因造成的村庄人口规模缩小具有周期性波动的特点，可以参考旅游业发展季节性波动的相关应对方法，保证服务的公平性。三是基础公共服务的供给方仍以国家为主，居民为需求方，基础公共服务政策的变动往往具有鲜明的普遍性特点，高等级政府在决策过程中缺乏对山区独特性的考量，故需要低等级政府在设施布局、资金投入上与需求方进行充分沟通，并进行反馈，这也是空间管治过程中极为重要的内容。

7.2.3.4 拓展生活空间功能，促进多民族文化蓬勃发展

由于五峰县基于主体功能区定位提出“全域景区化”，县域各类空间均被赋予新的功能。对于少数民族地区而言，长期的落后封闭虽然保留了部分自然和人文旅游资源，但从前文分析结论得知，现有的人居环境和基本公共服务尚不能完全满足现状需求，更难以接待大规模到来的观光休闲游客。因而对山区县生活空间的设计需要将未来发展的需求纳入范畴，为全域景区化做好道路、水、电、住宿、医疗等多项生活服务保障。同时，五峰县作为土家族自治县，在缓慢的现代化进程中民族文化性逐渐消失，单纯地作为观光类旅游目的地缺乏持久的后续发展动力，需要在新县城建设、新的集中居住区建设过程中彰显土家特色，在生活空间实用的基础上为全域景区化打下基础。

7.2.4 协调生产、生活、生态空间关系

生产、生活和生态空间是相互影响、相互作用的。对于真正实现三个空间的协调途径，从政府行为来看，主要依赖于规划的衔接和绩效考核的改进。

7.2.4.1 有序衔接各类上下规划，确保空间统一协调管治

与其他规划有效衔接是保证主体功能区规划得到落实的重要基础。主

体功能区划相较于土地利用总体规划等其他空间规划较为年轻，且缺乏法律强制约束性，在众多规划（见表7.1）对管理系统的争夺下，加上生态补偿等相关政策在落实过程中需要进一步调整完善，其落实需要上位规划支持。

从调研及前文研究成果看，政府部门的大量空间管治措施需要通过规划进行落实，由于规划具有针对性、时效性和连续性，且均为参考该领域已有法律法规进行制定，可以帮助对应部门滚动式地在掌握新的实际情况前提下进行有效管治。规划在一定程度上是部门制定的最新规范，各个规划中均在一定程度上涉及其他相关部门工作范围，形成交叉。生产、生活和生态空间本来就是不可分割的有机联系体，通过衔接上下位、平级规划的范围、强度、规范，可以有效实现生产生活生态空间的协调配合。当然，如果规划之间相拮抗，则容易将协调状况推向另一个方向，需要各个部门在制定规划和规范时充分发挥能动作用，最终形成五峰县规划网，使三类空间相互协调，对整体空间实行有效管治。

表7.1 五峰县空间管治规划列表

部门	规划名称
国土局	土地利用总体规划（2006—2020年）、矿产规划
发改局	经济和社会“十二五”规划、主体功能区规划、小流域石漠化治理规划
住建局	城镇规划，新农村建设规划、小城镇建设规划
林业局	林业“十二五”规划
水利局	农村农田水利“十二五”规划、易灾地区生态环境综合治理专项规划（水保部分）、五峰县水土流失综合治理规划、湖北省革命老区五峰土家族自治县水土流失综合治理规划、五峰中小河流治理规划
农业局	农业“十二五”规划
旅游局	旅游业“十二五”规划、五峰县旅游规划、柴埠溪规划（总规、详规、控规）、后河生态旅游区总体规划
交通局	交通“十二五”规划
扶贫办	脱贫奔小康规划2009年
环保局	生态建设与环境保护“十二五”规划

续表

部门	规划名称
经信局	五峰“十二五”工业经济发展规划、湖北五峰工业园区“十二五”规划
新城管委会	五峰避险迁建规划、渔洋关总体规划
宜昌市	宜昌市城市总体规划（2005—2020）
区域规划	武陵山片区区域发展与扶贫攻坚规划（2011—2020）、清江流域综合利用规划（2014—2020年）、湖北省武陵山少数民族经济社会发展试验区发展规划（2011—2020）

资料来源：五峰县政府提供材料及网络资料。

传统的管治手段主要以行政手段为主，其中规划和法律法规是重要内容，这种方式在管治主体单一——政府主体的前提下可以发挥巨大的作用。随着以居民、企业为新兴力量的管治主体的发展，规划手段不仅要增加公众参与的比重，各个政府部门作为原有主体中的子类，也应发挥各自管治作用，建立横向联系。此外，还应不断创新管治手段，使空间管治真正可以区别于空间管制。

7.2.4.2 逐步完善绩效考核制度，保证空间管治有效落实

对各个部门的政绩考核往往也与规划挂钩，形成网络状的评价体系，各部门不仅要接受纵向的上级检查，也要接受县政府的考核。而对于县政府来说，随着主体功能区的推进，目前对限制开发区的绩效评价已经逐步显现出对GDP的弱化，强化对提供生态产品能力的评价，但应进一步增加公众环境质量评价、空气环境质量变化、饮用水质量变化、环保投资增长率、群众性环境诉求事件发生数量等指标，对政府、居民和企业各利益主体实现有效激励，促进生态保护目标的实现。

7.2.4.3 加快经济发展带动作用，打破低下均衡耦合现状

五峰县现有的低水平发展耦合协调状态与经济发展滞后现象互为因果，只有稳步发展特色经济，增强自我造血能力，才能逐步实现居民和县政府的普遍小康，进入良性循环。就五峰县现有生产空间管治状况来看，茶叶经济已形成规模，茶叶产值的提高是下一步的重点；旅游经济的起步在后期国道延长线、宜张高速的过境后也会呈现新的局面；五峰民族工业

园所发展的飞地经济，可以在一定程度上为县域经济注入能量。可以看出五峰县仍以“经济管治”为管治重心，以“政治管治”为主要手段，“生态资源管治”和“社会管治”水平较低，在经济打破了原有低水平平衡态后，需要相应空间管治及时乃至提前补位，避免走以生态换经济的老路。

7.2.4.4 扩大生态补偿资金来源，促进空间整体均衡发展

现有生态补偿资金主要来自财政转移支付和专项生态保护基金，如天然林保护工程资金。对于重点生态功能区而言，由于起点较低，目标较高，需要大量资金投入用于基础设施的建设、人口的迁移以及相应产业的启动，原有的资金来源不足以支撑需求。需要通过对生态产品进行多种形式的定价和开发，以市场化的方式形成产品与市场需求之间的交换。所获资金不仅单纯用于生态环境的保护，还可以有效地配给生活空间的改善和生产空间能力的提升，形成管治手段、方法和资金的有效配合，即实现重点生态功能区空间管治模型中生态补偿资金的“三重循环”，通过逐步实现生产、生活和生态空间质量的提高，最终促进重点生态功能区整体空间均衡发展。

8　结论与展望

8.1　主要结论及创新

本书从“如何在保护重点生态功能区生态安全的同时发展区域经济，改善当地居民生活”问题出发，将整体空间划分为生产空间、生活空间和生态空间三大类型，分类对重点生态功能区这一特殊空间的管治问题进行研究。以五峰县空间利用和管治历史为起点，分析现状空间格局和协调度，在此基础上展开对三类空间管治问题的解析，最终落脚在管治对策的提出上。

8.1.1　主要结论

8.1.1.1　重点生态功能区空间管治分析模型是分析此类区域空间管治存在问题的有效手段

本书在前人研究基础上，从重点生态功能区空间管治困境和矛盾出发，提出生产、生活和生态三类空间概念，结合已有空间管治概念、人地关系理论、空间生产理论和管治分析模型构建重点生态功能区空间管治分析模型，其中以国家空间规划为元规范、以生态补偿为保障、以市场调控为隐性核心，将地方政府、企业、居民和社区作为主要行为者，形成内圈；以生产空间和生活空间为外环的内圈，以生态空间为外圈的外环，以国家、市场对行为者调控下的空间管治为主要驱动力，以空间格局、结构和质量的变化为反作用力，以生态补偿在三类空间的三层循环为纵向动力，实现区域空间管治效果的螺旋式上升或下降。将此模型应用到五峰县空间管治研究的实例中，可以较好地解释现有的问题，表明该模型是分析此类地区空间管治问题的有效手段，但应结合实际需要对生态补偿的顺序进行适当调整，在资金逐步增多的情况下，尽量做到同时对三类空间的补偿和提升，避免“边保护、边破坏”的发生。

8.1.1.2 全覆盖的生态补偿机制是重点生态功能区政策落实的关键

对各类空间管治状况的分析支持了生态补偿资金的三层循环，表明单独在生态空间层次的投入不足以实现生态保护目标，需要对生产和生活空间进行支持。综合对三类空间的分析，建设资金的匮乏和较低的农业收入导致重点生态功能区农民大多数以外出务工作为兼业收入，留守在农村的农民一般收入较低，靠山吃山的朴素的生存观无可避免地会对生态环境造成小范围强度影响。在市场经济导向的刺激和监管手段以及无法实现全面实时跟踪控制的前提下，伐木、开矿、以蔬菜等经济作物代替防护林等效益相对较低的经营方式是必然的选择。只有通过覆盖生产、生活和生态空间的全方位生态补偿，使其保护生态状况下的收入接近于其外出务工收入，才可以使留在农村的部分居民有意愿也有能力进行生态保护。对于地方政府而言，生态补偿制度可以提供大型基础设施建设和公共服务的资金，有助于短期内破解困境，落实保护政策，获得政府支持。

8.1.1.3 发挥政府以外的行为者管治作用是实现空间管治的保障

通过对三类空间的管治进行详细分析，居民和社区在这一过程中往往处于被动应对状态，或选择用脚投票。主要是囿于自然环境的特殊性和交通运输的不便，难以负担较大范围的管治调整所耗费资源，单个个体的逐利需求难以满足，容易陷入经济贫困—生态贫困的恶性循环。在通过生态补偿推动重点生态功能区的过程中，需要在帮助居民形成良性循环的基础上，通过宣传教育制定乡约、规范，构建有效机制发挥居民和社区的空间管治正面作用。企业作为区域经济的发展引擎，需要在产业发展选择的基础上发挥市场调控的积极作用，与政府的管治规范形成互动。

8.1.1.4 重点生态功能区空间协调处于低水平耦合阶段

重点生态功能区往往具有老少边穷等特性，拥有良好的生态环境却缺乏经济发展动力。在对其生产、生活和生态空间的协调度进行考察时，全局莫兰指数结果表明，生产、生活、生态空间的耦合协调发展度呈相似的集中分布。局部莫兰指数分析表明经济发展水平低和交通等基础设施的滞后是造成低水平耦合的重要原因。需要在发展区域经济、改善配套环境处理设施、引入新型住区模式的基础上，打破原有低水平耦合僵局，逐步实现生产水平的提高、生活空间质量的改进与生态环境优化的平衡。

8.1.1.5 规划衔接是协调生产、生活、生态空间的重要手段

空间管治是一个庞杂的巨系统，各个部门管治对象和行为相互交织，规划作为管治的主要手段和规范的重要表现，是各个部门发展诉求的载体。从这个角度看，规划网络的交织是各个部门管治手段形成的网络，尝试将规划进行有效衔接和协调，反之可以促使部门利益和需求趋于一致。本书在主体功能区规划思路指导下，立足于土地利用总体规划将整体空间划分为生产、生活和生态空间，比较好地实现二者规划在问题分析上的内在统一，可以为其他规划的衔接提供参考。总之，通过将作为重要管治手段的多项规划进行有效的衔接，可以直接有效地破除低效率，提升资金和管理利用水平。

8.1.1.6 推动区内新型城镇化建设是生态得到保证的前提

主体功能区规划的重要依据是资源环境承载力与人口规模之间的关系，通过推动生态移民，将过于分散的居民点适当集聚，并推动对生态产生压力过大地区的居民逐步外迁，采取多种途径提高区内居民收入，才能

真正巩固环境保护成果。五峰县通过新县城的建设，试图将全县 1/3 的人口进行集中安置，进而通过发展特色生态经济提高人均收入，促使生态与经济发展取得平衡。目前五峰县资金缺乏且生产水平较低，加上山区地形限制，大规模机械生产难度大，需要逐步推进。

8.1.1.7 空间管治发展是分权化、市场化、城镇化的进程

从五峰县空间管治历史可以看出，中华人民共和国成立后随着工业化和现代化的推进，包括政府、企业和居民在内的行为者空间管治权力进一步分散化，生产空间市场化趋势更加明显，生活空间的城镇化现象虽然规模较小，但是受到政府的推动；在数次战争等大规模生态破坏进程的作用下，生态空间的破坏成为难以修复的事实。分权一方面在力图形成各个部门各司其职的有序格局的同时，出现管理错位、缺位、越位的混乱；另一方面出现权力分化而无力执法的尴尬局面。新形势下的空间管治对地方政府治理能力提出更高的要求。

8.1.1.8 重点生态功能区的管治是空间生产的一种表现形式

本书从五峰县空间管治现象入手，深入各个类型空间出现的表征，探究其历史发展中管治主体行为的变化，结合空间计量分析，试图阐明其空间性的变化及存在的问题。国家的生态补偿在一定程度上是权力资本对生态空间进行塑造，通过采取生态补偿，制定规范，约束和限定空间开发权力。此外，国家对农村环境综合整治是对生活的空间的再造和再生产，对农村居民点的重新安置更是具有这一特征。县城搬迁后新形成的城市空间，不仅是原有建制镇生活空间属性的几何扩大和复杂化，更是将原有散落在生活空间中的第二产业和第三产业空间进行了再升级，可以在城市空间中以工业园等形式清晰地剥离出来，是空间生产的另一种形式。搬迁后的新县城以政府单位为主体，配套住宅等仍然具有相当的计划经济色彩，对于城市这种空间积累的形式而言，缺乏进行再积累的动力，提高新市民收入和购买能力具有较强的必要性。

8.1.2 本书的创新点

一是从生产、生活和生态空间的角度对重点生态功能区的空间管治提出研究的概念、方法和分析模型。在前人研究基础上，结合重点生态功能区的特点，提出该语境下的生态空间、生活空间和生产空间的概念，并从这一角度提出具体的定量研究方法体系，结合人地关系论、空间生产理论和 Hufty 管治分析模型形成此类区域的空间管治分析模型，结合五峰县实例对各类空间进行分别研究，检验并充实了该模型，最终使得空间管治问题得以提炼，有助于为空间管治研究增加新的空间类型，扩展现有相关研究学术版图，补充新的研究思路和方法。

二是着力搭建主体功能区规划与土地利用规划的衔接关系。在土地利用总体规划的基础上，通过地类转换的方式，根据生产、生活和生态空间的内涵，明晰其对应的国土空间形态和属性，为后文的定量分析奠定基础，同时为主体功能区规划与土地利用规划的衔接建立直接的联系。

三是借助耦合模型分析生产、生活和生态空间三者之间的协调度。耦合模型作为物理学模型，具有较浓厚的自然科学特色，将其引入空间管治研究中来，得到三类空间之间的耦合协调度，使得空间管治问题研究避开各类空间问题的简单相加，形成更加饱满的研究框架，有助于得到更接近问题原貌的研究结论。

四是将空间生产理论应用到重点生态功能区的管治问题域中。借助空间生产理论来解释生态补偿在重点生态功能区空间管治中的重要作用，在实体物质空间和虚拟政治制度两个方面保障此类区域空间管治的推进和落实，有助于分析现有管治中只补偿生态空间而忽略生产和生活空间的弊端，为重点生态功能区空间管治模型的构建提供理论基础。现有空间生产研究对象偏重于对城市空间，以乡村空间与生态保护为主体的地区相关研究较少，借助该理论可以较为深刻地剖析空间管治中出现的问题，并有针对性地提出对策建议。

8.2 研究不足及展望

8.2.1 研究不足

一是空间管治的行为主体不仅包括政府，更重要的是社区、居民和企业的参与。在调研过程中，主要对象是政府工作人员和村干部，对普通农民和家庭的调研相对较少，在对这类行为主体进行分析时稍显薄弱。在对空间管治提出优化策略时，由于作者缺乏管理实践经验，虽然尽可能保持客观和全面，可能在细节把握和行为者分析上与实际有所偏离。

二是本书研究案例地属于少数民族地区，但本书的研究由于对空间研究偏重于宏观而非微观，故而没有从整体上突出少数民族在生产、生活、生态空间利用方面与其他民族的独特区别之处，主要在历史演变、生态空间保护方面有相关论述，这也与土家族民俗习俗除在旅游业中适当展示外，其余的民族特色逐渐消失有关。

三是案例研究所代表的普适性问题上，虽然五峰县属于较为典型的重点生态功能区，具有生态空间面积较大等特点，但可能与其他重点生态功能区仍然存在较大差别，所提出的对策未必具有针对性。但本书提供的分析框架和思路可供参考。此外，本书缺乏对文化在空间管治中的作用的评价和相关研究。

8.2.2 研究展望

重点生态功能区作为主体功能区建设的重要部分，所提出的空间管治要求和目标具有重要意义。空间管治作为地理学科从空间利用角度参与国家顶层设计，主要优势和问题将在其进一步落实中逐步呈现，需要在更长时段内跟踪、对比。下一步研究应仍从人地关系角度入手，在更加全面细致的调研基础上展开。

一是重点生态功能区的生态补偿机制和标准的相关研究。生态补偿的重要性和可行性已经得到论证，本书认为生态补偿同时是国家通过政治权力对空间的重新构建，但其标准的制定和执行的方法等均需要从各类空间对所提供生态产品评估出发。现有研究成果中，已有大量生态补偿计算方法和执行路径，但是否需要针对不同类型的生态功能区选择不同的方法，或进行方法的叠加和删减，均需要在下一步研究中继续展开。

二是搬迁后县城的空间管治状况跟踪。五峰县作为重点生态功能区中通过县城搬迁的方式拓展其生活空间的一个典型，渔洋关镇从一个建制镇升级为新县城，是否能够真正吸纳县域范围内散居人口，进而起到减轻西部地区人口压力的作用，值得通过跟踪来检验。且新县城同时囊括第二、第三产业生产空间，这些以农产品加工为主要内容的空间将会引领整个五峰县特色经济发展，所以应对其进行后续跟踪研究。

三是特色生态经济发展的空间路径研究。特色生态经济是在逐步实现人口迁移的同时，富裕当地居民的重要手段，关系到重点生态功能区保护效果的实现，与生态补偿互为补充。其中旅游业发展和飞地经济的尝试处于初级阶段，全域景区化对县域空间管治的影响，以及在与其他县市跨界合作的过程中，如何破解利益纷争、实现共赢，是下一步值得研究的问题。

参考文献

[1] 胡锦涛．坚定不移沿着中国特色社会主义道路前进　为全面建成小康社会而奋斗——在中国共产党第十八次全国代表大会上的报告 [J]. 求是，2012 (22): 3-25.

[2] 国务院．国务院关于印发全国主体功能区规划的通知 [EB/OL], [2017]. http: //www. gov. cn/zwgk/2011-06/08/content_1879180. htm.

[3] 易晓峰，唐发华．西方城市管治研究的产生、理论和进展 [J]. 南京大学学报（哲学·人文科学·社会科学版），2001 (5): 117-122.

[4] 樊杰．我国主体功能区划的科学基础 [J]. 地理学报，2007 (4): 339-350.

[5] 宜昌市国土资源局规划科．宜昌市土地利用总体规划（2006—2020年）[EB/OL]. http: //www. yclr. gov. cn/art/2013/11/18/art_27057_476366. html.

[6] 宜昌市规划局，中国城市规划设计研究院．宜昌市城市总体规划修改（2011—2030年）[EB/OL]. http: //www. ycupo. com/view. aspx? id=8023&classid=33.

[7] Steele D. Spatial dimensions of global governance [J]. Global Governance, 2004 (10): 373-394.

[8] Wetzstein S . Globalising economic governance, political projects, and spatial imaginaries: Insights from four Australian cities [J]. Geographical Research, 2013, 51 (1): 71.

[9] De Vries J, Priemus H. Megacorridors in north-west Europe: Issues for transnational spatial governace [J]. Journal of Transport Geography, 2003

(11): 225-233.

[10] Albrechts L, Healey P, Kunzmann K R. Strategic spatial planning and regional governance in Europe [J]. Journal of the American Planning Association, 2003, 69 (2): 113-129.

[11] Rivolin U J, Faludi A. The hidden face of European spatial planning: Innovations in governance [J]. European Planning Studies, 2005, 13 (2): 195-215.

[12] Seldadyo H, Elhorst J P, De Haan J. Geography and governance: Does space matter? [J]. Papers in Regional Science, 2010, 89 (3): 625-640.

[13] Shibata K. Neoliberalism, risk, and spatial governance in the developmental state: Japanese planning in the global economy [J]. Critical Planning, 2008 (15): 92-118.

[14] Allmendinger P, Haughton G. The evolution and trajectories of English spatial governance: "Neoliberal" episodes in planning [J]. Planning Practice & Research, 2012, 28 (1): 6-26.

[15] Tewdwr-Jones M, Allmendinger P. Territory, identity and spatial planning: Spatial governance in a fragmented nation [M]. London: Routledge, 2006.

[16] Coetzee J. Not another "night at the museum": "Moving on" from "developmental" local government to "developmental local state" [J]. Town and Regional Planning, 2010 (56): 18-28.

[17] Kidd S, Shaw D. Integrated water resources management [J]. The Geographical Journal, 2007, 173 (4): 312-329.

[18] Campagna M, Deplano G. Local authorities GI-based web sites and spatial governance towards an evaluation framework [R]. A Coruña: 9th EC GI & GIS Workshop, 2003.

[19] Campagna M, Arleth M. Public administration GI-based web-sites for spa-

tial planning: A comparative analysis [C]. London: International Conference on Computers in Urban Planning and Urban Management, 2005.

[20] Thomas K, Steve L. From green belts to green infrastructure? The evolution of a new concept in the emerging soft governance of spatial strategies [J]. Planning Practice and Research, 2010, 25 (2): 203-222.

[21] Chen L. The governance and evolution of local production networks in a cluster: The case of Taiwan's machine tool industry [J]. GeoJournal, 2011, 76 (6): 605-622.

[22] Budds J, Hinojosa-Valencia L. Restructuring and rescaling water governance in mining contexts the coproduction of waterscapes in Peru [J]. Water Alternatives, 2012, 5 (1): 119-137.

[23] Foutakis D, Thoidou E. E-governance, metropolitan governance and development programming—The case of the Thessaloniki metropolitan area [EB/OL], [2006]. https://ideas.repec.org/p/wiw/wiwrsa/ersa06p548.html.

[24] Kopczewska K. The spatial range of local governments: Does geographical distance affect governance and public service? [J]. The Annals of Regional Science, 2013, 51 (3): 793-810.

[25] Harrison J, Heley J. Governing beyond the metropolis: Placing the rural in city-region development [J]. Urban Studies, 2015, 52 (6): 1113-1133.

[26] Lefevre C. Metropolitan government and governance in western countries: A critical review [J]. International Journal of Urban and Regional Research, 1998, 22 (1): 9-25.

[27] LeGalès P. Regulations and governance in European cities [J]. International Journal of Urban and Regional Research, 1998, 22 (3): 482-506.

[28] Pierre J. Models of urban governance: The institutional dimension of urban politics [J]. Urban Affairs Review, 1999, 34 (3): 372-396.

[29] Robins S. At the limits of spatial governmentality: A message from the tip of Africa [J]. Third World Quarterly, 2002, 23 (4): 665-689.

[30] Smith M. Neoliberalism, urban expansion, and political change in Oaxaca, Mexico: The creation of gendered city spaces [D]. Arizona State University, 2010.

[31] Carmichael L, Barton H, Gray S, et al. Integration of health into urban spatial planning through impact assessment: Identifying governance and policy barriers and facilitators [J]. Environmental Impact Assessment Review, 2012, 32 (1): 187.

[32] Lau M. Flexibility with a purpose: Constructing the legitimacy of spatial governance partnerships [J]. Urban Studies, 2013, 51 (9): 1943-1959.

[33] Beneria-Surkin J. Power, conservation, and indigenous livelihood: Guarani strategies for conquering political space in decentralization in Izozog, Bolivia [D]. University of California, Los Angeles, 2003.

[34] Nolte C, Agrawal A, Silvius K M, et al. Governance regime and location influence avoided deforestation success of protected areas in the Brazilian Amazon [J]. Proceedings of the National Academy Science of the USA, 2013, 110 (13): 4956-4961.

[35] Bennett N J, Dearden P. Why local people do not support conservation: Community perceptions of marine protected area livelihood impacts, governance and management in Thailand [J]. Marine Policy, 2014 (44): 107-116.

[36] Roberts J M. Spatial governance and working class public spheres [J]. Journal of Historical Sociology, 2001, 14 (3): 308-336.

[37] Edge S. Challenges and opportunities facing local governance agents in advancing an ecosystem approach to conceptualizing and governing community health in Norfolk County, Ontario [D]. ProQuest: UMI Dissertations

Publishing，2007.
[38] 李兵弟，徐会夫．中国城乡空间规划的新发展——以省域城镇体系规划为例［J］. 城市规划，2004（12）：9-14.
[39] 宋劲松，罗小虹．从“区域绿地”到“政策分区”——广东城乡区域空间管治思想的嬗变［J］. 城市规划，2006（11）：51-56.
[40] 黄平利，王红扬．我国城乡空间生态规划新思路［J］. 浙江大学学报（理学版），2007（2）：228-232.
[41] 刘卫东，陆大道．新时期我国区域空间规划的方法论探讨——以“西部开发重点区域规划前期研究”为例［J］. 地理学报，2005（6）：16-24.
[42] 华晨，张康建，葛丹东．“四区五线”与区域空间管理［J］. 城市问题，2009（11）：85-89.
[43] 姜晓丽．辽宁沿海经济带空间管治研究［D］. 北京：中国科学院，2013.
[44] 刘继斌．长吉图区域空间结构重组与管治研究［D］. 长春：东北师范大学，2012.
[45] 徐境．呼包鄂区域一体化发展模式及空间规划策略研究［D］. 西安：西安建筑科技大学，2010.
[46] 刘传明，曾菊新．新一轮区域规划若干问题探讨［J］. 地理与地理信息科学，2006（4）：56-60.
[47] 樊杰．优化中国经济地理格局的科学基础——对未来10年经济地理学学科建设问题的讨论［J］. 经济地理，2011（1）：1-6.
[48] 王倩．基于主体功能区的区域协调发展新思路［J］. 四川师范大学学报（社会科学版），2011（1）：51-55.
[49] 何光汉．区域空间管治下的四川省主体功能区建设研究［D］. 成都：西南财经大学，2010.
[50] 汤薇．生态经济学在主体功能区中的应用研究［D］. 大连：东北财经大学，2013.

[51] 张京祥，黄春晓．管治理念及中国大都市区管理模式的重构［J］．南京大学学报（哲学·人文科学·社会科学版），2001（5）：111-116.

[52] 陈闽齐．苏锡常都市圈的管治协调规划［J］．城市规划，2003（6）：60-61.

[53] 王国霞，蔡建明．都市区空间范围的划分方法［J］．经济地理，2008（2）：191-195.

[54] 谢正观，黄叶君．中外城市群空间管治分区比较研究［J］．城市问题，2009（9）：78-81.

[55] 杨立国，皮灿，章芳．长株潭城市群空间发展特征及管治对策［J］．国土与自然资源研究，2011（6）：1-3.

[56] 李建平．管治理念与珠三角空间模式演进——兼论珠三角绿道规划思想的形成［J］．城市发展研究，2012（11）：125-128.

[57] 张京祥．城市与区域管治及其在中国的研究和应用［J］．城市问题，2000（6）：40-44.

[58] 甄峰，简博秀，沈青，等．城市管治、区划调整与空间整合——以常州市区为例［J］．地理研究，2007（1）：157-167.

[59] 陆玉麒，林康，张莉．市域空间发展类型区划分的方法探讨——以江苏省仪征市为例［J］．地理学报，2007（4）：351-363.

[60] 赵佩佩．基于科学发展观的区域空间管治策略探讨——以广州从化市为例［J］．规划师，2009（6）：62-67.

[61] 张建．都市休闲空间的整合与调控研究［D］．上海：华东师范大学，2006.

[62] 税伟，陈烈，唐常春．山区生态县区域协调发展的机制构建——以粤北始兴县为例［J］．山地学报，2006（1）：70-78.

[63] 黄金川，肖磊，孙贵艳．县域空间管治区划的理论与方法［J］．安徽农业科学，2011（1）：453-457.

[64] 席广亮，甄峰，翟青，等．新型城镇化引导下的西部地区县域城乡空间重构研究——以青海省都兰县为例［J］．城市发展研究，2012

(6)：12-17.

[65] 王利．中国市县“五年规划”中的空间布局规划：理论、方法、实例［D］．大连：辽宁师范大学，2008.

[66] 周立．数字城市空间管治体系模式的探讨［J］．地球信息科学，2003(3)：22-25.

[67] 周立，顾悦卿．数字农业空间管治信息质量指标研究［J］．淮海工学院学报（自然科学版），2007（4）：61-64.

[68] 黄卓，宋劲松，杨满伦，等．“协调规划”与“规划协调”——珠三角“一级空间管治区”的规划与实施［J］．城市规划，2007(12)：15-19.

[69] 艾勇军，肖荣波．从结构规划走向空间管治——非建设用地规划回顾与展望［J］．现代城市研究，2011（7）：64-66.

[70] 林坚，许超诣．土地发展权、空间管制与规划协同［J］．城市规划，2014（1）：26-34.

[71] 魏广君．空间规划协调的理论框架与实践探索［D］．大连：大连理工大学，2012.

[72] 李国平，李潇，汪海洲．国家重点生态功能区转移支付的生态补偿效果分析［J］．当代经济科学，2013（5）：58-64.

[73] 李国平，李潇．国家重点生态功能区转移支付资金分配机制研究［J］．中国人口·资源与环境，2014（5）：124-130.

[74] 李潇，李国平．基于不完全契约的生态补偿“敲竹杠”治理——以国家重点生态功能区为例［J］．财贸研究，2014（6）：87-94.

[75] 吴越．国外生态补偿的理论与实践——发达国家实施重点生态功能区生态补偿的经验及启示［J］．环境保护，2014（12）：21-24.

[76] 钟大能．推进国家重点生态功能区建设的财政转移支付制度困境研究［J］．西南民族大学学报（人文社会科学版），2014（4）：122-126.

[77] 赵宁．我国重点生态功能区利益补偿法律制度探究［J］．生态经济，

2015（3）：147-150.

[78] 杨萍．重点生态功能区农户生态补偿机制研究——基于农户生态财产权视角［J］．农村经济，2015（2）：20-23.

[79] 任世丹．重点生态功能区生态补偿法律关系研究［J］．湖北大学学报（哲学社会科学版），2013，40（5）：107-110.

[80] 任世丹．重点生态功能区生态补偿正当性理论新探［J］．中国地质大学学报（社会科学版），2014（1）：17-21.

[81] 刘欣，王永清．我国重点生态功能区研究现状分析［J］．世界林业研究，2014（1）：93-96.

[82] 李宝林，袁烨城，高锡章，等．国家重点生态功能区生态环境保护面临的主要问题与对策［J］．环境保护，2014（12）：15-18.

[83] 高吉喜．西部生态环境问题及对策建议［J］．环境科学研究，2005，18（3）：49-53.

[84] 安·布蒂默，周尚意，等．多元视角下的人地关系研究——在第32届国际地理大会上的主题演讲［J］．地理科学进展，2013，32（3）：323-340.

[85] 方创琳．中国人地关系研究的新进展与展望［J］．地理学报，2004（S1）：21-32.

[86] 曹正伟．墨西哥亡灵节的地理与空间意涵［J］．世界地理研究，2012（3）：168-176.

[87] 殷洁，罗小龙．资本、权力与空间："空间的生产"解析［J］．人文地理，2012（2）：12-16.

[88] 叶超．社会空间辩证法的由来［J］．自然辩证法研究，2012（2）：56-60.

[89] 吴大进，曹力，陈立华．协同学原理和应用［M］．武昌：华中理工大学出版社，1990.

[90] 孟庆松，韩文秀．复合系统协调度模型研究［J］．天津大学学报，2000（4）：444-446.

[91] 李铭，方创琳，孙心亮．区域管治研究的国际进展与展望［J］. 地理科学进展，2007（4）：107-120.

[92] 张京祥，庄林德．管治及城市与区域管治——一种新制度性规划理念［J］. 城市规划，2000（6）：36-39.

[93] 吴骏莲，崔功豪．管治的起源、概念及其在全球层次的延伸［J］. 南京大学学报（哲学·人文科学·社会科学），2001，38（5）：123-127.

[94] 胡序威．中国区域规划的演变与展望［J］. 地理学报，2006（6）：585-592.

[95] 王磊，沈建法．空间规划政策在中国五年计划/规划体系中的演变［J］. 地理科学进展，2013（8）：1195-1206.

[96] 方创琳，等．区域规划与空间管治论［M］. 北京：商务印书馆，2007.

[97] 肖华斌，宋凤，王洁宁，等．日本《景观法》对我国城乡风貌与景观资源空间管治的启示［J］. 规划师，2012（2）：109-112.

[98] 李玉涛，荣朝和．交通规划与融资机制的演变——美国高速公路百年史回顾［J］. 地理研究，2012（5）：922-930.

[99] 黄征学．韩国城镇空间结构的主要特征及启示［J］. 宏观经济管理，2013（10）：89-91.

[100] Hufty M . Investigating policy processes：The governance analytical framework（GAF）［M］// Wiesmann U，Hurni H，Editors E A. Research for sustainable development：Foundations，experiences，and perspectives. Bern：Geographica Bernensia，2011：403-424.

[101] 王邦佐，等．政治学辞典［M］. 上海：上海辞书出版社，2009.

[102] Young O. The institutional dimensions of environmental changes：Fit，interplay，and scale［M］. Cambridge，Mass：MIT Press，2002.

[103] Social Development Department. Social development department guidance note on how to do stakeholder analysis of aid projects and programmes

[M]. London, UK: ODA: Social Development Department Mimeo, 1995.

[104] World Bank. The world bank participation sourcebook [M]. Washington, D. C: International Bank of Reconstruction and Development (IBRD), 1996.

[105] Golder B, Gawler M. Cross-cutting tool: Stakeholder analysis [R]. Geneva, Switzerland: Resources for Implementing the WWF Standards, 2005.

[106] Mayers J. Stakeholder power analysis [R]. London, UK: International Institute for Environment and Development (IIED), 2005.

[107] 李全生. 布迪厄场域理论简析 [J]. 烟台大学学报（哲学社会科学版），2002（2）：146-150.

[108] Turnpenny J, Haxeltine A, Lorenzoni I, et al. Mapping actors involved in climate change policy networks in the UK [R]. Norwich , UK: Tyndall Centre for Climate Change Research, 2005.

[109] Long N. Development sociology: Actor perspectives [M]. London, UK: Routledge, 2001.

[110] Olivier de Sardan J. Anthropologie et développement. Essai en socio-anthropologie du changement social. [M]. Paris, France: Karthala, 1995.

[111] 杨春，陆文聪. 中国粮食生产空间布局变迁实证 [J]. 经济地理，2008（5）：813-816.

[112] 邓宗兵，封永刚，张俊亮，等. 中国粮食生产空间布局变迁的特征分析 [J]. 经济地理，2013（5）：117-123.

[113] 赵新正，宁越敏，魏也华. 上海外资生产空间演变及影响因素[J]. 地理学报，2011（10）：1390-1402.

[114] 梁育填，樊杰，柳林，等. 优化开发区域制造业企业迁移的因素及其区域影响——以广东东莞市为例 [J]. 地理研究，2013（3）：

497-506.

[115] 周尚意，吴莉萍，张庆业．北京城区广场分布、辐射及其文化生产空间差异浅析［J］．地域研究与开发，2006（6）：19-23.

[116] 褚劲风．上海创意产业园区的空间分异研究［J］．人文地理，2009（2）：23-28.

[117] 王云才，Miller P，Katen B. 文化景观空间传统性评价及其整体保护格局——以江苏昆山千灯—张浦片区为例［J］．地理学报，2011（04）：525-534.

[118] 龙花楼．论土地整治与乡村空间重构［J］．地理学报，2013（8）：1019-1028.

[119] 王立，刘明华，王义民．城乡空间互动—整合演进中的新型农村社区规划体系设计［J］．人文地理，2011（4）：73-78.

[120] 孙伟，陈诚．海岸带的空间功能分区与管制方法——以宁波市为例［J］．地理研究，2013（10）：1878-1889.

[121] 王兴中，等．中国城市生活空间结构研究［M］．北京：科学出版社，2004.

[122] 柴彦威．城市空间［M］．北京：科学出版社，2000.

[123] 顾朝林．集聚与扩散—— 城市空间结构新论［M］．南京：东南大学出版社，2000.

[124] 杨卫丽，王兴中，张杜鹃．城市生活质量与生活空间质量研究评价与展望［J］．人文地理，2010（3）：20-23.

[125] 段兆雯，李九全，王兴中．城市增智型游憩场所空间结构研究［J］．人文地理，2010（6）：53-57.

[126] 常芳，王兴中．城市社会区域体系结构公正配置的空间控制原理与路径［J］．人文地理，2014（1）：55-60.

[127] 楚静，王兴中．大都市郊区化中的社区碎化与治理［J］．世界地理研究，2011（1）：96-101.

[128] 姜爱萍．苏南乡村社会生活空间特点及机制分析［J］．人文地理，

2003（6）：11-15.

[129] 李志军，刘海燕，刘继生．中国农村基础设施建设投入不平衡性研究［J］．地理科学，2010（6）：839-846.

[130] Richard T. T. Forman. Land mosaics：The ecology of landscapes and regions［M］. Cambridge University Press，1995.

[131] 郭荣朝，苗长虹．城市群生态空间结构研究［J］．经济地理，2007（1）：104-107.

[132] 郭荣朝，苗长虹，夏保林，等．城市群生态空间结构优化组合模式及对策——以中原城市群为例［J］．地理科学进展，2010（3）：363-369.

[133] 王云才．基于景观破碎度分析的传统地域文化景观保护模式——以浙江诸暨市直埠镇为例［J］．地理研究，2011（1）：10-22.

[134] 汤放华，魏清泉，苏薇．"新木桶理论"与长株潭城市群的空间整合［J］．经济地理，2008（5）：809-812.

[135] 王亚丰，邬冰．辽宁沿海经济带空间格局演变的城市化响应方式研究［J］．世界地理研究，2010（3）：143-150.

[136] 王亚丰．辽宁沿海经济带空间演变与城市化响应机制研究［J］．地域研究与开发，2011（3）：13-18.

[137] 孟广文，福格特尤阿辛．作为生态和环境保护手段的空间规划：联邦德国的经验及对中国的启示［J］．地理科学进展，2005（6）：21-30.

[138] 陈雯，吕卫国，孙伟．空间经济学研究的相关进展与评述［J］．世界地理研究，2007（4）：70-75.

[139] 樊杰．人地系统可持续过程、格局的前沿探索［J］．地理学报，2014（8）：1060-1068.

[140] 乔家君．乡村社区空间界面理论研究［J］．经济地理，2012（5）：107-112.

[141] 王云才．风景园林的地方性：解读传统地域文化景观［J］．建筑学

报，2009（12）：94-96.

[142] Wang Y，Miller P，Katen B. The conservation of traditional culture landscape space based on the fragmentation analysis：A case study of Zicaowu Village in Zhejiang Province in east of China ［C］. Suzhou：The 47th IFLA World Congress Proceeding，2010.

[143] 王云才. 传统地域文化景观的图式语言及其传承［J］. 中国园林，2009（10）：73-76.

[144] 郝慧梅，任志远. 基于栅格数据的陕西省人居环境自然适应性测评［J］. 地理学报，2009，63（4）：498-506.

[145] 贺涛，杨志峰，崔保山，等. 流域生态用水分配的协调性评价研究［J］. 中国人口·资源与环境，2006，16（1）：132-136.

[146] Olmsted F L. America's national parks ［M］//National Historical Site. Washington：Eastern National，2000.

[147] 郑新奇，付梅臣. 景观格局空间分析技术及其应用［M］. 北京：科学出版社，2010.

[148] 余新晓，牛健植，关文彬. 景观生态学［M］. 北京：高等教育出版社，2006.

[149] 刘宇，吕一河，傅伯杰. 景观格局——土壤侵蚀研究中景观指数的意义解释及局限性［J］. 生态学报，2011，31（1）：267-275.

[150] 隋映辉. 协调发展论［M］. 青岛：青岛海洋大学出版社，1990.

[151] Grossman，Gene，Helpman，Elhanan. Environmental impacts of a North American free trade agreement ［R］. NBER Working Paper，1991.

[152] Jebaraj S，Iniyan S. A review of energy models ［J］. Renewable & Sustainable Energy Reviews，2006，10（4）.

[153] 秦耀辰，徐铭杰. 区域持续发展的指标研究［J］. 地理学报，1998，53（2）：149-156.

[154] 刘彦随，冯德显. 三峡库区土地持续利用潜力与途径模式［J］. 地理研究，2001，20（2）：139-145.

[155] 李鹤，张平宇，刘文新．1990年以来辽宁省环境与经济协调度评价[J]．地理科学，2007，27（4）：486-492.

[156] 刘卫东，谭韧骠．杭州城市蔓延评估体系及其治理对策［J］．地理学报，2009，64（4）：417-425.

[157] 王振波，方创琳，王婧．1991年以来长三角快速城市化地区生态经济系统协调度评价及其空间演化模式［J］．地理学报，2011，66（12）：1657-1668.

[158] 宋马林，徐龙，王舒鸿，等．小样本数据下安徽省经济—环境系统协调发展的实证分析［J］．地理研究，2013（8）：1402-1410.

[159] 哈肯．协同学：大自然构成的奥秘［M］．上海：上海译文出版社，2005.

[160] 刘耀彬，李仁东，宋学锋．中国城市化与生态环境耦合度分析[J]．自然资源学报，2005（1）：105-112.

[161] Illingworth V. The penguin dictionary of physics ［M］. Foreign Language Press，1996.

[162] 徐龙道．物理学词典［M］．北京：科学出版社，2004.

[163] 杨士弘．城市生态环境学［M］．第二版．北京：科学出版社，2005.

[164] 约翰斯顿．人文地理学词典［M］．柴彦威，等，译．第二版．北京：商务印书馆，2005.

[165] 国家发展改革委．省级主体功能区划技术规程［S］. 2008.

[166] Purevdorj T，Tateishi R，Ishiyama T，et al. Relationships between percent vegetation cover and vegetation indices ［J］. International Journal of Remote Sensing，1998，19（18）：3519-3535.

[167] 彭继增，罗扬，邓伟，等．产业转移、专业市场与特色城镇化的协调发展评价［J］．经济地理，2013（12）：54-60.

[168] 刘浩，张毅，郑文升．城市土地集约利用与区域城市化的时空耦合协调发展评价——以环渤海地区城市为例［J］．地理研究，2011

(10): 1805-1817.

[169] 白晓永，王世杰，陈起伟，等．贵州土地石漠化类型时空演变过程及其评价［J］．地理学报，2009（5）：609-618.

[170] 李阳兵，王世杰，容丽．关于喀斯特石漠和石漠化概念的讨论［J］．中国沙漠，2004（6）：29-35.

[171] 高润身，高敬菊．《容美纪游》评注［M］．武汉：湖北人民出版社，2006.

[172] 李焕春．光绪长乐县志［M］．南京：江苏古籍出版社，2001.

[173] 中华人民共和国林业总局．岩溶地区石漠化状况公报［EB/OL］．http://www.gov.cn/ztzl/fszs/content_650610.htm.

[174] 赵善伦，尹民，孙希华．山东省水土流失经济损失与生态价值损失评估［J］．经济地理，2002（5）：616-619.

[175] 连米钧．水土流失概念及水土流失强度分级标准［J］．水土保持科技情报，2001（1）：25-27.

[176] 郭然，王效科，欧阳志云，等．中国土地沙漠化、水土流失和盐渍化的原因和驱动力：总体分析［J］．自然资源学报，2004（1）：119-127.

[177] 五峰土家族自治县水利水电局．“十二五”农村水利规划［R］，2010.

[178] 县水利水电局．五峰土家族自治县河流水系、水资源及水利水电工程情况［Z］，2013.

[179] 石博，熊康宁，李高聪，等．贵州喀斯特山区农村缺水现状及对策研究——以毕节撒拉溪示范区为例［J］．人民长江，2014（5）：79-82.

[180] 王煌，周买春，刘远，等．水力学法估算广东省山区小水电站减脱水河段生态需水量的探讨［J］．水力发电学报，2014（2）：154-161.

[181] 熊康宁，李晋，龙明忠．典型喀斯特石漠化治理区水土流失特征与

关键问题［J］. 地理学报，2012（7）：878-888.

［182］宋鹏臣，姚建，马训舟，等．我国流域生态补偿研究进展［J］. 资源开发与市场，2007（11）：1021-1024.

［183］王军锋，侯超波．中国流域生态补偿机制实施框架与补偿模式研究——基于补偿资金来源的视角［J］. 中国人口·资源与环境，2013（2）：23-29.

［184］石榴红，张时淼，王硕．林权改革条件下木材价格波动机制实证研究［J］. 林业经济，2014（9）：59-64.

［185］五峰政府网．柴埠溪休闲旅游度假区养老公寓合作项目成功签约［EB/OL］. http：//www.hbwf.gov.cn/art/2013/10/28/art_44_252442.html.

［186］国务院．基本农田保护条例［EB/OL］. http：//www.mlr.gov.cn/zwgk/flfg/tdglflfg/200406/t20040625_570370.htm.

［187］张文驹．我国矿产资源财产权利制度的演化和发展方向［J］. 中国地质矿产经济，2000（1）：2-11.

［188］湖北新闻网．湖北五峰铁矿石资源遭疯狂盗采［EB/OL］. http：//www.hb.chinanews.com/news/2008/0626/2197.html.

［189］李骏阳，夏惠芳．开发区“飞地经济”发展模式研究［J］. 商业经济与管理，2006（2）：55-60.

［190］冯云廷．飞地经济模式及其互利共赢机制研究［J］. 财经问题研究，2013（7）：94-102.

［191］李冰，祝福恩．“飞地经济”推进经济社会发展的创新［J］. 中国党政干部论坛，2011（12）：57.

［192］许和木．我国飞地工业的机理与现实发展研究［D］. 福州：福建师范大学，2013.

［193］安体富，任强．公共服务均等化：理论、问题与对策［J］. 财贸经济，2007（8）：48-53.

［194］沈乾飞，吴晓燕，李赐平．谁是供给主体：政府、行政村、村民小

组——山区公共产品供给研究［J］. 山东农业大学学报（社会科学版），2008（4）：41-46.

［195］五峰县新农合管理办公室 . 2013—2014 年度全县新型农村合作医疗定点服务机构［EB/OL］. http：//www. hbwf. gov. cn/art/2013/5/28/art_4501_219341. html.

［196］罗震东，张京祥，韦江绿 . 城乡统筹的空间路径——基本公共服务设施均等化发展研究［M］. 南京：东南大学出版社，2012.

［197］章美娟，周小军 . 江西省乡镇卫生院现状分析与发展对策［J］. 井冈山学院学报（自然科学版），2006（6）：131-133.

［198］杨锦秀，赵小鸽 . 农民工对流出地农村人居环境改善的影响［J］. 中国人口·资源与环境，2010（8）：22-26.

附 录

附表 五峰县各乡镇部分指标值

地点		生活空间						生产空间							
		X_{10}/%	X_{11}/万千瓦·时	X_{12}/个	X_{13}/个	X_{16}/万元	X_{17}/辆	X_{19}	X_{20}/千克	X_{21}/吨	X_{22}/万千瓦·时	X_{23}/人	X_{24}/%	X_{25}/公顷	X_{26}/公顷
五峰镇	谢家坪村	2. 8	26	1	330	130	32	0. 43	1380	325	12	957	36	0	487. 6
	麦庄村	2. 07	23	0	351	175	20	0. 14	950	480	7	1280	23	0	686. 2
	怀抱窝村	4. 26	22	0	11	270	15	0. 33	2100	328	8	870	53	0	370. 8
	小河村	2. 23	43	0	500	180	0	0. 52	2100	450	18	1630	60	0	587. 5
	黄粮坪村	2	9	0	18	95	30	0	810	153	3	642	23	0	354. 5
	油菜坪村	1. 32	7	0	83	48	2	0. 14	166	83	4	229	35	0	101. 8
	水尽司村	5. 82	57	0	453	480	18	0. 62	1980	468	28	1288	86	2. 54	737. 5
	楠木河村	0. 68	16	0	156	136	5	0	1200	175	8	800	19	0	364. 4
	香东村	6. 77	27	1	350	414	5	0. 69	1100	460	18	1150	58	0	398. 9
	石梁司村	4. 77	59	1	88	301	0	0. 68	1550	280	16	1172	83	0	531. 3
	茅坪村	1. 41	30	1	468	304	20	0. 46	2250	430	15	1124	60	0	640. 7
	长坡村	2. 19	8	0	93	75	5	0	750	131	5	608	16	0	407
	长坪居民委员会	20. 6	100	1	500	500	50	0. 33	0	0	0	0	0	0	7. 14

续表

地点		生活空间						生产空间							
		X_{10}/%	X_{11}/万千瓦·时	X_{12}/个	X_{13}/个	X_{16}/万元	X_{17}/辆	X_{19}	X_{20}/千克	X_{21}/吨	X_{22}/万千瓦·时	X_{23}/人	X_{24}/%	X_{25}/公顷	X_{26}/公顷
五峰镇	北门居民委员会	20.4	90	1	500	400	40	0.51	0	0	0	0	0	0	19.5
	后河自然保护区	0	3	1	5	20	1	0	0	0	0	0	0	0	7.08
	黄良坪洋芋良种场	0	0	0	1	0	3	0.46	0	0	0	0	0	0	14.89
湾潭镇	龙桥村	2.28	66	1	198	80	4	0.43	715	247	19	519	0	0	290.4
	九门村	2.75	44	0	143	80	4	0.14	898	90	12	353	0	0	262.1
	小风池村	1.03	27	0	173	95	0	0.43	969	97	22	485	0	0	205.2
	茅庄村	3.09	40	0	105	94	2	0.54	617	208	28	823	16	0	423.1
	红烈村	1.44	33	0	171	85	0	0.75	783	285	32	859	0	0	328
	红旗坪村	2.62	23	0	209	65	0	0.14	710	253	15	495	2	0	244
	三台坡村	4.37	33	0	67	51	1	0.54	980	148	12	469	0	0	337.7
	锁金山村	4.49	30	0	225	99	0	0	955	135	55	693	0	0	405.1
	茶园村	1.88	82	0	183	97	1	0	682	134	7	548	11	0	363.6
	鹿耳庄村	2.28	49	0	150	84	0	0.14	980	239	9	484	3	0	326.6
	湾潭居民委员会	4.71	90	1	300	300	30	0.54	0	0	0	0	0	0	96.17
	北风垭林场	0	0	0	1	0	3	0.43	0	0	0	0	0	0	27.64
	赵家坪药材场	0	0	0	1	0	3	0	0	0	0	0	0	0	28.18
	香党坪药材场	0	0	0	1	0	3	0	0	0	0	0	0	0	40.1

续表

地点		生活空间						生产空间							
		X_{10}/%	X_{11}/万千瓦·时	X_{12}/个	X_{13}/个	X_{16}/万元	X_{17}/辆	X_{19}	X_{20}/千克	X_{21}/吨	X_{22}/万千瓦·时	X_{23}/人	X_{24}/%	X_{25}/公顷	X_{26}/公顷
长乐坪镇	白岩坪村	2.16	19	1	512	360	9	0.64	800	268	14	1260	0	0	419.2
	苏家河村	1.71	3	0	192	210	4	0.61	900	256	10	647	0	0	268.7
	甘沟村	3.34	4	0	52	245	4	0.61	200	84	4	586	0	1.85	310.9
	月山村	1.91	18	0	128	89	1	0	105	73	13	644	0	0	265.3
	百年关村	1.27	1	0	247	267	5	1	600	552	9	893	0	0	360.4
	三教庙村	2.01	1	0	279	224	5	0.86	850	442	15	1442	0	0.16	463.7
	柴埠溪村	0.76	1	0	10	61	1	0	15	30	1	111	0	0	81.76
	青岩冲村	1.7	0	0	226	182	7	0.52	900	461	10	788	0	0	449.9
	白鹿庄村	1.9	1	0	147	178	2	0.8	450	450	12	768	0	0	294.6
	桥坪村	1.29	3	0	178	111	5	0	360	208	4	476	0	0	324.9
	大湾村	1.97	2	0	125	62	1	0.5	500	78	3	580	0	0	218.7
	红渔潭村	1.26	7	0	90	90	1	0.14	850	66	9	399	0	0	228.2
	菖蒲溪村	1.69	50	0	128	96	6	0	180	159	15	459	0	0	246.6
	洞口村	5.87	16	1	239	136	4	0.64	450	137	25	744	1	0	205.8
	腰牌村	2.78	9	1	246	180	1	0.5	920	85	17	571	0	0	222.9
	石桥沟村	3.82	7	0	341	96	3	0.57	860	123	6	515	0	0.02	224.7
	壶瓶山林场	0	0	0	1	0	2	0.14	0	0	0	0	0	0	0.85

续表

地点		生活空间						生产空间							
		X_{10}/%	X_{11}/万千瓦·时	X_{12}/个	X_{13}/个	X_{16}/万元	X_{17}/辆	X_{19}	X_{20}/千克	X_{21}/吨	X_{22}/万千瓦·时	X_{23}/人	X_{24}/%	X_{25}/公顷	X_{26}/公顷
渔洋关镇	火田坑村	1.69	3	0	190	240	9	0	2000	355	22	703	0	0	415.5
	鞍山村	2.02	15	0	197	200	14	0	1200	203	13	684	0	0.04	386.5
	涨水坪村	2.58	76	0	388	373	13	0	700	294	12	574	0	0	304.4
	王家坪村	2.37	14	0	537	378	13	0	610	342	8	807	0	0	403.9
	梅二冲村	1.83	11	0	528	414.7	20	0.14	1100	154	12	883	0	0	450.5
	三房坪村	4.21	137	1	569	541	40	0.8	1500	410	13	1021	12	0	587.5
	汉马池村	3.8	100	0	980	580	31	0.75	2000	395	80	1070	6	0	757.3
	清水湾村	5.8	34.5	0	256	123.3	22	0.43	383	414	18.5	786	0	0	455.8
	南河村	1.9	17	0	415	240	8	0	300	168	13	454	0	0	499
	三板桥村	1.15	66	0	195	142	12	0.43	1960	286	15	631	1	0.22	424.3
	沙淌村	1.25	20	0	472	296	14	0.33	265	104	21	716	6	0	596.7
	石柱山村	1.79	16	0	204	107	5	0.33	700	359	15	537	9	0	263.1
	桥河社区居委会	8.47	150	1	771	790	32	1	2200	194	20	1170	3	0	530.9
	大房坪社区居委会	14.6	87	1	486	389	31	0.77	430	363	8	1750	6	0	412.3
	曹家坪社区居委会	7.35	121.5	1	627	690	9	0.64	5453	188	6.5	1766	22	0	487.1

续表

地点		生活空间						生产空间							
		X_{10}/%	X_{11}/万千瓦·时	X_{12}/个	X_{13}/个	X_{16}/万元	X_{17}/辆	X_{19}	X_{20}/千克	X_{21}/吨	X_{22}/万千瓦·时	X_{23}/人	X_{24}/%	X_{25}/公顷	X_{26}/公顷
仁和坪镇	大栗树村	1.94	43	1	250	65	10	0	1564	391	21	360	1	0	508.3
	林家坪村	2.12	20	1	322	145	2	0.14	2600	412	23	819	1	0	413.5
	大檀树村	2.98	17	0	291	148	0	0.14	1890	850	35	442	0	0	442.2
	桥梁村	3.77	14	0	307	202	7	0.46	1982	182	7	748	0	0	476
	富裕冲村	1.73	8	1	386	350	10	0.64	400	730	7	1040	0	0	673.1
	升子坪村	2.89	12	0	480	880	0	0.61	2710	756	10	860	0	0	455.2
	杨家淌村	4.04	33	0	400	524	6	0.64	1300	513	21	818	0	0	429.6
	枫香坪村	1.41	13	0	100	190	5	0.14	900	300	35	700	0	0	394.8
	仁和坪村	5.41	14.7	1	435	356	0	0.86	1700	1247	16	465	0	0	490
	业产坪村	2.11	33.5	0	328	400	4	0.89	1600	372	23.5	1056	0	0	435.4
	杨柳池村	1.53	13	1	210	113	0	0.54	300	267	27	516	1	0	365.2
	梅坪村	2.12	11	0	128	175	0	0	200	212	8	330	6	0	186.7
	船山坪村	1.12	6.5	0	99	80	0	0	0	286	5	70	0	0	104.1
	罗汉淌村	3.48	7	0	80	42	2	0	30	485	3	195	0	0	186.3
傅家堰乡	鸭儿坪村	2.54	34	0	505	120	5	0	4087	205	28	910	3	0.02	399.6
	桥料村	0.73	53	0	222	231	6	0	2800	480	42	639	2	0	325.3
	白庙村	0.64	6	0	321	120	7	0.14	5130	265	65	622	2	0	376.9
	傅家堰村	3.15	27	1	196	170	21	0	1605	198	28	764	0	0	337.5

续表

地点		生活空间						生产空间							
		X_{10}/%	X_{11}/万千瓦·时	X_{12}/个	X_{13}/个	X_{16}/万元	X_{17}/辆	X_{19}	X_{20}/千克	X_{21}/吨	X_{22}/万千瓦·时	X_{23}/人	X_{24}/%	X_{25}/公顷	X_{26}/公顷
傅家堰乡	火山村	2.26	50	0	180	134	23	0	1000	300	70	900	1	0	277.4
	左泉洞村	1.28	31	0	389	171	6	0	850	197	14	1010	0	0	279.7
	马蹄井村	1.76	33	0	130	193	0	0	1130	135	12	559	0	0	275.3
	田家山村	1.53	33	0	116	80	4	0	530	185	21	510	0	0	237.4
	大龙坪村	1.7	45	1	366	90	4	0	610	235	21	721	3	0	212.6
采花乡	万里村	1.57	10	0	178	30	11	0.33	50	170	10	280	0	0	224.9
	大村村	1.63	11	0	249	186	32	0.48	230	240	14	833	0	0	340.6
	长茂司村	4.05	25	0	120	105	24	0.52	310	220	35	610	2	0	279.1
	楠木桥村	2.75	15	0	248	45	7	0	50	122	15	480	0	0	283
	白鹤村	0.71	15	0	282	45	13	0.29	250	135	25	553	0	0	204.2
	前坪村	1.54	28	0	310	138	37	0	280	523	30	956	1	0	361.8
	采花台村	3.34	20	0	147	55	30	0	200	170	20	829	0	0	426.7
	黄家台村	0.69	25	0	152	65	8	0.38	1000	600	30	786	0	0	377.7
	星岩坪村	1.28	45	1	269	84	35	0.43	670	400	50	1084	15	0	451.4
	珍珠头村	1.64	5	0	179	43	5	0.33	150	240	25	580	0	0	208.1
	苦竹坪村	1.81	45	0	174	158	50	0.33	450	400	55	705	0	0	332
	红渔坪村	0.42	15	0	379	155	30	0.33	300	450	15	670	1	0	431.3

续表

地点		生活空间						生产空间							
		X_{10}/%	X_{11}/万千瓦·时	X_{12}/个	X_{13}/个	X_{16}/万元	X_{17}/辆	X_{19}	X_{20}/千克	X_{21}/吨	X_{22}/万千瓦·时	X_{23}/人	X_{24}/%	X_{25}/公顷	X_{26}/公顷
采花乡	白溢坪村	2.16	20	0	320	153	17	0.14	1500	385	60	791	5	0	366.3
	宋家河村	3.95	30	0	208	160	8	0.43	1050	350	40	1011	0	0	503.2
	梨子坪村	4.8	10	0	241	30	15	0.14	1000	142	20	329	0	0	166.8
牛庄乡	牛庄村	2.54	39	1	9	39	6	0.48	152	345	19	837	19	0	249.2
	池南村	1.44	22	0	6	29	2	0	75	218	11	376	19	0	154.7
	凌云村	1.01	14	0	8	26	4	0	80	400	7	398	0	0	190
	沙河村	1	3	0	2	8	2	0.14	80	180	12	226	0	0	126.8
	金山村	2.84	30	0	7	42	5	0	210	321	18	750	0	0	252.4
	松木坪村	1.17	27	0	6	22	4	0	75	118	4	352	0	0	140.3
	九里坪村	0.99	23	0	4	37	4	0	80	90	6	424	0	0	196.1
	横茅葫村	1.38	40	0	11	85	6	0	170	412	12	738	18	0	304.3
	沙湾村	0.99	4	0	0	15	1	0	20	40	1	54	0	0	57.06
	大花坪林场	0	0	0	1	0	2	0.33	0	0	0	0	0	0	306.9